모바일 웹 앱 [개정판]

배 인 한 · 노 흥 태 공저

오성미디어

머 리 말

모바일 인터넷 환경의 비약적인 발전과 고성능 스마트 기기의 보급으로 모바일 시장에서 웹 앱의 개발은 점차 확대되고 있다. HTML5는 시맨틱 웹, 로컬 스토리지와 지리적 위치 API와 같은 강력한 API들이 추가되어 독립적인 애플리케이션 플랫폼으로서의 면모를 갖추고 있으며, 강력한 모바일 웹 개발 프레임워크 또한 출시되고 있다. 이런 추세로 모바일 웹 앱의 UX는 네이티브 수준에 버금가는 UX를 만들 수 있게 되었다. 보안과 브라우저 종속적이라는 문제가 있지만 개발과 동시에 모든 플랫폼에 배포 가능한 모바일 웹앱 성장은 지속될 것으로 전망된다.

모바일 웹 앱 개발이 기존의 인터넷에서 사용하던 다양한 기술들: HTML, CSS, 자바스크립트, 프레임워크 등에 기초하기 때문에 한 학기에 강의하기란 쉽지 않다. 따라서 저자는 다년간 모바일 웹 앱 강의 노하우를 기초로 하여 모바일 웹 앱 개발에 꼭 필요한 기술들을 중심으로 한 한기 분량의 교재를 집필하게 되었다.

본 교재는 모바일 웹과 모바일 앱, HTML5, CSS3, W3.CSS, 자바스크립트, 웹스토리지, jQuery 모바일 기초/고급, 지리적 위치 API, 그리고 모바일 웹앱 개발 등을 포함한다. 학생들의 모바일 웹 앱 개발에 대한 이해를 높이기 위하여, 본 교재에서는 모바일 웹 앱 개발 실습으로 마라톤 입문자에게 도움이 될 모바일 웹 앱인 '달리세(달리기 세상)'을 반응형 웹 앱 버전과 jQuery 모바일 웹앱 버전으로 각각 개발하고, 그 소스를 공개하였다.

본 교재가 모바일 웹 앱 개발에 관심 있는 학생들이나 개발자들에게 많은 도움이 되기를 희망하며, 마지막으로 본 교재의 교정 작업에 도움을 준 대가대 한솔 양과 경북대 방슬기 양에게 감사의 말을 전한다.

하양 금락골에서

据誇 배인한

차 례

제 1 장 모바일 웹과 모바일 앱 1

1.1 모바일 웹 1
1.2 모바일 앱 7
1.3 모바일 웹 앱 14
1.4 모바일 웹 개발 프레임워크 15
1.5 요약 16
연습문제 17

제 2 장 HTML5 19

2.1 마크업 언어 19
2.2 HTML5 기초 20
2.3 HTML5 기본구조 25
2.4 HTML5 요소 28
2.5 HTML5 이행 51
2.6 HTML5 스타일 지침 56
2.7 요약 59
연습문제 60

제 3 장 CSS3 63

3.1 CSS 개요 63
3.2 CSS 기초 66
3.3 CSS3 고급 83

3.4 요약 107

연습문제 108

제 4 장 W3.CSS 111

4.1 W3.CSS 개요 111

4.2 카드 113

4.3 필터 115

4.4 슬라이드쇼 119

4.5 빌트-인 반응형 121

4.6 모달 123

4.7 데모 126

4.8 요약 128

연습문제 129

제 5 장 자바스크립트 131

5.1 자바스크립트 콘솔 131

5.2 자료형 132

5.3 제어구조 138

5.4 자바스크립트 DOM 140

5.5 요약 147

연습문제 148

제 6 장 웹 스토리지 151

6.1 로컬 스토리지 152

6.2 세션 스토리지 157

6.3 HTML 응용 캐쉬 159
6.4 웹 SQL 162
6.5 요약 170
연습문제 171

제 7 장 jQuery 모바일 기초 173

7.1 jQuery 모바일 개요 173
7.2 앱 구조 176
7.3 페이지 요소 187
7.4 테마 222
7.5 요약 226
연습문제 228

제 8 장 jQuery 모바일 고급 231

8.1 팝업 231
8.2 패널과 접이식 패널 236
8.3 이벤트 244
8.4 요약 252
연습문제 253

제 9 장 지리적 위치 API 255

9.1 HTML5 지리적 위치 API 255
9.2 사용자 위치 257
9.3 지리적 위치 맵 259

9.4 요약 264
연습문제 265

제 10 장 모바일 웹 앱 개발 267
10.1 HTML5/CSS 활용 반응형 앱 267
10.2 jQuery 모바일 활용 앱 295
10.3 요약 313

부록 315

찾아보기 317

제 1 장 모바일 웹과 모바일 앱

본 장에서는 모바일 웹 기술의 정의와 특징, 모바일 웹의 기술 동향 등의 모바일 웹 개요와 모바일 앱의 정의와 유형, 모바일 앱의 개발 동향, 그리고 모바일 웹 앱과 모바일 웹 앱 개발 프레임워크 등에 대해 살펴본다.

1.1 모바일 웹

고속 이동 통신 기술과 휴대폰 기술의 발전은 그것이 3G에서 3.5G 그리고 4G를 향해 발전한 것처럼 새로운 모바일 환경을 위한 동기를 제공할 것이나. 하드웨어의 발전에도 불구하고, 모바일 환경에서 제공되는 소프트웨어는 2G의 소프트웨어와 별반 다르지 않다. 이런 상황에서, **모바일 웹 2.0**으로 표현되는 차세대 모바일 데이터 서비스는 모바일 산업을 위한 새로운 성장 동력으로 인식되고 있다. 이 장에서 차세대 모바일 웹 환경을 위한 "모바일 웹 2.0"의 개념, 핵심 기술을 알아 볼 것이다.

(1) 모바일 웹 2.0의 정의

모바일 웹은 다양한 모바일 장치들로부터 웹을 접근하는 것을 의미한다. 따라서 **모바일 웹 2.0**은 웹 2.0과 모바일 플랫폼의 효율적인 연계를 통해 새로운 서비스를 개발하는 것이다. 즉, 즉시성과 이동성을 가미한 새로운 영역의 서비스이며, 유비쿼터스 환경에서도 현재의 웹과 같이 손쉽게 사용할 수 있다. 모바일 2.0에 대한 다양한 견해들은 다음과 같이 분류해 볼 수 있다. 즉, ① "모바일 + 웹 2.0"과 같이 웹 2.0 응용과 기술을 단순히 모바일 환경에 적용하는 견해, ② "모바일 2.0"과 같이 차세대 모바일 데이터 서비스 환경으로 보는 견해, 또는 ③ 기존 모바일 웹이 "모바일 웹 2.0"으로 진화한 형태로 보는 견해, 이렇게 3

가지 견해로 분류할 수 있다.

(2) 모바일 웹 2.0의 특징

모바일 웹 2.0의 개념과 특징을 모바일 웹 1.0과 비교하면, 표 1-1에서 보여주는 것처럼 도식화할 수 있다.

[표 1-1] 모바일 웹 1.0과 모바일 웹 2.0의 비교

구분	모바일 웹 1.0	모바일 웹 2.0
네트워크	저속 (<0.5MB)	고속 (>0.5MB) - HSXPA, WiBro
프로토콜	WAP 프로토콜 기반 WAP 브라우징	(w) TCP/IP 기반 풀 브라우징
콘텐츠	HTML과 WML 기반 콘텐츠	XML과 XHTML 기반 콘텐츠
비즈니스 모델	폐쇄형 비즈니스 모델	개방형 비즈니스 모델과 유무선 통합 모델
기술적 모델	폐쇄적, 독점적	개방화와 표준화 기반 (MobileOK)
브라우징 방법	WAP 사이트들의 브라우징	RFID와 LBS에 연결된 유비쿼터스 브라우징, 실세계 태깅 그리고 RSS 리더 기능
단말	휴대 전화를 통한 연결	다양한 모바일 장치들을 통한 연결
서비스	하이퍼링크만 지원	REST, SOAP, WSDL 기반 모바일 웹 서비스
인증	집중화된 인증	분산 인증과 ID 관리
접속	진입 URL 입력	자동 접속(WINC, 모바일 RFID, 2D 바코드 등)
UI	한 손/두 손/핸즈 프리	멀티모달/유비쿼터스 웹 접근 기술(음성, 제스처, RFID 등)
API 인터페이스	하나의 서비스, 다소의 API	매시업, 오픈 APIs
요금	종량제(고비용)	정액제(보통)
광고	광고 없음	모바일 광고 기반 새로운 비즈니스 모델
특징	브라우저 전용	플랫폼으로 모바일 웹

모바일 웹 2.0 환경을 자세하게 정의한다면 첫째, XML과 MobileOK와 같은 표준 기반, 유무선 호환 웹 콘텐츠는 정액제 기반, 저비용, 고속 무선 환경 하에서 교환되어진다. 서비스들은 Open API의 형태로 상호 연결되고, 웹 서비스들을 사용하여 **매시업**을 가능하게 한다.

둘째, 그 환경은 단지 휴대 전화뿐만 아니라 다양한 모바일 장치들을 자유롭게 사용할 수 있다. 사용자 인터페이스는 모바일 장치 사용자들의 사용자 편의성을 보장하기 위하여 **유비쿼터스 웹 액세스 기술**을 적용할 것이다.

셋째, 유선 환경에서만 가능했던 검색과 광고와 연계되는 응용과 서비스를 위한 비즈니스 모델들이 신출될 수 있다. 상위 20%를 대상으로 하는 전통적인 비즈니스 모델이 아니라 **롱테일**을 고려하는 비즈니스 모델이다.

마지막으로, 가장 중요한 차이는 모바일 웹 2.0 환경이 일회성 응용 환경으로 제공되는 것 보다는 다양한 서비스들과 응용들을 통합하는 **기반 플랫폼 환경**이 되는 것이다.

(3) 모바일 웹 2.0 기술

모바일 웹 2.0을 위한 핵심 기술적 동향은 그림 1-1에서 보여 진 것처럼 9가지로 요약될 수 있다. 그러한 모바일 동향은 웹 2.0 동향과 같은 외부 변화와 모바일 산업 자체의 환경 변화가 준 기존 모바일 환경의 단점과 한계를 극복하면서 가능한 새로운 모바일 응용들을 찾는 과정에서 나온 것이다.

■ 풀 브라우징

최근 네트워크의 성능 향상과 함께 WAP 콘텐츠뿐만 아니라 유선 콘텐츠에 대한 접근 요구도 커지고 있어, 풀 브라우저와 풀 브라우징을 위한 다양한 기술적 요구사항이 커지고 있다. **풀 브라우징**은 '풀 인터넷 브라우저'의 약어로 모바일 기기에서도 일반 PC에서와 같이 웹 사이트를 동일하게 이용할 수 있는 서비스를 말한다. 풀 브라우징을 통한 유선 데이터 접근은 모바일 단말의 활용성을 높이고 전체 콘텐츠 시장을 활성화시킬 것이라는 점에 대해서 대부분 동의하고 있다.

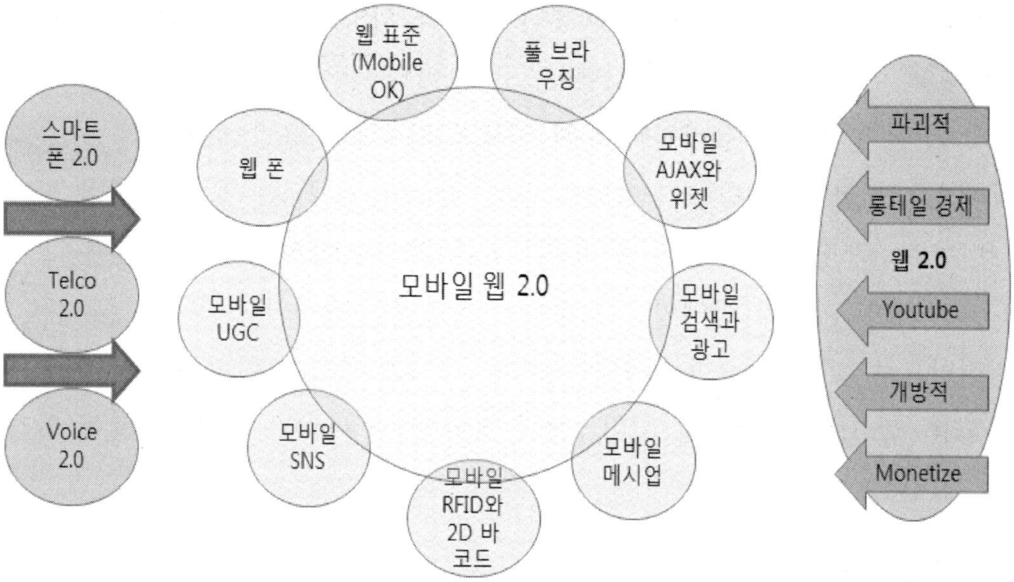

[그림 1-1] 모바일 웹 2.0의 기술적 핵심 동향

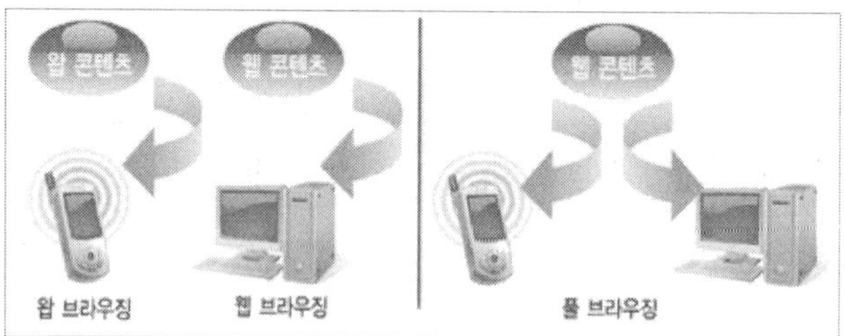

[그림 1-2] 풀 브라우징 개념도

■ 모바일OK와 W3C MWI

풀 브라우징이 브라우저 중심 모바일 웹 접근성 향상을 시도하였다면, 모바일 웹 표준 또는 모바일OK는 전체 표준화 측면으로부터 접근된 방법이다.

2005년부터 W3C를 중심으로 진행되고 있는 모바일 웹 표준화 활동인 모바일 OK 표준화는 모바일 웹 활용성의 극대화를 목표로 모바일 웹 환경에 대한 모범 사례 개발과 단말 정보 공유 기술 개발, 모바일OK 인증마크 개발 등을 추구하고 있다.

■ 모바일 AJAX

AJAX (Asynchronous JavaScript And XML)는 비동기식 HTTP request 방식과 XML 처리를 위한 DOM 엔진, CSS 그리고 자바 스크립트와 브라우징 이벤트와 같은 표준에 기반 하여 다양한 처리가 가능하도록 하는 기술이다.

기존의 웹 애플리케이션은 브라우저에서 폼을 채우고 이를 웹 서버로 제출을 하면 하나의 요청으로 웹 서버는 요청된 내용에 따라서 데이터를 가공하여 새로운 웹 페이지를 작성하고 응답으로 되돌려 준다. 이때 최초에 폼을 가지고 있던 페이지와 사용자가 이 폼을 채워 결과물로 되돌려 받는 페이지는 일반적으로 유사한 내용을 가지고 있는 경우가 많다. 결과적으로 중복되는 HTML 코드를 다시 한 번 전송을 받음으로써 많은 대역폭을 낭비하게 된다. 대역폭의 낭비는 금전적 손실을 야기할 수 있으며 사용자와 상호작용하는 서비스를 만들기 어렵게 히기도 한다. 반면에 **AJAX 애플리케이션**은 필요한 데이터만을 웹 서버에 요청해서 받은 후 클라이언트에서 데이터에 대한 처리를 할 수 있다. 보통 SOAP나 XML 기반의 웹 서비스 프로토콜이 사용되며, 웹 서버의 응답을 처리하기 위해 클라이언트 쪽에서 처리되므로 웹 브라우저와 웹 서버 사이에 교환되는 데이터 양과 웹 서버의 데이터 처리량도 줄어들기 때문에 애플리케이션의 응답성이 좋아진다. 또한 웹 서버의 데이터 처리에 대한 부하를 줄여주는 일이 요청을 발생시키는 수많은 컴퓨터에 대해서 일어나기 때문에 전체적인 웹 서버 처리량도 줄어들게 된다.

모바일에서도 AJAX에 대한 관심이 증가하고 있는데, 이는 기존과 달리 Java를 사용하여 개발할 필요 없이 웹 인터페이스 응용만으로 우수한 그래픽 환경과 UI 환경을 제공할 수 있기 때문이다. 또한 위젯과 같은 AJAX를 사용한 응용은 모바일 환경에서 보다 편리한 인터페이스를 제공할 것으로 기대되고 있다.

■ **모바일 검색과 광고**

모바일 환경에서도 가입자 중심의 콘텐츠 판매형 수익모델에서 벗어나, 검색과 결합한 광고 수익 모델을 찾고 만들기 위한 다양한 광고 및 검색 기술들에 대한 개발이 진행되고 있다.

■ **모바일 매시업**

매시업은 하나 이상의 응용을 결합하여 새로운 서비스 또는 응용을 만드는 것을 의미하는 것으로, 구글 맵 API가 공개된 후 이를 이용한 다양한 서비스들이 나타나면서 확산되기 시작하였다. 매시업 응용의 가장 큰 장점은 구글의 지도와 위성사진, 아마존의 도시정보, 야후의 검색과 같은 대규모 데이터베이스를 연계하는 응용들을 손쉽고 빠르게 개발할 수 있다. 유선 OpenAPI의 매시업이 확산되면서 모바일 환경에서도 유선 OpenAPI를 사용한 매시업 응용들이 등장할 것이다. 향후에는 모바일 서비스를 위한 기본 API는 유무선 응용 연결을 위한 OpenAPI로 발전될 것이다.

■ **모바일 RFID와 2D 바코드**

모바일 브라우징의 가장 큰 단점은 웹 사이트를 접속하기 위한 URL 주소를 입력하기 어렵다는 점이다. 초기 URL 주소를 자동적으로 얻는 다양한 방식들에 대한 연구가 진행되고 있다. 2D 바코드를 사용한 서비스와 물리 세계와 데이터 세계를 연결하는 모바일 RFID 기능들을 활용하여 관련 URL을 자동적으로 획득

하고 있다.

■ **모바일 SNS**

모바일 SNS란 기존의 SNS에 Presence, Media, Communication을 극대화한 것이라 할 수 있다. 모바일 단말의 특성과 다른 사람들과 커뮤니케이션을 위한 수단으로 활용된다는 점에서 카카오톡, 밴드, 페이스북과 같은 모바일 소셜 네트워크의 가능성은 더욱 크다고 할 수 있다.

■ **사용자 생성 콘텐츠 (UGC: User Generated Content)**

YouTube의 성장과 함께 사용자 생성 비디오 (UGV)로 대표되는 UCC 기술에 대한 관심이 증폭되었고, 이 과정에서 모바일 단말을 이용한 다운 스트리밍 기술뿐만 아니라 모바일 단말에 내장된 카메라와 캠코더 기능을 이용한 사진/동영상 등의 콘텐츠 생성과 유통 기술에 대한 관심이 증가하고 있다.

■ **스마트폰과 웹폰**

휴대폰에서도 인터넷과 웹 이용이 PC 환경과 더욱 더 유사한 형태로 진화할 수 있다. 앞으로 웹과 인터넷 사용에 초점을 맞춘 휴대 단말에 대한 기술들이 더 많이 등장할 것이다.

1.2 모바일 앱

무선 네트워크의 발전, 스마트폰, 테블릿 PC 등 고성능 휴대폰 단말기의 보급, 모바일 운영체제 및 브라우저 등 새로운 플랫폼의 제공, 모바일 웹 2.0 등 모바일 인터넷 환경의 신속한 확산 등에 따라 정보통신 산업은 새로운 패러다임을 지속적으로 요구하고 있다. 현재 모바일 산업의 패러다임의 변화 속에서 가장 화두가 되고 있는 것은 모바일 애플리케이션 시장이다.

(1) 모바일 애플리케이션 유형

모바일 애플리케이션을 유형별로 분류하면 모바일 네이티브 애플리케이션, 모바일 웹 애플리케이션, 모바일 하이브리드 애플리케이션 3가지로 나눌 수 있다. 애플리케이션의 줄임말로 '앱'이라는 용어를 사용하기도 한다.

[그림 1-3] 모바일 앱 개발 방식의 비교

모바일 **네이티브 앱**은 C, Java, C#, Objective C 등의 언어로 개발된 바이너리 애플리케이션으로 빠른 속도를 제공하고, 단말기의 기능들을 효과적으로 활용할 수 있다는 장점을 갖는 반면에 모바일 OS에 종속적이므로 모바일 OS 별로 별도로 개발하여야 하며, 애플리케이션의 재활용과 업그레이드가 용이하지 않다는 단점이 있다.

모바일 웹 앱은 HTML, CSS, Javascript 등 웹 표준 기술을 이용하여 제작된 순수 브라우저 기반의 애플리케이션으로 크로스 디바이스/OS/브라우징이 가능하여 별도의 설치 없이도 계속 업그레이드된 기능을 사용할 수 있고, 오픈 API 등을 통해 쉽게 매시업할 수 있는 기능을 제공하는 등 재활용 측면에서 장점이 있다. 반면에, 오프라인 처리와 단말의 특성 정보를 활용할 수 없고, 브라우저

성능에 영향을 받으며 대용량의 처리에 한계가 있다는 단점이 있다.

모바일 **하이브리드 앱**은 모바일 네이티브 앱과 모바일 웹 앱의 장점을 가질 수 있도록 하며, 보다 빠르고 쉽게 애플리케이션을 개발할 수 있도록 하기 위하여 모바일 네이티브 앱으로 제작된 클라이언트를 배포하고, 콘텐츠는 모바일 웹 앱으로 제작된 애플리케이션이다. 최근 애플 아이폰, 구글 안드로이드, 팜 WebOS 등에서는 좀 더 빠르고 쉽게 모바일 하이브리드 앱을 개발할 수 있도록 하는 웹 런타임 엔진이 개발되어 활용되고 있다.

[표 1-2] 모바일 앱 유형별 비교

구분	모바일 네이티브 앱	모바일 웹 앱	모바일 하이브리드 앱
그래픽 성능	상	하	상
앱스토어 판매	가능	불가능	가능
오프라인 모드	가능	일부 가능	가능
웹서비스 매시업	불가능	가능	가능
멀티플랫폼 지원	어려움	용이	중간
스토리지	로컬	서버, 클라우드	모두
다중사용자 공동작업	불가능	가능	가능
소프트웨어 업데이트	재설치	사용 중 수정	부분 재설치
UI 제작 난이도	상	하	중
UI 표현 능력	상	하	중

(2) 모바일 앱 개발 동향

모바일 개발에서 탄력을 받고 있는 개발 동향은 스마트폰과 테블릿에서부터 웨어러블 디바이스들과 사물 인터넷 (IoT)으로 진행이 시작되고 있다. 모바일 개발 영역은 그것의 초점이 개인 사용자 경험으로부터 대규모 기업과 비즈니스를 위한 솔루션을 제공하는 것으로 이동하고 있다. 고급 모바일 응용의 역할은 광고, 마케팅, 정부, 전자상거래, 뱅킹, 헬스케어 등과 같은 여러 분야의 다양한 비즈니스 측면 개선에 기여하는 것이다.

모바일 응용 개발에 대한 요구는 빠르게 성장 중이기 때문에 엄청난 기회와 재정 성장을 제공하고 있다. 대규모 기업은 소비자 성장 요구를 만족시키기 위하여 전문 모바일 앱 개발자들을 스카우트하고 있다.

안드로이드와 iOS 개발자들은 현재 고용 시장에서 큰 각광을 받고 있다. 소셜 미디어, 게임, 모바일 컴퓨팅, 온라인 쇼핑 등과 같은 다양한 분야에 개선된 모바일 솔루션을 제공할 필요가 있다. 현재 시나리오를 고려하여, 증가하고 있는 모바일 앱 개발 동향의 영역과 이점을 평가하는 것은 중요하다. 따라서 기술과 소비자 마켓에서 현재 활기가 넘치고 있고 다가오는 미래에 계속 증가할 주요 모바일 개발 동향에 대한 간략한 상황을 제공한다.

■ 반응형 디자인

스마트폰, 테블릿 그리고 다른 모바일 장치들로 변환의 시대가 시작되었다. 모바일 콘텐츠, 온라인 쇼핑, 인터넷 뱅킹, 그리고 웹 브라우징과 같은 많은 다른 것들은 모바일 장치들에서도 수행될 것이다. 이것은 많은 웹 사이트들이 다수의 모바일 장치들을 지원하기 위하여 반응형 설계를 요구한다. 반응형 웹 설계는 다양한 장치에 대응하는 최소한의 변화로 내용 탐색을 쉽게 하여, 사이트를 최적의 형태로 제공하는 기술이다. 반응형 웹 사이트는 유동적이고 비율에 기초한 그리드와 유연한 이미지, 그리고 @media 규칙에서 확장된 CSS3 미디어 쿼리 (Media Queries)를 활용하여 보여 지는 레이아웃에 적응한다. 이 동향은 개발자들이 그 특징과 기능이 모바일 버전에서 손상되지 않음을 보장하면서 반응형 웹 사이트의 구축을 요구할 것이다.

[그림 1-4] 반응형 디자인의 예

■ **고급 모바일 앱 개발**

혁신적인 모바일 앱에 대한 요구는 급속히 증가하고 있다. 따라서 더 빠른 개발에 도움을 줄 수 있는 모바일 앱 개발자의 수요 증가를 만족시키는 것이 중요하다. 다수의 새로운 모바일 앱 개발 툴과 테스팅 툴 그리고 프레임워크가 출시되었다. 이 추세는 더 빠르고 더 나은 방법으로 모바일 앱 개발을 가능하게 하는 새롭고 흥미로운 기술의 발명으로 계속 발전할 것이다.

■ **클라우드 기반 모바일 개발**

DropBox, Gmail 등과 같은 다수의 모바일 앱들은 클라우드 기술의 파워를 활용하고 있다. 몇 년 내에 모바일 클라우드 컴퓨팅의 잠재력이 전성기를 맞이할 것이다, 모바일 개발자는 특징과 기능을 손상시키지 않고 다수의 장치들로 액세스할 수 있는 클라우드 기반 모바일 앱 설계 문제에 직면할 것이다.

■ **보안**

전문적인 작업뿐만 아니라 온라인 쇼핑, 모바일 뱅킹 수행을 위하여 모바일 장치의 사용 증가로, 비밀 정보와 개인 정보의 유출과 오용의 더 큰 위험이 있다. 앞으로, 더 많은 기업들이 사용자들에게 모바일 기기에 대한 서비스들을 제공할 것이다. 따라서 보안은 모바일 앱을 설계하면서 개발자의 중요한 문제가 되었다. 해킹의 예방과 모바일 앱의 취약성 검사는 모바일 개발에서 빠르게 중요한 분야가 되고 있다.

■ 웨어러블 기술

웨어러블 장치의 사용은 증가하고 있고, 그것의 인기는 수 년 동안 계속 증가할 것이다. 스마트폰뿐만 아니라 웨어러블 장치에서 동시에 작동할 수 있는 앱을 설계하는 것은 이전 모바일 앱 개발자들에게 큰 도전이다. 지금, 웨어러블 장치들에서 사용 가능한 몇몇의 인기 있는 피트니스 앱들이 출시되었다. 이러한 추세는 웨어러블 기술을 사용하여 감시될 수 있는 인간의 삶의 다른 영역으로 기하급수적으로 증가할 것이다.

■ 사물 인터넷

사물 인터넷 (Internet of Things)은 현재 가장 인기 있는 기술이고, 일상생활을 변화시키는 거대한 잠재력을 갖고 있다. 다른 연결된 장치 또는 컴퓨터 기반 시스템과 연결하여 데이터 교환과 원격 감시를 허용하는 기술로 내장된 물리적 상품과 전자제품을 포함한다. 사물인터넷에서 스마트폰과 웨어러블 장치의 역할은 엄청나다. 사물인터넷을 위한 모바일 개발의 추세는 빠르게 증가하고 있다. 모바일 연결을 통하여 환경 감시, 공공기반시설 관리와 헬스케어 관리 등에서 솔루션을 기대할 수 있다.

■ 기업을 위한 모바일 개발

고유한 마케팅 서비스를 채택하고 사용자 경험의 품질을 높이기 위한 대규모 기업의 요구에 따라 개발자들은 기업을 위한 효율적인 앱 설계를 추진하고 있다. 그러한 모바일 앱의 역할은 직원의 생산성을 향상시키고, 자신의 작업 공간에서 시간, 비용 및 인적 자원 관리를 향상시키는 것이다.

■ 비콘 기술

애플에서 iOS에 iPhone 사용자들을 iBeacons 망에 연결하는 비콘 기술을 통합하였다. 반경 50~70m 범위 안에 있는 사용자의 위치를 찾아 메시지 전송, 모바일 결제 등을 가능하게 해주는 스마트폰 근거리 무선 통신 기술이다. 이 기술을 이용하면 특정 장소에서 안내 서비스, 모바일 쿠폰 등을 이용할 수 있게 된다. 저 전력으로 스마트폰의 배터리 소모량도 적으며, 실내에서는 GPS 보다 정교한 위치 파악이 가능하다는 장점이 있다. 모바일 사용자의 근접 정도에 따라 구매 제안, 관련 정보 및 훨씬 많은 정보가 사용자에게 제공되어 진다. 모바일 개발은 소매업자와 도매업자가 비콘 기술의 잠재력을 활용할 수 있게 빠르게 발전하고 있다.

[그림 1-5] 비콘 기술의 사용 예

■ **모바일 지불 앱 개발**

PayPal과 같은 온라인 쇼핑 결제를 가능하게 하는 다수의 모바일 앱이 출시되었다. 앞으로 더 많은 사람들이 모바일 결제를 선호할 것이고 직불카드와 신용카드의 사용이 감소할 것으로 예상되어진다. 이 추세는 Apple Pay와 Google Wallet의 출시에 의해 이미 확실시 되고 있다. 보안, 네트워크 연결 등과 같은 필수 요소를 고려하면서 결제 처리 모바일 앱을 설계하는 것은 모바일 개발자에게 과제가 될 것이다.

■ **모바일 게임**

게임 산업은 스마트폰과 테블릿의 출현으로 큰 발전을 이미 경험하였다. 더욱이, 멀티플레이어 온라인 게임에 대한 요구가 각광 받고 있다. 게임 속으로 소셜 미디어의 통합은 모바일 게임 개발 산업에 큰 동력을 줄 것이다. 클라우드 기술에 의해 구동되는 흥미롭고 직감적인 게임들을 설계하는 추세는 앞으로 몇 년 내에 볼 수 있는 흥미로운 것이 될 것이다.

1.3 모바일 웹 앱

모바일 인터넷 환경의 변화와 고사양의 스마트 기기 확대와 더불어 모바일 플랫폼의 진화 과정에서도 빠르게 나타나고 있다. 모바일 환경이 급격하게 대두된 것은 아이폰의 혁신과 뒤이은 구글의 안드로이드 스마트폰이 시장을 재편하면서부터 이다. 아이폰이나 안드로이드용 앱을 개발하면서 플랫폼별로 앱을 다르게 개발해야 하기 때문에 '플랫폼 파편화'로 인한 개발자의 고충이 날로 커지고 있다. HTML5 기술을 활용한 모바일 웹 플랫폼은 모바일 플랫폼 파편화를 해결하는 대안으로 떠오르고 있다.

웹 기반 애플리케이션은 하나의 소스 코드로 여러 플랫폼을 지원할 수 있다, **모바일 웹 앱**은 일반 웹 사이트와 달리 모바일 친화적 인터페이스와 향상된 스타일로 네이티브 앱의 사용성을 따라 잡고 있다. 또한 웹만의 장점인 즉각적인 업데이트가 가능하여, 최신 웹 기술인 html5를 접목하면 오프라인 지원, 로컬 저장소 활용, 2D 그래픽스 처리, 미디어 재생, 소켓 통신, 멀티 스레드 프로그래밍 등의 구현이 가능해져 기존 웹의 한계를 뛰어 넘을 수 있게 되었다.

대부분 브라우저가 최근에 HTML5 관련 기술을 적극 반영하고 있고, 2014년에 HTML5 표준이 확정되고, 그리고 모바일 웹 앱으로 HTML5를 반영한 브라우저를 이용에 따라 모바일 플랫폼 파편화와 브라우저 파편화도 점차 해소될 것이다.

차세대 웹 표준인 HTML5가 앱을 개발할 수 있는 기능을 제공하면서 모바일에서 웹 앱이 설치형 앱을 어느 정도 대체하게 될 것은 명백하다. Gartner는 2015년까지 모든 모바일 앱의 80% 이상이 HTML5를 이용하여 개발될 것으로 전망되기도 하였다.

1.4 모바일 웹 개발 프레임워크

모바일 웹 앱은 HTML5, CSS3, JavaScript와 같은 웹 표준 기술을 활용하여 개발되지만 사용자 인터페이스가 모바일 친화적이어야 비로소 일반적인 웹 기반의 앱과 차별화될 수 있다. 즉, 터치 상호작용에서 네이티브 앱과 동일한 경험을 줄 수 있어야 하며 전환 애니메이션 효과를 느낄 수 있는 자연스러운 화면 구성이 필수적이다.

모바일 환경에 최적화된 UI와 터치 처리, 애니메이션을 구현하려면 모바일 웹 앱을 개발하는 과정에서 최신 웹 표준을 준수하면서 정교한 JavaScript를 작성하여 각종 동작과 이벤트에 반응해야 한다.

모바일 웹 프레임워크는 이러한 모바일 환경에 최적화된 구현의 상당 부분을 활용할 수 있게 해준다. 프레임워크에 정교하게 녹아있는 HTML5와 CSS3의 최신 웹 표준 기술 요소와 강력하게 진화된 JavaScript 기능을 활용하면 UI/UX

와 화면 구성을 네이티브 수준으로 향상시킬 수 있다.

최근에 관심을 끌고 있는 모바일 웹 프레임워크에 대한 차이를 표 1-3에서 비교한다.

[표 1-3] 주요 모바일 웹 개발 프레임워크 비교

구분	jQTouch	jQuery Mobile	Sencha Touch
개발 난이도	하	중	상
기능의 다양성	하	중	상
개발 방식	마크업 기반	마크업 기반	스크립트 기반
테마 특징	일반 CSS	테마롤러 도구 지원	SaSS 기반
기반 스크립트	jQuery 기반	jQuery 기반	ExtJS 기반
라이브러리 용량	소	중	대
최적화 대상	스마트폰	스마트폰 및 테블릿	스마트폰 및 테블릿
지원 기기	한정적	다양함	중간

1.5 요약

이 장에서 모바일 앱의 개요와 발전 동향, 그리고 브라우저를 통한 웹 기반으로 작동하는 애플리케이션인 모바일 웹 앱에 대하여 살펴보았다. 그리고 스마트폰 등과 같은 휴대 단말기에서 서비스가 잘 구현되도록 지원하는 모바일 플랫폼에 대하여 설명하였다.

▣ 연습문제 ▣

1. HTML 기술의 발전 과정을 그림으로 요약하여 보이시오.

2. 빈 칸에 알맞은 단어로 채우시오.

모바일 애플리케이션을 유형별로 분류하면 ( ), ( ), ( )의 3가지로 나눌 수 있다.

3. 다음 문자열에서 숨어있는 핵심용어를 찾으시오.

테메우바모물넷비일앱인징시모사콘라롱브업터

4. 모바일 앱 개발 동향을 고려하여 구체적인 모바일 앱 서비스를 제안하시오.

제 2 장 HTML5

초기에 단순히 정적인 문서 형태 정보를 공유하는 기술(web of document)에서, 서로 다른 서비스를 연결하는 기술(web of services)과 서로 다른 원격 데이터들을 연결하는 기술(web of data)로 진화하였고, 이제는 단말의 HW를 제어하고 연결하는 단계(web of devices)를 넘어, 클라우드를 통해 정보를 공유하고 제공할 수 있도록 하며 모든 사물을 연결하는 단계(web of things)로 까지 진화하고 있다. 본 장에서는 웹 표준인 HTML5에 대해 살펴본다.

2.1 마크업 언어

HTML5 **마크업 언어**는 웹 브라우저에 일관되게 번역될 수 있는 방식으로 웹 페이지를 구조화하고 표현하기 위한 언어이다. 마크업 언어는 태그의 집합으로 문서 주석달기를 위한 언어이다. 그러한 태그들은 문서의 텍스트에 부가적인 의미와 구조, 또는 문서가 구독자를 위해 디스플레이 되어야 하는 방식에 대한 지침을 제공한다.

예를 들어, 텍스트의 다른 부분은 텍스트의 단락이지만, 어떤 태그는 텍스트의 일부분이 제목이라는 것을 명시할 수 있다. 다음 문서의 일부를 고려해 보자.

```
<h1>이것은 제목입니다.</h1>
<p>이것은 텍스트 단락입니다.</p>
```

이 예에서, 그 태그들은 꺽쇠괄호로 문서의 내용으로부터 분명히 구별될 수 있다. <h1>은 제목의 시작을 나타내고, </h1>은 제목의 끝을 나타낸다. 시작 태그와 종료 태그를 포함하는 전체 h1 구조와 그것의 텍스트 내용을 요소(element)라 한다.

HTML5는 마크업 언어로 HTML 문서에서 사용될 수 있는 태그들과 그것들이 어떻게 사용되는지, 그리고 그것들이 어떤 부가적인 정보를 포함할 수 있는지를 명시한다.

HTML의 초창기에, 마크업 언어에 브라우저가 정보를 어떻게 표현해야 하는 지를 지시하는 많은 태그들이 포함되었다. 예를 들어, 태그들은 폰트 크기와 색을 지시하기 위하여 사용되어진다. HTML 마크업 언어는 더 이상 문서의 표현을 지시하는 것에 책임이 없고, HTML5에서 대부분 남아있던 표현 태그들은 제거되었다. 표현은 CSS (Cascading Style Sheets)라 부르는 다른 기술로 유지되고 있다. 대신, HTML5 마크업 언어는 그 문서의 다양한 구성요소의 의미와 그것들이 다른 구성요소들과 어떻게 상호작용하는 지를 전달하는데 책임이 있다.

HTML5는 HTML 초기 버전의 표현력을 크게 향상시켰다. 그러나 문서들의 섹션은 다른 것들 사이에 머리말(headers), 꼬리말(footers), 그리고 보조(aside)로 마크되어지는 것을 허용한다.

2.2 HTML5 기초

웹 기술의 진화 발전 과정을 살펴보면 크게 3단계로 구분해 볼 수 있다. **웹 1.0**은 텍스트와 링크가 주된 형태였고 음악이나 동영상 등의 멀티미디어의 사용은 극도로 제한되어 있었다. 웹 사이트에서는 웹 사이트 운영자가 보여주는 것 이외에는 접할 수 없었고 동적인 데이터를 제공하는 서비스도 없었다. 그렇기 때문에 방문자들의 참가를 통해 자료를 수집하는 일도 없었다. 컴퓨터가 아직 느렸고 하드디스크의 저장 공간도 충분치 않았으며 네트워크의 대역폭도 작았으므로 동영상이나 플래시같이 현란한 웹 사이트는 자원을 낭비하는 것으로 여겨졌다.

웹 2.0이란 개방성 서비스 구조를 기반으로 사용자의 참여를 통해 핵심가치를 창출하는 인터넷 서비스를 말하며, 정보의 개방을 통해 인터넷 사용자들 간의 정보공유와 참여를 이끌어내고, 이를 통해 정보의 가치를 지속적으로 증대시키는 것을 목표로 하는 일련의 움직임으로 정의할 수 있다. 그리고 이러한 정의에 대해 다양한 추가 논의가 이루어지면서 웹2.0이라는 개념은 여러 사람들이 제공하는 다양한 데이터를 활용하여 다양한 서비스를 생산해 낼 수 있는 플랫폼으로서, 웹 환경이 다양화되고 사용자 중심의 커뮤니티가 기반인 동적인 공간으로서의 웹으로 발전하였다.

웹3.0이란 지능화된 웹이 시맨틱(semantic) 기술을 이용해서 상황인식을 통해 이용자에게 맞춤형 콘텐츠 및 서비스를 제공하는 것이다. 컴퓨터가 사람을 대신하여 정보를 읽고 이해하고 가공하여 새로운 정보를 만들어 낼 수 있도록, 이해하기 쉬운 의미를 가진 차세대 지능형 웹을 말한다. 이를 위해 필요한 기술이 시맨틱 웹이다. 웹3.0을 선도하는 기술들의 특징은 '개인화'와 '지능화', '상황인식' 등으로 수렴되며, 이들은 웹의 진화방향을 예측할 수 있다. 즉, 웹3.0 시대에는 지능형 웹이 이용자가 원하는 정보, 직관적인 경험을 제공할 수 있게 된다.

[표 2-1] 웹1.0과 웹2.0, 웹3.0의 비교

구분	웹 1.0	웹 2.0	웹 3.0
시기	1990-2000	2000-2010	2010-2020
키워드	접속	참여와 공유	상황인식
콘텐츠 이용 형태	생산자가 이용자에게 일방적으로 콘텐츠 제공-이용자는 콘텐츠 소비자	이용자는 콘텐츠의 생산자이며 소비자이며 유통자	지능화된 웹이 이용자가 원하는 콘텐츠를 제공-개인별 맞춤 서비스 제공
검색	검색엔진 내부에서만 가능	여러 사이트에 있는 자료의 개방(Open API)	사용자 맞춤형 검색
정보 이용지	인간	인간	인간, 컴퓨터(기계)
기반 기술	브라우저, 웹 저장	브로드밴드, 서버 관리	시맨틱 기술, 클라우드컴퓨팅, 상황인식
대응 단말	PC	주로 PC(모바일 단말 일부 포함)	PC, 모바일 단말, 시계와 같은 액세서리 등 다양

HTML5는 HTML과 호환성을 유지하면서 모바일 및 PC 등의 다양한 기기를 지원하는 웹 표준 언어이다. HTML5는 차세대 웹문서의 표준으로 기존의 HTML이 멀티미디어 등 다양한 애플리케이션까지 표현, 제공 하도록 진화한 웹 프로그래밍 언어이다. 기존의 HTML4에 오디오, 비디오, 그래픽처리, 위치정보 제공 등 다양한 기능을 추가로 제공함으로 웹 자체적으로 처리할 수 있는 기능을 대폭 향상하였다. 이 언어는 HTML에 추가된 새로운 마크업, 웹폼, API 지원 등을 통해 웹 애플리케이션 개발을 할 수 있다. 국제 웹 표준 개발 조직인 W3C를 중심으로 Microsoft, Apple, Mozilla, Google, Opera 등 다양한 웹 브라우저 벤더가 표준화에 참여하고 있다.

모바일 웹 앱을 HTML5 기반으로 개발하는 이유는 다음과 같이 세 가지를 꼽을 수 있다. 첫째, 스마트 열풍과 더불어 출시되는 스마트폰을 포함한 대부분의 스마트 기기에는 HTML5를 지원하는 브라우저가 탑재되어 있어서 바로 이용이 가능하다. 둘째, 웹 앱은 네이티브 앱과 달리 네이티브 개발환경을 설치할 필요가 없으며, 네이티브 앱 장터를 통하여 심사를 받을 필요도 없이 배포가 가능하다. 셋째, 표준 규격인 HTML5는 아이폰 환경이든 안드로이드 환경이든 플랫폼과 상관없이 크로스 브라우징이 가능하다.

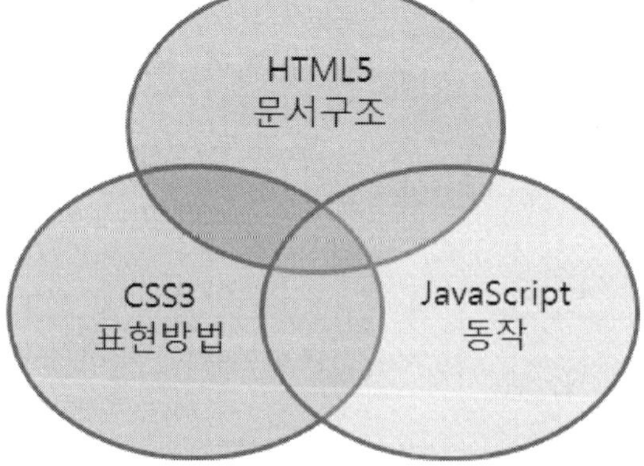

[그림 2-1] HTML5의 구성요소

HTML5가 단순히 기존의 HTML 표준에서 태그를 확장한 것이라고 생각할 수도 있지만, 그림 2-1에서 보는 바와 같이 CSS와 자바스크립트를 포함하고 있는 개념으로 이해할 수 있다. HTML이 문장의 논리 구조를 지정한다면, CSS는 표현 방법을 지정한다고 할 수 있다. 이전 버전 HTML의 논리 구조에 화면 표현와 관련된 태그까지 추가하게 되자 복잡하고 부자연스럽게 되어 버린 문제를 해결하기 위해 HTML5에서는 화면 표현과 관련된 부분은 CSS가 전담하도록 하고 있다. CSS3는 HTML5에서 권장되는 스타일 표준으로 웹 기술의 한 요소이다. CSS2와 CSS3의 가장 큰 차이점은 후자가 모듈 기반이라는 점이다. 즉, 모바일 웹 브라우저가 필요에 따라 원하는 CSS 모듈만 탑재하거나 수시로 업데이트하는 것이 가능해졌다. 게다가 화려하고 역동적인 면모를 갖추기 위해 상자의 크기에 따른 말 줄임 표시, 투명한 배경, 그림자 효과, 둥근 모서리, 애니메이션 효과 등의 속성을 추가하여 자바 스크립트나 서버 기술에 의존하지 않아도 되므로 웹 사이트의 성능 향상에 기여하게 되었다. 자바스크립트는 단순한 HTML 문서의 조작 수준을 넘어 다양한 HTML5 API를 활용하고 제어하고 통신하는 역할로 확대되었다.

모바일 환경에서 HTML5가 특별히 다른 태그를 활용하는 것은 아니지만, 몇 가지 특징을 모바일 환경에서 활용하면 더욱 효과적이다. 첫째, 문서의 구조를 강화하여 시맨틱 웹(semantic web)을 추구함으로써 접근성을 높이고 검색 엔진의 정확도가 높아져 음성 지원 브라우저나 텍스트 전용 브라우저 등 특수한 브라우저에서도 정보 전달이 용이하다. 둘째, 새로 추가된 <canvas>, <audio>, <video> 태그는 별도의 플러그인을 설치할 필요 없이 그래픽 및 멀티미디어 재생 기능을 강화할 수 있다. 마지막으로, 로컬 저장소나 앱 캐시, 지리적 위치(geolocation) 등의 자바스크립트로 이용할 수 있는 API의 추가는 네트워크 연결이 끊기더라도 오프라인 모드로 동작이 가능하게 하고 다양한 위치 기반 서비스가 실현될 수 있다. 표 2-2에 나타낸 것처럼 HTML5에는 보다 강력한 **자바스크립트 API**가 추가되어 독립적인 애플리케이션 플랫폼으로서의 면모가 갖추어지고 있다.

[표 2-2] HTML5 자바스크립트 API 기능

분류	기능	설명
오프라인/저장기능	로컬 저장장치 API	클라이언트 쪽에서 상태값 등의 정보를 저장하고 읽기
	웹 SQL DB API	DB 생성 및 테이블을 이용하여 SQL을 사용
	인덱스 DB API	키와 값을 단위로 인덱싱된 DB를 사용하여 빠른 검색 가능
	오프라인 웹 앱 API	네트워크 접속이 끊기더라도 모바일 웹을 이용할 수 있는 캐시 지원
실시간 통신	웹 소켓	네트워크를 위한 소켓 통신이 용이
	웹 워커	백그라운드 모드로 실행되는 복잡한 처리가 동시에 가능
하드웨어 사용	공간위치 API	지도와 GPS의 위치정보를 연동하여 처리 가능
	드래그 앤 드롭 API	끌어다 놓기의 UI 처리가 용이
	파일 API	로컬 컴퓨터에 파일을 저장하고 읽기
	장치 방향	자이로스코프 센서를 인식하여 방향을 제어

HTML5 특징은 다음과 같이 요약될 수 있다.

- 기존 HTML을 수용하면서 기존 버전보다 구조화된 마크업 기능 강화
- 별도의 플러그인(Adobe Flash, Microsoft Silverlight 등) 없이 멀티미디어 재생 가능
- HTML5 API 제공을 통한 2D/3D 그래픽 표현 및 운영
- 인터넷 연결이 중단되는 상황에서 캐시에 의한 애플리케이션 구동 가능
- 사용자의 위치 정보를 모바일 웹 애플리케이션에서 활용할 수 있는 Geolocation 기능 제공
- 텍스트 타입으로 제공되었던 Form(양식)에 새로운 타입의 요소(date, email 등)가 추가되어 다양한 기능을 제공

2.3 HTML5 기본구조

HTML5의 특징은 대화형 웹 페이지 개발을 더 쉽게 해 주는 자바스크립트 APIs와 시맨틱을 허용하는 많은 새로운 요소들을 포함한다는 것이다. 웹 페이지 내에서 전부가 아주 다른 기능들을 가질 지라도, HTML4는 그것들을 코드 화하는 다른 방법이 없고, 동일한 div를 포괄적으로 사용한다. HTML5는 그러한 논리적 영역들: header, nav, footer 등으로 구별하기 위한 새로운 요소들을 가지고 있다.

HTML5의 전반적인 목표는 그림 2-1(a)의 페이지 구조를 그림 2-2(b)의 페이지 구조로 교체하는 것이다.

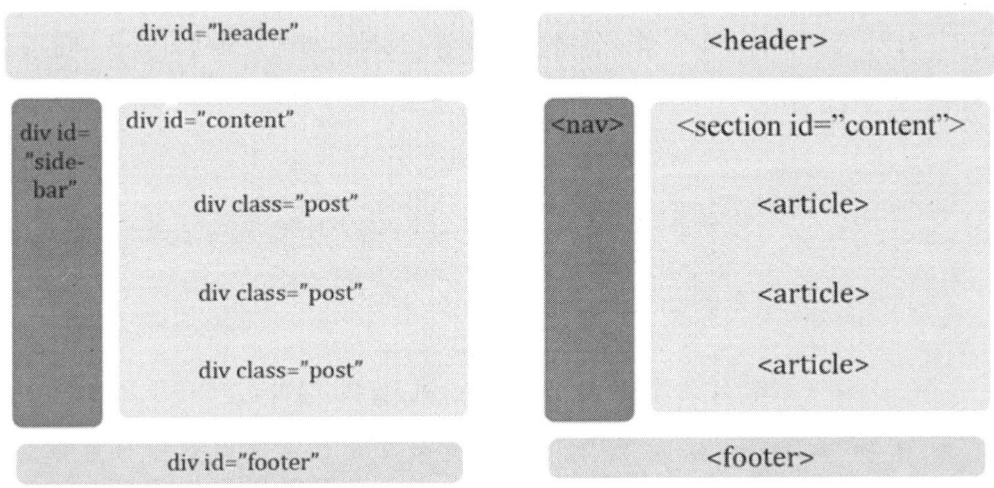

(a) HTML4 (b) HTML5

[그림 2-2] HTML4와 HTML5의 웹 페이지 구조 차이

어떤 기술을 배우는 좋은 방법은 가장 간단한 구현으로 시작하는 것이다. HTML5에서, 작성 가능한 간단한 HTML 구조를 표현하기 위한 기본 템프릿 웹 페이지를 작성할 것이다. 선호하는 문서 편집기를 열고, 아래 텍스트를 입력하고, 그리고 이 문서를 2-1.html로 저장한다.

2-1.html

```
<!DOCTYPE html>
<html lang="ko">
<head>
  <meta charset="UTF-8">
  <title>문서의 제목</title>
</head>

<body>
  문서의 내용......
</body>

</html>
```

[그림 2-3] 가장 간단한 웹 페이지

Chrome을 열고, Windows에서 Ctrl-O를 선택하고, 방금 저장한 파일을 네비게이트하기 위하여 '열기'를 선택한다. 웹 브라우저에 적재되었을 때 그림 2-4처럼 보일 것이다.

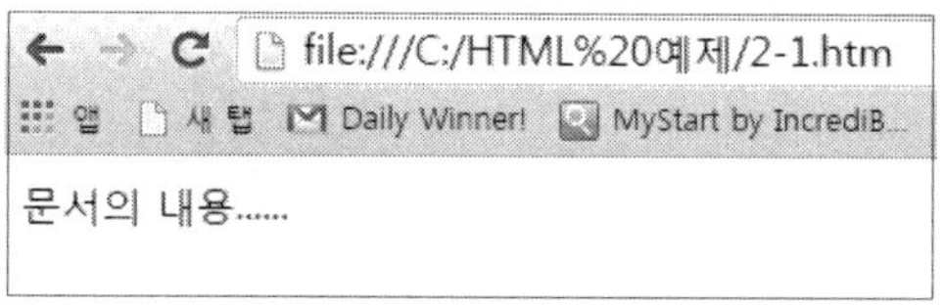

[그림 2-4] 2-1.html의 실행 결과

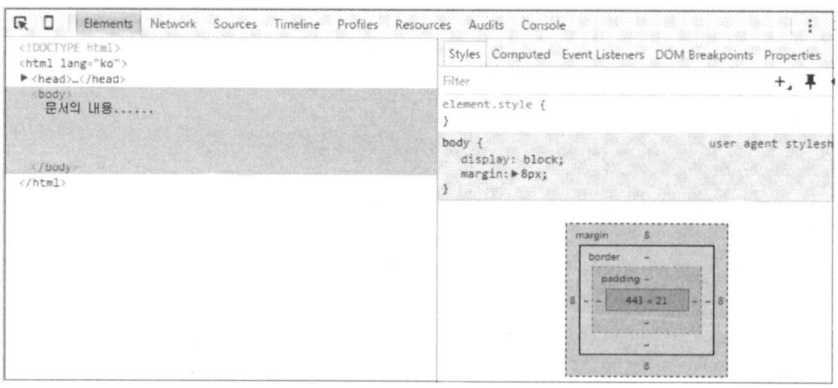

[그림 2-5] 웹 페이지 개발자 도구

Chrome에서 페이지 열기와 함께, **개발자 도구**를 열기 위하여 F12 또는 Ctrl+Shift+I를 선택한다. 그림 2-5에서 보여 진 웹 페이지 창을 열 것이다. 이것은 그 웹 페이지의 웹 브라우저의 내부 표현이다. 보는 것처럼, 이것은 그 문서의 구조를 정규화 하였고, 내부에 서로 중첩된 태그들의 집합을 제공한다. 문서의 첫째 줄, <!DOCTYPE html>은 그 페이지의 문서 종류를 정의한다. 과거 수년 사이에 많은 다른 HTML 표준이 있었기 때문에, 브라우저는 그 페이지가 사용한 그러한 표준들을 이해하기 위해 이 줄을 사용하고, 그리고 페이지의 내용을 번역하고 그에 맞춰 그것을 렌더링 하기 위하여 이 표준에 맞는 규칙들을 사용한다.

가장 바깥쪽 단계에 <html> 요소가 있다. 그것은 문서의 나머지 부분을 캡슐화 하는 html 태그를 포함한다. 이 태그는 값 ko를 갖는 lang라 부르는 속성을 포함한다. 속성들은 태그에 여분의 의미를 제공하기 위한 메커니즘을 제공한다. 이 속성은 문서의 언어가 한국어라는 것을 명시하고 있다. HTML5의 많은 측면으로, 비록 그 명세가 속성들과 그것들의 값들을 정의하지만 이 정보로 무엇을 해야 하는지 결정하는 것은 브라우저에 달려있다. 브라우저는 영어 비원어민을 위하여 번역을 제시하기 위하여 이 정보를 사용할 수도 있고, 또는 이 정보로 아무것도 하지 않을 수도 있다.

이 문서에서 다음 요소는 head 요소이다. 이것은 그 문서에 의해 필요한 다른 파일들에 대한 링크들과 함께 그 문서에 대한 중요한 메타데이터를 제공할 수 있는 부분이다. 이 head 부분은 웹 페이지의 어떤 시각적인 구성요소들을 결코 포함하지 않는다. 이 특정한 경우에, 그 head는 메타데이터의 하나의 중요한 조각을 포함한다. 이것은 그 문서의 문자 부호화는 UTF-8이라는 것을 명시한다.

head 요소에 일반적으로 추가되는 하나의 다른 요소인 title 요소가 있다. 이것은 웹 페이지가 적재되었을 때 브라우저가 타이틀 바에 나타낼 텍스트이다. Chrome에서 그림 2-3에 페이지를 보면, 탭 헤더에 그림 2-6과 같이 나타날 것이다.

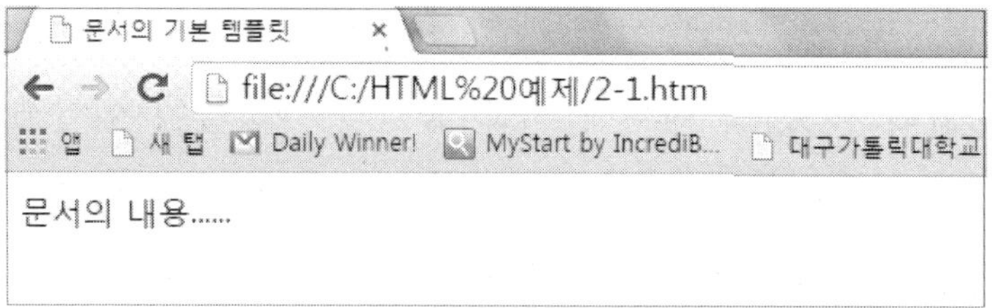

[그림 2-6] 2-1.htm의 실행 시 탭 헤더

다음에 body가 온다. 그 페이지의 모든 시각적인 요소들이 기술될 것이다. 이 예에서, 그 body는 단 하나의 텍스트 스트링으로 구성되어진다,

2.4 HTML5 요소

HTML5의 새로운 요소 리스트들과 그것들이 무엇을 위해 사용되는지에 대한 설명이다.

(1) 새로운 시멘틱/구조적인 요소

HTML5은 더 나은 문서 구조를 위해 새로운 요소들을 제안한다.

[표 2-3] HTML5의 새로운 시맨틱/구조적 요소들

태그	설 명
<article>	문서 내에 어떤 기사(article)를 정의한다.
<aside>	페이지 내용으로부터 콘텐츠 보조(aside)를 정의한다.
<bdi>	다른 텍스트와 다른 방향으로 포맷되는 텍스트 부분을 정의한다.
<details>	사용자가 보거나 감출 수 있는 추가 세부사항을 정의한다.
<dialog>	대화상자나 윈도우를 정의한다.
<figcaption>	<figure> 요소를 위한 캡션을 정의한다.
<figure>	삽화, 다이어그램, 사진, 코드 목록 등과 같은 독립적인 콘텐츠를 정의한다.
<footer>	문서 또는 섹션을 위한 꼬리말을 정의한다.

<header>	문서 또는 섹션을 위한 머리말을 정의한다.
<main>	문서의 주요 콘텐츠를 정의한다.
<mark>	표시된 또는 강조된 텍스트를 정의한다.
<menuitem>	사용자가 팝업 메뉴에 적용할 수 있는 명령/메뉴 항목을 정의한다.
<meter>	알려진 범위 (게이지) 내의 스칼라 측정을 정의한다.
<nav>	문서 내의 네비게이션 링크를 정의한다.
<progress>	작업의 진행을 정의한다.
<rp>	루비 주석을 지원하지 않는 브라우저에서 무엇을 보일 것이지를 정의한다.
<rt>	동아시아 활자를 위한 문자의 설명/발음을 정의한다.
<ruby>	동아시아 활자를 위한 루비 주석을 정의한다.
<section>	문서 내의 섹션을 정의한다.
<summary>	<details> 요소를 위한 가시적인 제목을 정의한다.
<time>	날짜/시간을 정의한다.
<wbr>	가능한 행 바꿈을 정의한다.

헤더 배너로부터 테이블 셀과 이미지까지 어떤 페이지에 나타나는 각 요소는 스크린의 직사각형 영역을 위한 표현을 제공해 준다. 따라서 div와 span은 페이지 공간을 분할하여 이 역할을 수행한다. 이 방법이 표현 측면에서 작업하지만, 이 각 태그들은 그 웹 페이지에서 그것들의 목적에 대한 어떤 의미를 포함하지 않고 있다. 결과적으로 그것들은 시맨틱 의미가 부족하다. 그뿐 아니라, 그 마크업으로부터 그 웹 페이지에서 각 요소의 무슨 역할을 하는지 추론하는 것은 매우 어렵다.

하나의 구체적인 예를 살펴보면, 웹 페이지에 대한 헤더 섹션은 다음과 같이 정의될 수 있다.

```
<div class="header">이것은 제목입니다</div>
```

클래스 이름은 div의 목적을 기술한다는 것에 주목한다. 그러나 그것은 그저 이 클래스 headSection 또는 head를 쉽게 부르는 임의의 이름일 뿐이다.

많은 면에서, header라 부르는 시맨틱 태그가 있으면 더 좋을 것이고, 모든 사용자는 페이지의 헤더를 가리키기 위하여 이것을 사용한다.

시맨틱 태그에 대한 근거는 만일 브라우저가 이것이 헤더인 것을 안다면, 브라우저는 다음 사실에 기초하여 리더에게 부가적인 서비스들 또는 기능들을 제공할 수도 있다는 관찰로부터 나온다.

- 정보를 다른 장치들 상에서 다르게 렌더할 수도 있다. 예를 들어, 폰과 같은 작은 스크린 장치에서, 사용자가 페이지의 상단 근처를 가볍게 두드리면 헤더만을 보여줄 수도 있다.
- 다른 모드를 지원할 수도 있다. 예를 들어, 어떤 사용자는 웹페이지에서 헤더나 메뉴 같은 부차적인 요소를 제거하고 오로지 콘텐츠 읽기를 원한다고 지정할 수도 있다. 따라서 헤더나 메뉴는 일시적으로 제거될 수도 있다.
- 시각장애 스크린 리더들에게 대용 브라우저를 지원해 줄 수도 있다. 예를 들어, 스크린 리더가 이것은 그 페이지의 제목 섹션이고 먼저 읽어야 한다고 이해하는데 도움을 준다.

이러한 장점에 덧붙여, 웹 페이지 개발자를 위한 분명한 장점이 있다. 아주 많이 중첩된 div 태그들로 구성된 페이지는 관리하기 매우 어렵다. 종료 태그를 빼먹기도 쉬울 뿐만 아니라 태그가 적용되는 스타일에 필요한지를 결정하는 것도 어렵다.

그러한 이점들을 지원하기 위하여, header와 같은 요소를 명확하게 표시하는 방법이 필요하다. 따라서 HTML5 명세는 다음 문을 포함하는 시맨틱 태그들의 집합을 정의한다.

```
<header>이것은 제목입니다</header>
```

많은 시맨틱 태그들은 웹 페이지의 핵심 구조: 헤더, 꼬리말, 콘텐츠의 섹션, 그리고 콘텐츠 보조를 구축하기 위하여 사용되어진다. HTML5는 웹 페이지의 다른 부분들을 정의하기 위하여 새로운 **시맨틱 요소**들을 제공한다.

- <header>

<header> 태그는 그 페이지의 제목과 헤더 관련 이미지와 같은 머리말 정보를 그룹화 하는데 사용되어진다. <header>는 그 페이지를 위한 주요 네비게이

션 링크들을 역시 포함하고 있어야 한다. 한 페이지에 하나 이상의 헤더가 있을 수 있다. 페이지가 전체적으로 자체의 <header> 요소를 가지지만, 각 섹션은 자체의 <header> 요소를 가질 수도 있다.

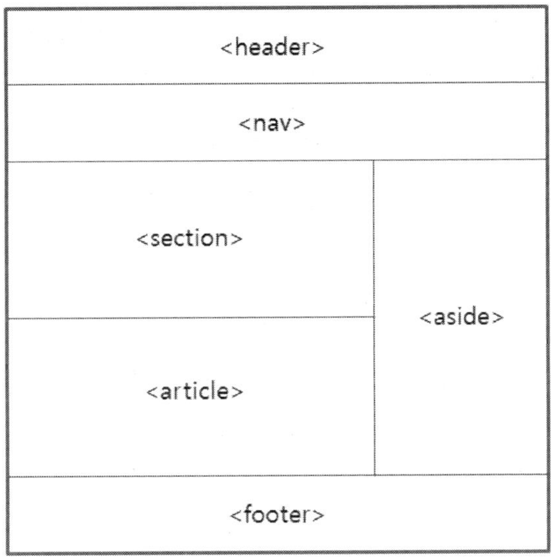

[그림 2-7] 시맨틱 태그들로 구성된 HTML5 문서의 구조

- <footer>

<footer> 태그는 웹 페이지 또는 섹션의 맨 아래에 나타나야 하는 정보를 그룹화 하는데 사용되어진다. 예를 들어, 이 태그는 저작권 정보와 연락처 정보를 포함할 수 있다. <header> 태그와 마찬가지로 한 페이지에 다수의 <footer>들이 있을 수 있고, 그리고 <footer>들은 <header>들과 짝을 이룰 필요는 없다.

- <main>

<main> 태그는 중추 기능을 구성하는 콘텐츠 또는 웹 페이지 콘텐츠를 둘러싸야 한다. 하나의 웹 페이지에 하나의 <main> 태그만 이어야 하고, 그것은 <header>, <section> 또는 <footer>와 같은 다른 요소 내부에서 중첩될 수 없

다.

- <section>

<section>은 문서의 하위 구분을 신중하게 담아내기 위하여 사용되어진다. 예를 들어, 개발 중인 웹 페이지에서 스크린의 편집 가능한 부분은 section으로 여길 수 있고, 그리고 계약 목록은 다른 section이라고 할 수 있다. 웹 페이지 부분이 section인지를 결정하기 위하여, 그 페이지에서 이 전체 영역을 가져올 수 있고 그것을 그 웹 페이지 내에 어디로 위치를 바꿀 수 있는지를 고려한다. 만일 그렇다면, 그것은 section으로 태그 될 수 있다.

- <aside>

<aside>는 주변의 다른 콘텐츠와 느슨하게 관련된 콘텐츠를 위해 사용되어진다. 그것은 광고물 또는 다른 관련 없는 정보를 위해 또한 사용되어진다. <aside>는 주변의 콘텐츠로부터 border와 font로 시각적으로 분리될 것이다.

- <article>

<article>은 독립된(self-contained) 정보를 포함하는 <section>과 유사하다. 그러나 그것은 문서의 포괄적인 <section> 보다는 블로그 포스트 또는 리뷰와 같이 텍스트 콘텐츠를 분리하기 위하여 일반적으로 사용되어진다. 하나의 웹 페이지로부터 추출되고 다른 것에 내장될 수 있는 텍스트 블록을 위하여 <article>을 사용한다.

- <nav>

<nav> 요소는 페이지 상의 주된 네비게이션 링크들을 위한 콘테이너를 제공한다. 명세는 모든 네비게이션 링크들을 하나의 nav 요소에 캡슐화 될 거라고 생각하지 않고, 단지 페이지를 위한 초기 네비게이션 옵션이다.

- <address>

<address> 태그는 전혀 새로운 게 아니고, 다른 시맨틱 태그들과 어울리지 않는 HTML5 명세의 일부이다. 이 요소는 웹 페이지 관리자의 주소 또는 연락처 세부사항을 정의하는데 사용된다.

그림 2-7은 다수의 시맨틱 태그들을 포함하는 웹 페이지의 간단한 예이고, 그림 2-8은 Chrome의 개발자 도구에서 2-2.html의 실행 결과를 보여준다.

2-2.html

```
<!doctype html>
<html lang="ko">
 <head>
  <meta charset="UTF-8">
  <title>HTML5 시맨틱 웹 페이지 구조</title>
 </head>
 <body>
  <header>이것은 제목입니다</header>
  <main>
   <section>이것은 이 페이지의 첫 번째 섹션입니다</section>
   <section>이것은 이 페이지의 두 번째 섹션입니다</section>
   <aside>이것은 광고를 하는 곳입니다.</aside>
  </main>
  <footer>이것은 꼬리말입니다</footer>
 </body>
</html>
```

[그림 2-7] 간단한 시맨틱 웹 페이지

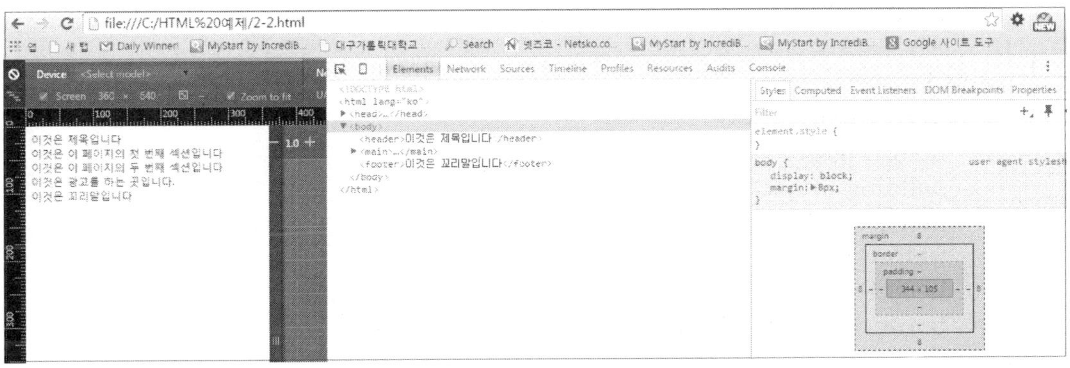

[그림 2-8] 2-2.htm의 실행 결과

비록 시맨틱 태그가 그것들의 이름에 표현 정보를 내포하지만, 브라우저는 그것들을 보통 <div> 요소와 다르게 스타일 하지 않는다. 시맨틱 요소는 보통 요소처럼 CSS로 스타일 되어야 한다. 그러한 태그들을 스타일 하기 위하여, 그 웹 페이지의 head 내의 style 섹션에 스타일이 배치되어야 한다.

2-3.html

```
<!doctype html>
<html lang="ko">
 <head>
  <meta charset="UTF-8">
  <title>HTML5 시맨틱 웹 페이지 구조</title>
  <style>
   header, footer {
    padding: 30px 0 30px 0;
        width: 100%;
        background: #B3B2CF;
        text-align: center;
   }
   header {
    font-size: 22px;
   }
   section {
    float: left;
        padding: 10px;
        margin: 20px;
        width: 70%;
        border: 1px solid black;
   }
   aside {
    position: relative;
        float: right;
        padding: 10px;
        margin: 20px;
        width: 150px;
        height: 200px;
        border: 1px solid black'
   }
   footer {
```

```
      clear: both;
          margin-top: 50px;
          font-size: 18px;
    }
   </style>
  </head>
  <body>
   <header>이것은 제목입니다</header>
   <main>
    <section>이것은 이 페이지의 첫 번째 섹션입니다</section>
    <section>이것은 이 페이지의 두 번째 섹션입니다</section>
    <aside>이것은 광고를 하는 곳입니다.</aside>
   </main>
   <footer>이것은 꼬리말입니다</footer>
  </body>
</html>
```

[그림 2-9] CSS로 스타일 된 간단한 시맨틱 웹 페이지

그림 2-10은 간단한 시맨틱 웹 페이지(2-2.htm)와 CSS 스타일을 갖는 동일한 시맨틱 웹 페이지(2-3.htm)의 Chrome 브라우징 결과를 각각 보여준다.

(a) 2-2.html

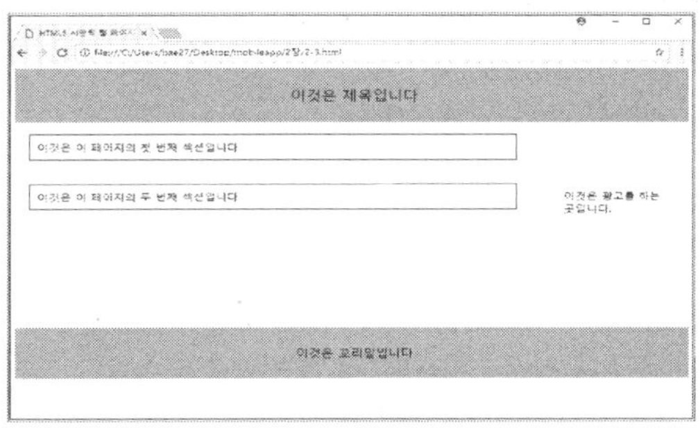

(b) 2-3.html

[그림 2-10] CSS 스타일 유무에 따른 웹 페이지 브라우징 결과 비교

(2) 새로운 폼 요소

폼은 사용자로부터 정보의 집합을 얻을 목적으로 하나의 요소 내부에 함께 그룹화 된 입력 필드들의 집합이다. 폼들은 주로 다음 필드들로 구성되어진다.

- 텍스트 필드: 텍스트 입력을 위한 한 줄 입력 필드를 정의한다.
- 선택 목록: 드롭다운 리스트를 생성할 때 사용된다.
- 텍스트 박스: 여러 줄의 입력 필드를 정의한다.
- 체크박스: 하나 이상의 항목들을 선택할 수 있는 입력 형식이다.
- 라디오 버튼: 여러 항목 중에서 하나만 선택하도록 하는 입력 요소이다.
- 암호 필드: 암호 필드는 문자는 *나 ●로 감추어진다.

HTML5는 다음 폼 요소들: <datalist>, <keygen>, <output>을 추가하였다. **<datalist>** 요소는 <input> 요소에 대해 미리 정의된 옵션들의 리스트를 명세한다. 사용자는 입력 데이터로 미리 정의된 옵션들의 드롭다운 리스트를 볼 수 있다. <input> 요소의 리스트 속성은 <datalist> 요소의 id 속성을 참조해야 한다.

그림 2-11은 <datalist> 요소를 사용하여 미리 정의된 텍스트 값을 갖는 <input> 요소의 예제를 보여준다.

2-4.html

```
<!DOCTYPE html>
<html>
<head>
  <meta charset="UTF-8">
</head>
<body>
<form>
  참가종목 : <input list="types" name="type">
  <datalist id="types">
    <option value="5 Km">
    <option value="10 Km">
    <option value="하프코스">
    <option value="풀코스">
    <option value="울트라">
  </datalist>
</form>
</body>
</html>
```

[그림 2-11] <datalist> 요소를 사용한 입력 폼의 예제

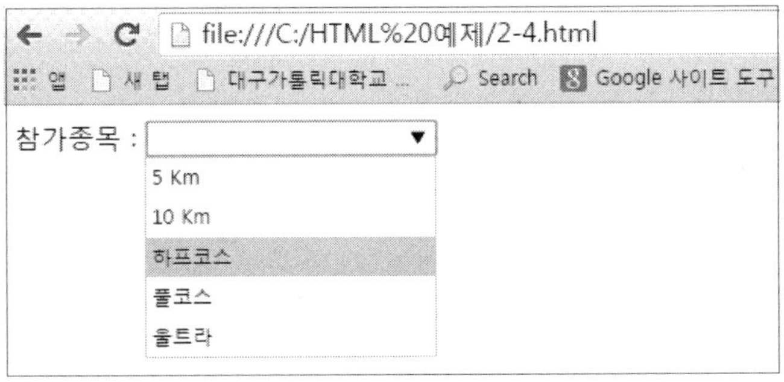

[그림 2-12] 2-4.html의 실행 결과

<keygen> 요소의 목적은 사용자 인증을 위한 안전한 방법을 제공하는데 있다. <keygen> 요소는 폼 안에 키-쌍 생성 필드를 명시한다. 폼이 제출되면, 2개의 키: 공개키와 개인키가 생성된다. 개인키는 브라우저에 저장되고, 공개키는 서버로 전송된다. 공개키는 장차 사용자를 인증하기 위한 클라이언트 인증서를 생성하기 위하여 사용될 수 있다.

그림 2-13과 2-14는 <keygen> 요소를 사용한 폼의 예제와 그 실행결과를 각각 보여준다.

2-5.html

```
<!doctype html>
<html lang="ko">
 <head>
  <meta charset="UTF-8">
  <title>Document</title>
 </head>
 <body>
  <form>
   아이디 번호: <input type="password" name="ID_number">
   <br><br>
   암호화: <keygen name="security">
   <br><br>
  </form>
</body>
</html>
```

[그림 2-13] <keygen> 요소를 사용한 입력 폼의 예제

[그림 2-14] 2-5.html의 실행결과

<output> 요소는 계산의 결과를 표시한다. 계산을 수행하고 결과를 <output> 요소에 보인다. 주요 속성으로는 요소의 이름을 지정하는 name 속성과 변수 이름을 지정하는 for 속성 등이 있다.

그림 2-15와 2-16는 <keygen> 요소를 사용한 폼의 예제와 그 실행결과를 각각 보여준다.

2-6.html

```
<!DOCTYPE html>
<html>
 <meta charset="utf-8">
 <title>Output 요소 예제</title>
 <body>
  <form onsubmit="return false" oninput=" totalamount.value = Math.round(principal.value * (Math.pow((1 + interest.value / 100), period.value)) * 100) / 100;">
    원 금 <input name="principal" id="principal" type="number">
    <br />
    기 간 <input name="period" id="period" type="number">
    <br />
    이 율 <input name="interest" id="interest" type="number">
    <br />
    총 액 <output name="totalamount" id="totalamount" for="principal period interest"></output>
  </form>
 </body>
</html>
```

[그림 2-15] <output> 요소를 사용한 입력 폼의 예제

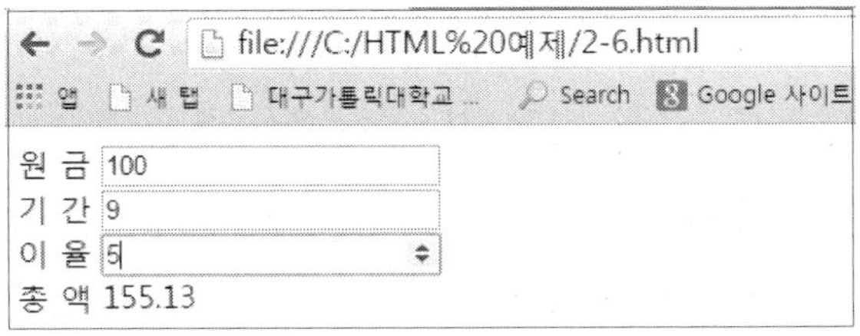

[그림 2-16] 2-6.html의 실행결과

(3) 새로운 입력 타입

HTML5는 아래와 같은 다수의 새로운 입력 형식을 추가하였다.

- color: 컬러를 포함해야 하는 입력 필드를 위해 사용된다. 브라우저 지원에 따라 입력 필드에 컬러 픽커가 나타날 수 있다.
- date: 날짜를 포함해야 하는 입력 필드를 위해 사용된다. 브라우저 지원에 따라 입력 필드에 날짜 픽커가 나타날 수 있다.
- datetime: 표준시간대에 따라 사용자가 날짜와 시간을 선택하는 것을 허용한다.
- datetime-local: 표준시간대 없이 사용자가 날짜와 시간을 선택하는 것을 허용한다. 브라우저 지원에 따라 입력 필드에 날짜 픽커가 나타날 수 있다.
- email: e-mail 주소를 포함해야 하는 입력 필드를 위해 사용된다. 브라우저 지원에 따라 제출될 때 그 e-mail 주소는 자동적으로 유효성이 검사될 수 있다.
- month: 사용자가 월과 년을 선택하는 것을 허용한다.
- number: 수치 값을 포함해야 하는 입력 필드를 위해 사용된다. 숫자에 대한 제한을 설정할 수 있다. 브라우저 지원에 따라 입력 필드에 날짜 픽커가 나타날 수 있다.
- range: 범위내의 값을 포함해야 하는 입력 필드를 위해 사용된다. 브라우

저 지원에 따라 입력 필드는 슬라이더 컨트롤로 표시될 수 있다.

- search: 검색 필드를 위해 사용된다.
- tel: 전화번호를 포함해야 하는 입력 필드를 위해 사용된다.
- time: 사용자가 시간을 선택하는 것을 허용한다. 브라우저 지원에 따라 입력 필드에 시간 픽커가 나타날 수 있다.
- url: url 주소를 포함해야 하는 입력 필드를 위해 사용된다. 브라우저에 따라 제출될 때 그 url 필드는 자동적으로 유효성이 검사될 수 있다.
- week: 사용자가 주(週)와 년을 선택하는 것을 허용한다. 브라우저 지원에 따라 입력 필드에 날짜 픽커가 나타날 수 있다.

그림 2-17과 그림 2-18은 HTML5의 다양한 새로운 입력 형식에 따라 생성되는 입력 필드/폼을 보여주는 예제와 실행결과이다.

2-7.htm

```
<!doctype html>
<html lang="ko">
 <head>
  <meta charset="UTF-8">
  <title>HTML5 새로운 데이터 형식</title>
 </head>
 <body>
 <table border=1>
   <thead>
      <tr>
           <th colspan="3">데이터 형식</th>
         </tr>
    </thead>
    <tbody>
      <tr>
           <td>
             <div>
              <h3>type="color"</h3>
              <input type="color" name="color">
            </div>
           </td>
           <td>
```

```
            <div>
              <h3>type="date"</h3>
              <input type="date" name="date">
            </div>
            </td>
            <td>
            <div>
              <h3>type="datetime"</h3>
              <input type="datetime" name="datetime">
            </div>
            </td>
        </tr>
        <tr>
            <td>
            <div>
              <h3>type="datetime-local"</h3>
              <input type="datetime-local" name="datetime-local">
            </div>
            </td>
          <td>
            <div>
              <h3>type="email"</h3>
              <input type="email" name="email">
            </div>
            </td>
          <td>
            <div>
              <h3>type="month"</h3>
              <input type="month" name="month">
            </div>
            </td>
        </tr>
        <tr>
          <td>
            <div>
              <h3>type="number"</h3>
              <input type="number" name="number">
            </div>
          </td>
          <td>
            <div>
             <h3>type="range"</h3>
             <input type="range" id="range" name="range">
             <output for="range" id="output"></output>
            </div>
          </td>
```

```
        <td>
        <div>
          <h3>type="search"</h3>
          <input type="search" name="search" results="5" autosave="saved-searches">
        </div>
        </td>
    </tr>
    <tr>
        <td>
        <div>
          <h3>type="tel"</h3>
          <input type="tel" name="tel">
        </div>
        </td>
      <td>
        <div>
          <h3>type="time"</h3>
          <input type="time" name="time">
        </div>
        </td>
        <td>
        <div>
          <h3>type="url"</h3>
          <input type="url" name="url">
        </div>
        </td>
    </tr>
    <tr>
        <td>
        <div>
          <h3>type="week"</h3>
          <input type="week" name="week">
        </div>
        </td>
      <td colspan="2">
        <div>
          <input type="submit" value="전송">
        </div>
      </td>
    </tr>
  </tbody>
 </table>
</body>
</html>
```

[그림 2-17] HTML5의 새로운 입력 형식들을 사용한 예제

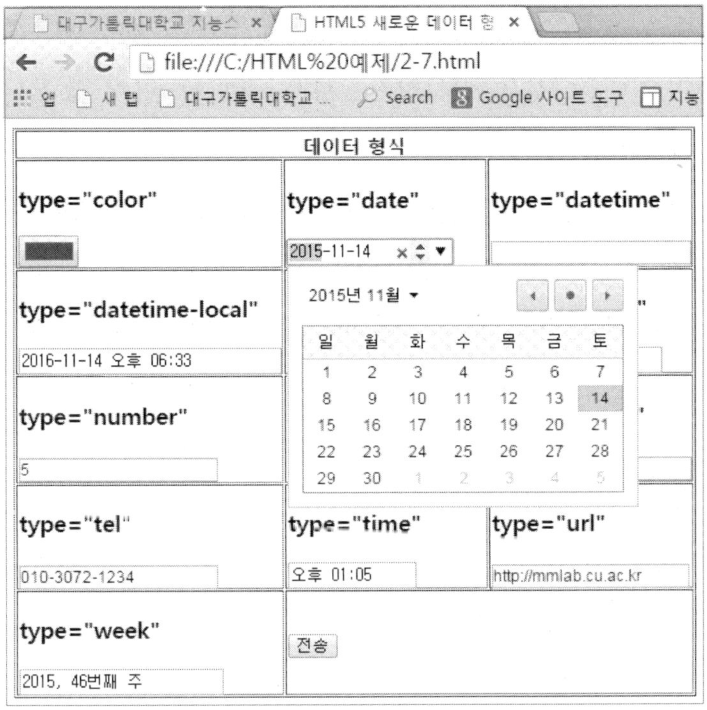

[그림 2-18] 2-7.html의 실행결과

(4) 새로운 속성 구문

HTML5는 속성에 대한 4가지 다른 구문을 허용한다. 표 2-4는 <input> 태그에서 사용되는 다른 구문을 보여준다. HTML5에서, 그 속성에 무엇이 필요한지에 따라 4가지 구문이 사용될 수도 있다.

[표 2-4] HTML5의 새로운 속성 구문과 예

종류	예
공백 (empty)	<input type="text" value="Stephan" **disabled**>
인용되지 않은 (unquoted)	<input type="text" **value=Stephan**>
이중 인용 부호 (double-quoted)	<input type="text" **value="Stephan Bae"**>
단일 인용 부호 (single-quoted)	<input type="text" **value='Stephan Bae'**>

disabled 속성은 부울 속성이다. 만일 disabled가 존재하면, <input> 요소가 사용금지 되어야 한다는 것을 명시한다. 사용 금지된 입력 요소는 사용할 수도 없고 클릭할 수도 없다.

HTML5는 공백이 없는 값에 인용 부호 없는 속성 값을 허용한다. HTML에서 이중 인용 부호가 가장 일반적이지만 단일 인용 부호 역시 사용될 수 있다. 속성 값 자체가 이중 인용 부호에 포함될 때, 단일 인용 부호 사용이 필요하다.

```
<p title="Mobile 'Web' App">
또는
<p title='Mobile "Web" App'>
```

그림 2-19와 그림 2-20은 HTML5의 새로운 속성 구문에 따라 생성되는 입력 필드를 보여주는 예제와 실행결과이다.

2-8.htm

```
<!DOCTYPE html>
<html lang="ko">
 <head>
  <meta charset="UTF-8">
 </head>
 <body>
  <form>
    대학: <input type="text" name="college" value="공과대학"></br>
    학과: <input type="text" name="dept" value=IT공학부><br>
    이름: <input type="text" name="name" value='홍 길동'><br>
    아이디 번호: <input type="text" name="id_number" disabled><br>
    <input type="제출" value="Submit"><br>
  </form>
 </body>
</html>
```

[그림 2-29] HTML5의 새로운 속성 형식들을 사용한 예제

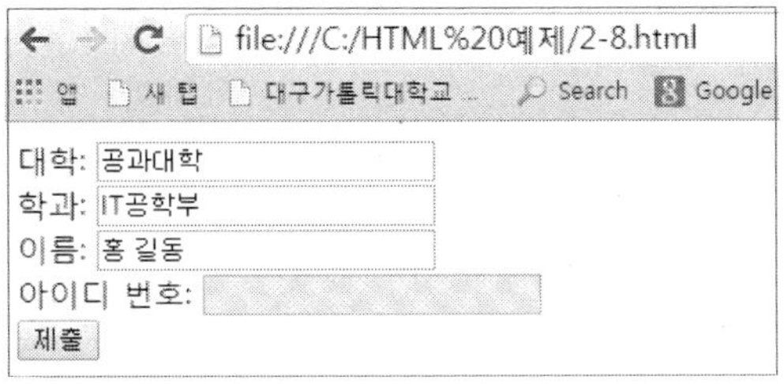

[그림 2-20] 2-8.html의 실행결과

(5) HTML5 그래픽스

HTML5에서 기존의 HTML과 다른 큰 차이점 중 하나가 바로 그래픽스 처리이다. HTML5에서 그래픽스 처리를 위하여 2가지 요소: **<canvas>**와 **<svg>** 요소들을 제공한다.

[표 2-5] HTML5의 그래픽스 처리 관련 요소들

태 그	설 명
<canvas>	웹 페이지에 JavaScript를 통하여 그래픽스를 그리기 위하여 사용된다. <canvas> 요소는 단지 그래픽스를 위한 컨테이너이고, 실제 그래픽스를 그리기 위하여 스크립트를 사용해야 한다.
<svg>	<svg> 요소는 svg (scalable vector graphics) 그래픽스를 위한 컨테이너이고, 경로, 박스, 원, 텍스트, 그래픽 이미지를 위한 다수의 메서드들을 가지고 있다.

<canvas>와 <svg>의 차이점은 표 2-6과 같다.

[표 2-6] <canvas>와 <svg>의 차이점

구분	Canvas	SVG
이미지 처리방식	비트맵	벡터
DOM	존재하지 않음(DOM 제어 불가)	존재함(Script로 제어 가능)
외부 이미지 편집	비트맵 이미지 편집 용이	벡터 이미지 편집 용이
성능	높은 해상도의 이미지를 사용	이미지가 복잡해질수록

	하면 성능 저하	Markup 이 복잡해져 성능이 저하
애니메이션	애니메이션 API가 없으므로 스크립트의 타이머를 사용	높은 수준의 애니메이션을 지원
교차 브라우징	모든 웹 브라우저에서 지원하지 않음	모든 웹 브라우저에서 지원되는 드로잉 표준
외부 이미지로 저장	jpg, png 등으로 저장 가능	불가
적합한 서비스	그래픽 구현, 게임	그래픽 구현, 매우 세밀한 해상도를 지원하는 UI 및 응용
적합하지 않은 서비스	독립형 응용 UI	게임

그림 2-21은 원호나 곡선을 생성하는 arc() 메서드를 사용하여 스마일 이미지를 그리는 예제이다. canvas 요소 객체의 getContext() 메서드는 canvas 내에 실제 내용을 채우기 위한 객체인 canvas 컨텍스트를 반환한다. 그리고 곡선을 그리기 위한 자바스크립트 arc() 메서드 구문과 매개변수는 다음과 같다.

arc() 메서드 구문	매개변수
context.arc(x,y,r,sAngle,eAngle,counterclockwise);	- x: 원점의 x 좌표 - y: 원점의 y 좌표 - r: 원의 반지름 - sAngle: 라디안으로 시작 각도 - eAngle: 라디안으로 끝 각도 - counterclockwise: 드로잉을 반시계방향으로 또는 시계방향으로 해야 할지를 선택적으로 명시한다. 기본값은 flase는 시계방향을 가리키고, true는 반시계방향을 가리킨다.

2-9.html

```
<!DOCTYPE html>
<html>
 <head>
  <meta charset="utf-8"/>
  <script type="application/javascript">
   function draw() {
    var canvas = document.getElementById('canvas');
```

```
      if (canvas.getContext) {
       var ctx = canvas.getContext('2d');
       ctx.beginPath();
       ctx.arc(75,75,50,0,Math.PI*2,true); // Outer circle
       ctx.moveTo(110,75);
       ctx.arc(75,75,35,0,Math.PI,false);  // Mouth (clockwise)
       ctx.moveTo(65,65);
       ctx.arc(60,65,5,0,Math.PI*2,true);  // Left eye
       ctx.moveTo(95,65);
       ctx.arc(90,65,5,0,Math.PI*2,true);  // Right eye
       ctx.stroke();
      }
    }
  </script>
 </head>
 <body onload="draw();">
   <canvas id="canvas" width="250" height="250"></canvas>
 </body>
</html>
```

[그림 2-21] canvas의 arc() 메세드를 이용한 예제

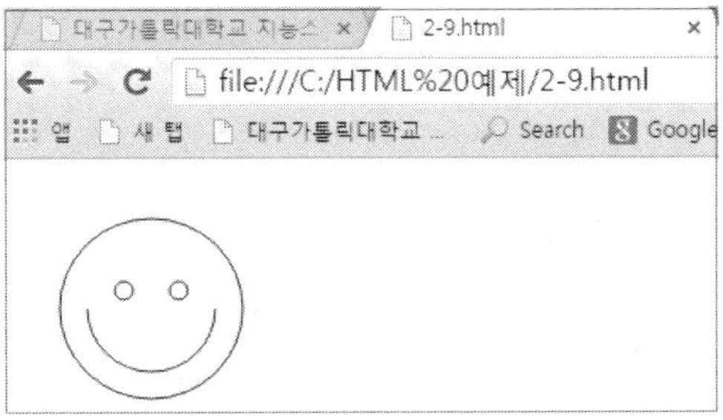

[그림 2-22] 2-9.html의 실행결과

<svg>는 html 문서 자체에 인라인으로 들어가거나 별도의 svg 파일로 작성된 후 객체나 img 요소로 html 문서와 링크되어 삽입될 수 있는데 어느 방식이든 모든 <svg>의 루트 요소는 svg이다. svg를 웹 페이지에 넣는 방법은 2가지가 있다.

- svg 파일을 img나 객체 태그에 삽입하는 방법

▪ 웹 페이지에 직접 삽입하는 방법

<svg> 요소의 <rect>, <circle>, 그리고 <polygon> 메서드를 이용하여 '인라인 방법'과 '별도의 svg 파일을 작성하는 방법'으로 벡터 그래픽 이미지를 그린 예제들을 그림 2-23과 2-25에서 각각 보여준다.

2-10.html

```
<!DOCTYPE html>
<html>
<body>
<svg width="300" height="200">
  <rect width="100%" height="100%" fill="red" />
  <circle cx="150" cy="100" r="80" fill="green" />
  <text x="150" y="125" font-size="60" text-anchor="middle" fill="white">SVG</text>
</svg>
</body>
</html>
```

[그림 2-23] 웹 페이지를 <svg> 요소를 직접 삽입한 예제

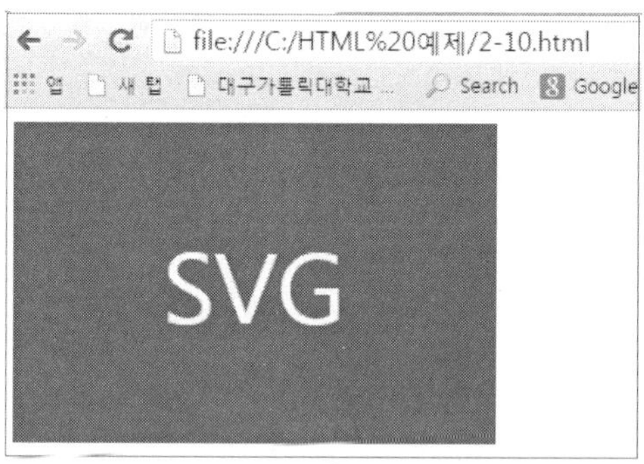

[그림 2-24] 2-10.html의 실행결과

2-11.html

```
<!DOCTYPE html>
<head>
```

```
        <title>SVG 테스트</title>
        <meta charset="utf-8" />
</head>
<body>
        <h2>HTML5 SVG STAR</h2>
        <img src="SVG_Test.svg" alt="Test SVG" />
</body>
</html>
```

SVG_Test.svg

```
<svg width="300" height="200" xmlns="http://www.w3.org/2000/svg">
  <polygon points="100,10 40,198 190,78 10,78 160,198"
  style="fill:red;stroke:black;stroke-width:1;fill-rule:evenodd;" />
</svg>
```

[그림 2-25] 별도의 svg 파일을 작성하여 태그에 삽입하는 예제

[그림 2-26] 2-11.html의 실행결과

(6) 새로운 미디어 요소

HTML5은 <audio>와 <video>를 통하여 HTML 문서에 미디어를 쉽게 삽입할 수 있는 기능을 제공하는 내장 미디어 지원을 추가하였다. HTML5 이전에는 웹 페이지 상에 비디오 재생을 위한 표준이 없었고, 비디오는 플러그인으로만 재생될 수 있었다.

<video> 요소의 controls 속성은 재생, 중지, 볼륨과 같은 비디오 제어를 추가하고, autoplay 속성은 비디오 파일 재생을 바로 시작한다. 그리고 재생 영역

의 폭과 높이 속성은 항상 정의하는 것이 좋다. <video> 요소 내부에 다수의 <source> 요소들을 사용하고, <source> 요소는 비디오 파일들을 연결할 수 있다. 그 브라우저는 첫 번째 인식된 포맷을 사용할 것이다.

그림 2-27은 <video> 요소를 사용하여 가로 400픽셀, 세로 300픽셀인 비디오 "bridge.mp4"를 HTML에 삽입하여 재생하는 예제이다.

2-12.htm

```
<!DOCTYPE html>
<html>
<body>
<video width="400" height="300" controls>
  <source src="Bridge.mp4" type="video/mp4">
  당신의 브라우저는 이 비디오 태그를 지원하지 않는다.
</video>
</body>
</html>
```

[그림 2-27] <video> 요소를 사용한 예제

[그림 2-28] 2-12.html의 실행결과

HTML5를 지원하는 브라우저는 비디오와 마찬가지로 플러그인의 도움 없이 오디오 파일을 재생할 수 있다. 그리고 **<audio>** 태그는 다음과 같은 옵션을 가질 수 있다.

- controls: 재생 도구를 표시한다.
- preload: 오디오 파일을 미리 읽어온다.
- autoplay: 오디오 파일을 자동으로 재생한다.
- loop: 오디오 파일을 반복적으로 재생한다.

그림 2-29는 <audio> 요소를 사용하여 "A goose's dream.mp3"를 HTML에 삽입하여 재생하는 예제이다.

2-13.html

```
<!DOCTYPE html>
<html>
<body>
<audio controls>
  <source src="A goose's dream.mp3" type="audio/mp3" controls>
  당신 브라우저는 이 오디오 요소를 지원하지 않는다.
</audio>
</body>
</html>
```

[그림 2-29] <audio> 요소를 사용한 예제

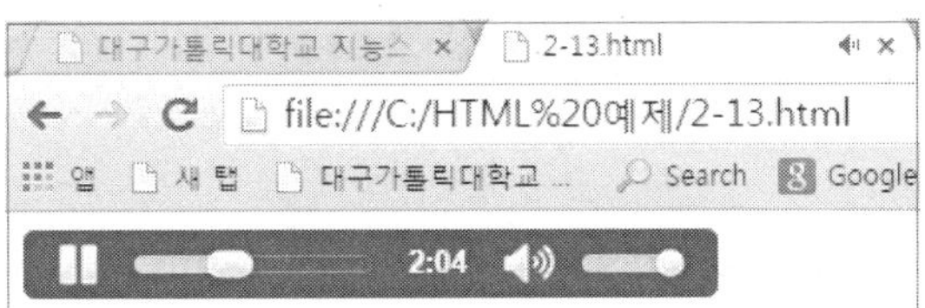

[그림 2-30] 2-13.html의 실행결과

2.5 HTML5 이행

이 절은 전적으로 HTML4 페이지가 HTML5 페이지로 어떻게 이행되는지에 대한 것이다. 원래 콘텐츠 또는 구조의 파괴 없이 HTML4 페이지가 HTML5 페이지로 어떻게 변환되는지를 보여준다. 같은 레시피를 사용하여 HTML4 또는 XHTML로부터 HTML5로 이행할 수 있다.

[표 2-7] HTML5 이행을 위한 동일한 요소들

HTML4	HTML5
<div id="header">	<header>
<div id="menu">	<nav>
<div id="content">	<section>
<div id="post">	<article>
<div id="footer">	<footer>

그림 2-14와 그림 2-15는 신문 홈페이지의 기본 레이아웃 웹 페이지를 HTML4와 HTML5로 각각 구현한 예제이다. HTML4로 작성된 2-14.html은 HTML5로 2-15.html로 변환되어진다.

2-14.html

```
<!DOCTYPE HTML PUBLIC "-//W3C//DTD HTML 4.01 Transitional//EN"
"http://www.w3.org/TR/html4/loose.dtd">
<html lang="ko">
<head>
<meta http-equiv="Content-Type" content="text/html;charset=utf-8">
<title>HTML4</title>
<style>
body {
    font-family:Verdana,sans-serif;font-size:0.8em;
}
div#header,div#footer,div#content,div#post {
    border:1px solid grey;
    margin:5px;margin-bottom:15px;padding:8px;
    background-color:white;
}
div#header,div#footer {
    color:white;background-color:#444;margin-bottom:5px;
}
```

```
div#content {
      background-color:#ddd;
}
div#menu ul  {
      margin:0;padding:0;
}
div#menu ul li {
      display:inline; margin:5px;
}
</style>
</head>
<body>
<div id="header">
<h1>경천 타임즈</h1>
</div>
<div id="menu">
<ul>
  <li>뉴스</li>
  <li>스포츠</li>
  <li>날씨</li>
  <li>운세</li>
</ul>
</div>
<div id="content">
<h2>뉴스 섹션</h2>
<div id="post">
<h2>뉴스 기사</h2>
<p>----------------------------------------------</p>
<p>----------------------------------------------</p>
</div>
<div id="post">
<h2>뉴스 기사</h2>
<p>============================</p>
<p>============================</p>
</div>
</div>
<div id="footer">
<p>&copy; 2015 KyungCheon Times. All rights reserved.</p>
</div>
</body>
</html>
```

[그림 2-31] HTML4로 작성된 신문 웹 페이지의 기본 레이아웃

HTML4의 doctype (2-14.html의 1-번째 줄)은 HTML5의 doctype (2-15.html의 1-번째 줄)로 간략히 바뀐다. HTML4의 부호화 정보 (2-14.html 의 4-번째 줄) 역시 HTML5의 문자셋 속성(2-15.html의 4-번째 줄)으로 역시 간략히 바뀐다.

HTML4의 id="header"와 id="footer"를 갖는 <div> 요소들 (2-14.html의 30-번째 줄과 54-번째 줄)은 HTML5의 시맨틱 <header>와 <footer> 요소들 (2-15.html의 28-번째 줄과 52-번째 줄)로 바뀐다. 그리고 id="menu"를 갖는 <div> 요소(2-14.html의 33-번째 줄)는 HTML5의 시맨틱 <nav> 요소 (2-15.html의 31-번째 줄)로 변경된다.

HTML4의 id="content"를 갖는 <div> 요소(2-14.html의 41-번째 줄)는 HTML5의 시맨틱 <section> 요소(2-15.html의 39-번째 줄)로 바뀌고, class="post"를 갖는 모든 <div> 요소들 (2-14.html의 43-번째 줄과 49-번째 줄)는 HTML5의 시맨틱 <article> 요소들 (2-15.html의 41-번째 줄과 46-번째 줄)로 바뀐다.

또한, 더 이상 필요 없는 <style> 요소들과 <head> 태그는 삭제되어진다.

2-15.html

```
1 <!DOCTYPE html>
2 <html lang="ko">
3 <title>HTML5</title>
4 <meta charset="utf-8">
5 <style>
6 body {
7       font-family:Verdana,sans-serif;font-size:0.8em;
8 }
9 header,footer,section,article {
10       border:1px solid grey;
11       margin:5px;margin-bottom:15px;padding:8px;
12       background-color:white;
13 }
```

```
header,footer {
      color:white;background-color:#444;margin-bottom:5px;
}
section {
      background-color:#ddd;
}
nav ul  {
      margin:0;padding:0;
}
nav ul li {
      display:inline; margin:5px;
}
</style>
<body>
<header>
<h1>경천 타임즈</h1>
</header>
<nav>
<ul>
   <li>뉴스</li>
   <li>스포츠</li>
   <li>날씨</li>
   <li>운세</li>
</ul>
</nav>
<section>
<h2>뉴스 섹션</h2>
<article>
<h2>뉴스 기사</h2>
<p>-------------------------------------------------</p>
<p>-------------------------------------------------</p>
</article>
<article>
<h2>뉴스 기사</h2>
<p>============================</p>
<p>============================</p>
</article>
</section>
<footer>
<p>&copy; 2015 KyungCheon Times. All rights reserved.</p>
</footer>
```

```
</body>
</html>
```

[그림 2-32] HTML5로 작성된 신문 웹 페이지의 시맨틱 레이아웃

그림 2-31의 2-14.html과 시맨틱 마크업으로 변환된 그림 2-3의 2-15.html의 실행결과는 그림 2-33과 같이 동일하다.

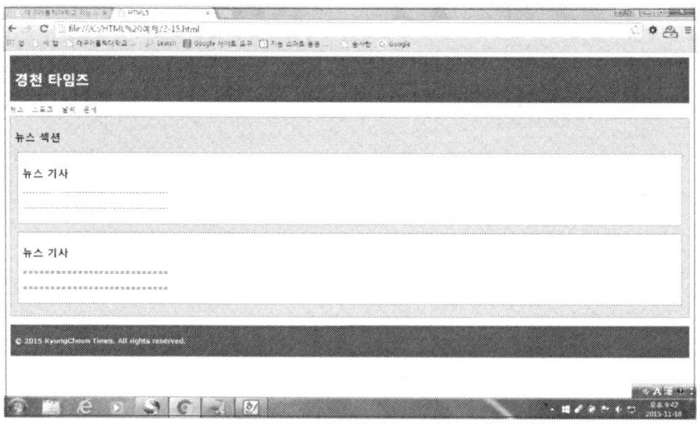

[그림 2-33] 2-14.html과 2-15.html의 실행결과

2.6 HTML5 스타일 지침

HTML5로 자신의 좋은 스타일 지침과 코딩 규칙을 만들어야 한다. 스타일 지침의 사용 결과로 다른 사람이 당신의 HTML 문서의 이해와 사용을 더 쉽게 만든다. 앞으로 XML 리더와 같은 프로그램은 당신의 HTML 문서를 읽을 수도 있다. 따라서 당신의 코딩 스타일은 세련되고, 깔끔하고, 좋은 모양을 항상 유지해야한다.

HTML5 코딩 스타일을 위한 실천적 지침은 다음과 같다.

- 소문자 요소 명을 사용하라: 대소문자 혼용은 좋지 않고, 소문자 요소 명은 더 깔끔해 보이고, 작성하기 더 용이하다.

나쁜 사례	<Section> <p>이것은 단락입니다.</p> </SECTION>
좋은 사례	<section> <p>이것은 단락입니다.</p> </section>

- HTML5에서 모든 요소들은 클로징되어야 한다: 모든 요소들의 클로징을 추천한다.

나쁜 사례	<section> <p>이것은 단락입니다. <p>이것은 단락입니다. </section>
좋은 사례	<section> <p>이것은 단락입니다.</p> <p>이것은 단락입니다.</p> </section>

- 빈 HTML 요소 닫기: HTML5에서 빈 요소를 닫는 것은 선택적이다. XHTML과 XML에서는 사선(/)을 요구한다. 만일 XML 소프트웨어가 당신의 페이지를 액세스한다고 예상하면, 그것을 유지하는 것이 좋을 것이다.
- 소문자 속성 이름을 사용하라: HTML5는 속성 명에 대·소문자 혼용을 허용한다. 요소 이름과 같은 이유로 소문자 속성 명을 사용하는 것이 좋다.

나쁜 사례	<div CLASS="menu">
좋은 사례	<div class="menu">

- 인용 속성 값 사용: HTML5는 인용 없는 속성 값을 허용한다. 값이 공백을 포함하면 인용을 사용해야 하고, 혼합 스타일은 좋지 않고, 인용된 값은 읽기 쉽기 때문에 속성 값 인용을 추천한다.

오작동	<table class=table striped>
작동	<table class="table striped">

- 이미지 속성: 이미지와 함께 alt 속성을 항상 사용한다. 그것은 그 이미지를 볼 수 없을 때 중요하다. 그리고 이미지 크기를 항상 정의한다. 그것은 이미지들이 적재될 때 브라우저가 그 이미지들을 위한 공간을 예약할 수 있기

때문에 깜박거림(flickering)을 줄인다.

좋은 사례	<img src="html5.gif" alt="HTML5" style="width:128px;height:128px">
	<img src="html5.gif" alt="HTML5" style="width:128px;height:128px">

- 긴 코드 줄을 피한다: HTML 에디터를 사용할 때, HTML 코드를 읽기 위하여 오른쪽과 왼쪽으로 스크롤 하는 것은 불편하다. 따라서 80 문자 보다 더 긴 코드 줄을 피하도록 노력한다.
- 빈 줄과 들여쓰기: 이유 없이 빈 줄을 추가하지 않는다. 가독성을 위하여 큰 블록 또는 논리적 코드 블록들을 구분하기 위하여 빈 줄을 추가한다. 또한 가독성을 위하여 들여쓰기로 2개의 공백을 추가한다. 탭을 사용하지 않는다. 짧고 간단한 항목들 사이에 빈 줄은 사용하지 않는다.
- <html>과 <body> 생략: HTML5 표준에서, <html>과 <body> 태그는 생략될 수 있다. <html>과 <body> 태그 생략을 권고하지 않는다. <html> 요소는 문서의 루트이다. 그것은 그 페이지 언어를 명시하기 위해 작성을 권고한다. 언어를 선언하는 것은 스크린 리더와 검색 엔진에게 중요하다. <html> 또는 <body> 생략은 DOM과 XML 소프트웨어 고장을 일으킬 수 있다.
- <head> 생략: HTML5 표준에서, <head> 태그는 생략될 수 있다. 기본적으로, 브라우저는 <body> 이전의 모든 요소들을 디폴트 <head> 요소에 추가할 것이다. <head> 태그를 생략하여 HTML의 복잡성을 줄일 수 있다.
- 메타 데이터: <title> 요소는 HTML5에서 요구되어진다. 가능한 한 의미 있는 제목을 만드는 게 좋다. 적절한 번역과 정확한 검색엔진 인덱싱을 보장하기 위하여, 언어와 문자 부호화는 문서에서 될수록 빨리 정의되어야 한다.
- 스타일 시트: 스타일 시트 연결을 위해 간단한 구문을 사용한다. 짧은 규칙들은 한 줄로 압축하여 작성하고, 긴 규칙은 여러 줄로 작성한다.

2.7 요약

이 장에서는 웹 표준인 HTML5의 특징과 새롭게 추가된 기능을 중심으로 살펴보았다. 여기서 웹 표준이란 W3C의 목표와 비전에 따른 권고 사항을 반영하여 XHTML과 CSS를 웹의 표준으로 사용하여 XHTML은 정보의 구조를 표현하고 CSS는 디자인을 담당하도록 분리한 것이다.

▣ 연습문제 ▣

1. HTML5의 특징을 설명하시오.

2. 다음은 HTML5의 <input> 요소에 추가된 속성들이다. 관련 있는 것끼리 짝지으시오.

속성	정의
① formtarget	ⓐ 페이지가 로드 될 때 요소에 자동으로 포커스를 받도록 정의한다.
② autofocus	ⓑ 사용자에게 제안되는 미리 정의된 옵션들의 목록을 나타낸다.
③ required	ⓒ 유효한 브라우징 문맥 이름이나 키워드를 지정하여 폼 제출 후 결과를 표시할 브라우징 문맥을 지정한다.
④ list	ⓓ input 요소에서 여러 개의 값을 입력하는 것을 허용한다.
⑤ pattern	ⓔ 폼 제출 시 사용 되는 HTTP 메서드를 지정한다.
⑥ formmethod	ⓕ 사용자의 입력이 반드시 필요한 것임을 명시적으로 나타낸다.
⑦ multiple	ⓖ 컨트롤의 값이 통과해야 할 정규 표현식을 명시한다.

3. <table> 요소를 사용하여 다음과 같은 HTML5 페이지를 작성하시오.

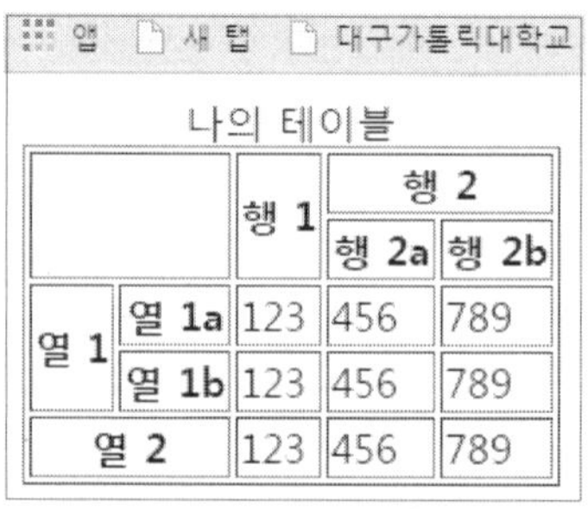

4. 다음 HTML4로 작성된 웹 페이지를 HTML5의 시맨틱 웹 페이지로 변환하시오.

```
<!DOCTYPE HTML PUBLIC "-//W3C//DTD HTML 4.01//EN"
          "http://www.w3.org/TR/html4/strict.dtd">
<html>
<head>
    <meta http-equiv="content-type" content="text/html; charset=UTF-8">
    <title>HTML4 Page</title>
    <link type="text/css" rel="stylesheet" href="demo.css">
    <script type="text/javascript" src="demo.js"></script>
</head>
<body>
    <h1>Welcome to HTML 4</h1>
    <h3>Our Aim to convert this page to HTML5</h3>
    <p>
        <img src="HTML5_Logo.png" alt="HTML5">
    </p>

</body>
</html>
```

5. 시맨틱 태그를 사용하여 본인의 인적사항, 학력, 자격사항, 경력, 소개 등을 포함하는 개인 포트폴리오를 위한 모바일 웹 페이지의 기본 레이아웃을 작성하시오.

제 3 장 CSS3

CSS (Cascading Style Sheets)는 HTML (또는 XML) 문서의 프리젠테이션을 형성하는 스타일시트 언어이다. CSS는 요소들이 스크린 위에서, 종이 위에서, 또는 다른 매체에서 어떻게 렌더링 되어야 하는지를 서술한다. 이 장에서 CSS의 기초부터 고급까지 설명한다.

3.1 CSS 개요

CSS는 Cascading Style Sheets를 의미하고, 주로 텍스트, 폰트, 배경 및 색상, 링크, 리스트, 박스모델 등에 관한 속성으로 HTML 요소들이 어떻게 디스플레이 되어야 하는지를 서술한다. CSS는 웹 페이지의 설계, 레이아웃 그리고 다른 장치들과 화면 크기들에서의 변화를 포함하는 스타일을 정의하기 위하여 사용되어진다.

HTML5는 대부분 표현 기반 태그들과 속성들이 삭제되었고, 그리고 표현과 스타일은 대신 CSS라 부르는 다른 기술이 책임을 대신한다. HTML 마크업 언어는 웹 페이지의 내용을 제공하는데 책임이 있다. 반면에, CSS는 그 내용의 표현과 스타일에 책임이 있다. 이것은 다른 것에 영향을 주지 않고 각각 변경 가능하다는 것을 의미한다. 예를 들어, HTML을 전혀 바꾸지 않고 기존 웹 페이지를 완전히 다시 스타일하는 것이 가능하다. 게다가, 전혀 CSS를 변경할 필요 없이 웹 페이지 내용을 변경하는 것이 가능하다. 따라서 CSS의 사용으로 웹 페이지의 문서구조 및 내용과 디자인이 분리가 가능해지므로 웹 페이지 개발과 유지 보수가 편리하다.

CSS는 한 번에 다수의 웹 페이지의 레이아웃을 제어할 수 있어 많은 작업을 줄인다. 외부 스타일시트는 CSS 파일로 저장되어진다. 단지 하나의 외부 스타일시트 파일 변경으로 전체 웹 사이트의 스타일을 바꿀 수 있다.

2개의 스타일시트에 의해 다르게 디스플레이 되는 하나의 웹 페이지를 보게 될 것이다.

그림 3-1의 페이지는 HTML 프레임들을 포함하는 간단한 예제이다. 이 예제는 HTML5 부합하는 프레임들을 만들기 위하여 CSS를 사용한다. 여기서는 6번 줄과 7번 줄에서 다른 외부 스타일시트 파일을 각각 링크하여 그 웹 페이지를 디스플레이 한다. 그림 3-2는 3-1.html을 표현하기 위하여 사용된 2가지 스타일시트 파일: test1.css와 test2.css를 각각 보여준다. 그 CSS 파일의 내용은 단지 2줄만 다르고 나머지는 동일하다. 그러나 그 웹 페이지의 프리젠테이션 결과는 그림 3-3과 같이 다른 스타일을 보여준다.

3-1.html

```
1 <!DOCTYPE html>
2   <html>
3     <head>
4       <meta http-equiv="Content-Type" content="text/html;
  charset=utf-8">
5       <title>CSS 예제</title>
6       <link rel="stylesheet" type="text/css" href="test1.css">
7       <!-- link rel="stylesheet" type="text/css" href="test2.css" -->
8     </head>
9    <body>
10      <main>
11        <h1>제목</h1>
12      </main>
13      <nav id="nav">
14        <div class="innertube">
15          <h3>부제목</h3>
16          <ul>
17            <li><a href="#">링크 1</a></li>
18            <li><a href="#">링크 2</a></li>
19            <li><a href="#">링크 3</a></li>
```

```
                <li><a href="#">링크 4</a></li>
                <li><a href="#">링크 5</a></li>
            </ul>
            <h3>부제목</h3>
            <ul>
                <li><a href="#">링크 1</a></li>
                <li><a href="#">링크 2</a></li>
                <li><a href="#">링크 3</a></li>
                <li><a href="#">링크 4</a></li>
                <li><a href="#">링크 5</a></li>
            </ul>
        </div>
    </nav>
  </body>
</html>
```

[그림 3-1] HTML 프레임을 포함하는 간단 웹 페이지

test1.css

```
body{
  margin: 0;
  padding: 0;
  overflow: hidden;
  height: 100%;
  max-height: 100%;
  font-family:Sans-serif;
  line-height: 1.5em;
}
#nav{
  position: absolute;
  top: 0;
  bottom: 0;
  left: 0;
  width: 230px;
  height: 100%;
  overflow: hidden;
  background: #930;
}
main{
  position: fixed;
  top: 0;
```

test2.css

```
body{
  margin: 0;
  padding: 0;
  overflow: hidden;
  height: 100%;
  max-height: 100%;
  font-family:Sans-serif;
  line-height: 1.5em;
}
#nav{
  position: absolute;
  top: 0;
  bottom: 0;
  right: 0;
  width: 230px;
  height: 100%;
  overflow: hidden;
  background: #006;
}
main{
  position: fixed;
  top: 0;
```

```
  left: 230px;
  right: 0;
  bottom: 0;
  overflow: auto;
  background: #fff;
}
h3 { color: yellow; }
.innertube {
  margin: 15px;
}
nav ul {
  list-style-type: none;
  margin: 0;
  padding: 0;
}
nav ul a {
  color: white;
  text-decoration: none;
}
```

```
  left: 0;
  right: 230px;
  bottom: 0;
  overflow: auto;
  background: #fff;
}
h3 { color: yellow; }
.innertube {
  margin: 15px;
}
nav ul {
  list-style-type: none;
  margin: 0;
  padding: 0;
}
nav ul a {
  color: white;
  text-decoration: none;
}
```

[그림 3-2] 3-1.html에서 사용된 2가지 스타일시트 파일들

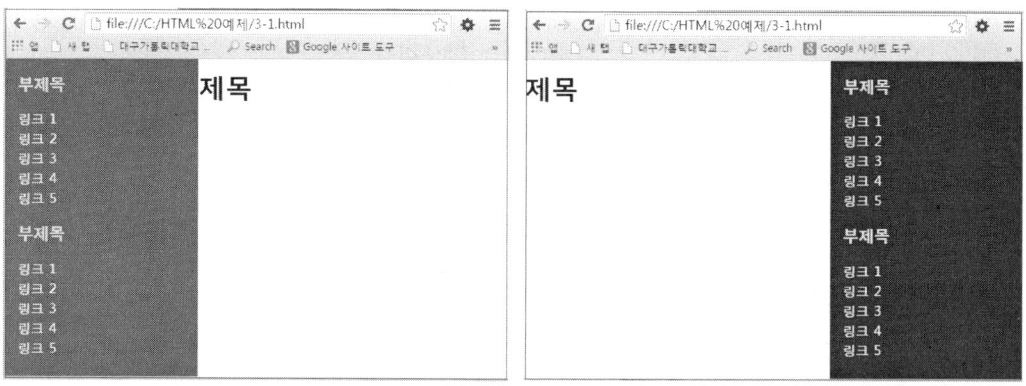

(a) test1.css　　　(b) test2.css

[그림 3-3] 스타일시트에 따른 3-1.html의 스타일 결과

3.2 CSS 기초

(1) HTML+CSS 스타일링

다음과 같은 3 가지 방법으로 HTML 요소들에 스타일을 추가할 수 있다.

- HTML 요소들에 스타일 속성을 사용하는 **인라인 스타일**
- HTML <head> 섹션내의 <style> 요소를 사용하는 **내부 스타일**
- 하나 이상의 CSS 파일들을 사용하는 **외부 스타일**

HTML에 스타일을 추가하는 가장 일반적인 방법은 별개의 CSS 파일에 스타일을 유지하는 것이다.

① CSS 구문

CSS 스타일링은 다음과 같은 구문을 갖는다.

```
요소 { 속성: 값; 속성: 값 }
```

요소는 HTML 요소명이고, 속성은 CSS 속성이고, 그리고 그 값은 CSS 값이다. 다수의 스타일들은 세미콜론 (;)으로 분리되어진다. CSS 코드를 더 읽기 쉽게 만들기 위하여 각 줄에 하나의 스타일 선언을 넣을 수 있다. 아래의 CSS 선언 예에서, 모든 <p> 요소들은 빨간 글자색과 가운데 정렬 될 것이다.

```
p {color:red; text-align:center;}
```

② 인라인 CSS

인라인 스타일은 하나의 유일한 스타일을 하나의 HTML 요소에 적용하는데 유용하다. 인라인 스타일은 스타일 속성을 사용한다. 그림 3-4는 인라인 스타일을 사용하여 제목을 빨간색으로 변경하는 예제이다.

3-2.html

```
<!DOCTYPE html>
<html lang="ko">
```

```
<head>
  <meta charset="UTF-8">
</head>
<body>
<h1 style="color:#FF0000">CSS 인라인 스타일의 예</h1>
</body>
</html>
```

실행결과

[그림 3-4] 인라인 스타일의 예

③ 내부 CSS

내부 스타일시트는 한 페이지 상의 모든 HTML 요소들을 위한 공통 스타일을 정의하는데 사용될 수 있다. 내부 스타일은 HTML 페이지의 <head> 섹션 내에 <style> 요소를 사용하여 정의되어진다.

3-3.htm

```
<!DOCTYPE html>
<html lang="ko">
  <head>
    <meta charset="UTF-8">
    <style>
      body {background-color:#EEEEEE}
      h1    {color:red}
      p      {color:blue}
    </style>
  </head>
  <body>
    <h1>CSS 내부 스타일의 예</h1>
    <p>이것은 단락입니다.</p>
```

```
  </body>
</html>
```

실행결과

[그림 3-5] 내부 스타일의 예

④ 외부 CSS

그 스타일이 많은 페이지들에 적용될 때 외부 스타일시트가 이상적이다. **외부 스타일시트**로 하나의 파일을 변경하여 전체 웹 사이트의 스타일을 바꿀 수 있다. 외부 스타일은 외부 CSS 파일로 정의되어지고, 그리고 HTML 페이지의 <head> 섹션 내에 <link> 요소를 사용하여 작성된 CSS 파일과 연결한다.

style1.css

```
body {background-color:#EEEEEE}
h1   {color:red; font-family:courier, serif; font-size:200%;}
p    {color:blue; font-family:times, serif;}
```

3-4.html

```
<!DOCTYPE html>
<html lang="ko">
<head>
  <meta charset="UTF-8">
  <link rel="stylesheet" href="style1.css">
</head>
<body>
  <h1>CSS 외부 스타일의 예</h1>
  <p>이것은 단락입니다.</p>
</body>
</html>
```

실행결과

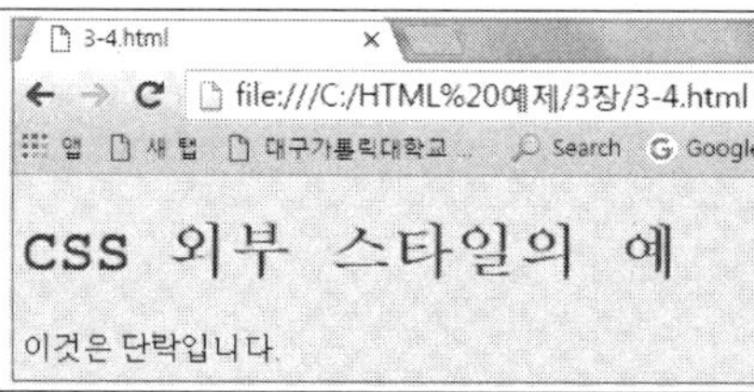

[그림 3-6] 외부 스타일의 예

(2) 선택자

CSS **선택자**는 HTML 요소들을 선택하고 스타일하는 것을 허용한다. CSS 선택자들은 그것들의 아이디, 클래스, 타입, 속성 등에 기초하여 HTML 요소들을 찾거나 또는 선택하는데 사용되어진다.

[표 3-1] 선택자의 종류

종류	형식	사용 목적 및 예
요소 선택자	요소명	요소 선택자는 요소명을 기초하여 요소들을 선택한다. 예) p { color: red; }
아이디 선택자	#아이디명	아이디 선택자는 특정 요소를 선택하기 위하여 HTML의 id 속성을 사용한다. 예) #para1 { text-align: center; }
클래스 선택자	.클래스명	클래스 선택자는 특정 클래스 속성을 갖는 요소를 선택한다. 예) .center { text-align: center; color: red; }
그룹 선택자	요소명, ... , 요소명	동일한 스타일 정의를 갖는 다수의 요소들을 정의한다. 예) h1, h2, p { text-align: center; color: red; }
CSS 결합자	선택자 요소명	두개 이상의 선택자들의 관계를 설명하고, 선택하려는 요소를 구체적으로 선택하기 위하여 사용한다. 예) div p { background-color: yellow; }
유사 클래스 선택자	선택자:유사클래스선택자	요소의 특별한 상태를 정의하기 위하여 사용된다.

		예) a.highlight:hover { color: #ff0000; }
전체 선택자	*	HTML 페이지 내부의 모든 요소들을 선택한다. 예) * { font-size: 12px }

① 아이디 선택자

아이디는 페이지 내에서 유일해야 한다. 만일 하나의 유일한 요소를 선택하기를 원한다면 아이디 선택자가 사용된다. 특정 아이디를 갖는 요소를 선택하기 위해 # 기호 다음에 요소의 아이디를 작성한다. 그림 3-7의 스타일 규칙은 id-"par1"를 갖는 HTML 요소에 적용될 것이다.

3-5.html

```
<!DOCTYPE html>
<html lang="ko">
  <head>
    <meta charset="UTF-8">
    <style>
      #par1 {
      text-align: center;
      color: red;
      }
    </style>
  </head>
  <body>
    <p id="par1">안녕하세요!</p>
    <p>이 단락은 스타일에 영향을 받지 않는다.</p>
  </body>
</html>
```

실행결과

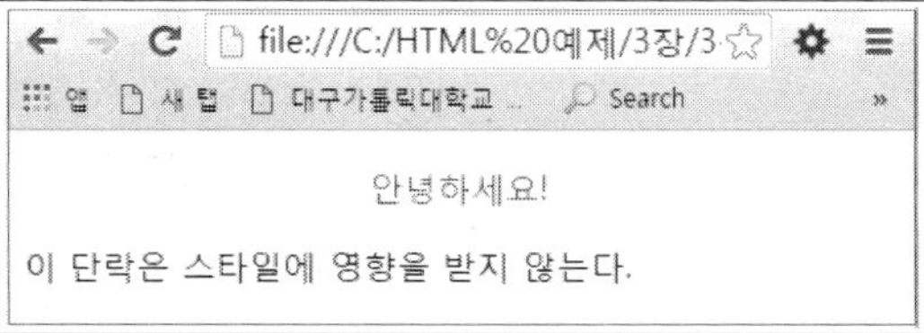

[그림 3-7] 아이디 선택자를 사용한 예제

② 클래스 선택자

정의한 스타일을 여러 요소들에 적용하기 위하여 클래스 선택자를 사용한다. 그림 3-8은 2개의 CSS 클래스: w3resource와 w3resource1을 정의한다. w3resource 클래스는 배경색을 연푸른색으로 컬러 속성을 빨간색으로 설정하고, w3resource 클래스는 폰트 굵기를 볼드(bold)로 설정한다. 그리고 HTML 문서의 요소에 class="클래스명“을 지정하여 해당 스타일을 적용할 수 있다.

3-6.html

```
<!DOCTYPE html>
<html lang="ko">
  <head>
    <meta charset="UTF-8">
    <title>CSS 클래스 선택자 예제</title>
    <link rel="stylesheet" href="3-6.css">
  </head>
  <body>
    <div>
      <p class="w3resource1">CSS 선택자 학습</p>
      <p class="w3resource w3resource1">CSS 클래스 선택자 학습</p>
    </div>
  </body>
</html>
```

3-6.css

```
.w3resource {
  color: red;
  background-color: aliceblue; }
.w3resource1 {
  font-weight: bold; }
```

실행결과

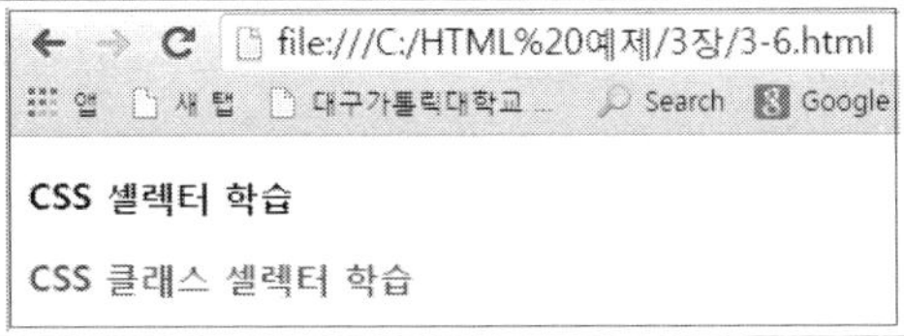

[그림 3-8] 클래스 선택자를 사용한 예제

③ CSS 결합자

결합자는 선택자들 사이의 관계를 설명한다. CSS 선택자는 하나 이상의 선택자를 포함할 수 있다. 따라서 선택하려는 요소를 구체적으로 선택하기 위하여 그러한 셀렉터들 사이에 결합자를 사용할 수 있다.

CSS3에 표 3-2와 같이 4가지 다른 결합자가 있다. 그리고 그림 3-9는 결합자를 사용한 예제와 실행결과를 보여준다.

[표 3-2] 결합자의 종류

결합자	형식	사용목적 및 예
후손 선택자	공백	특정 요소의 후손인 모든 요소들을 선택한다. 예) div p { background-color: yellow; }
자식 선택자	>	특정 요소의 자식인 모든 요소들을 선택한다. 예) div > p { background-color: yellow; }
인접 형제 선택자	+	특정 요소의 인접한 형제인 모든 요소들을 선택한다. 예) div + p { background-color: yellow; }
전체 형제 선택자	~	특정 요소의 형제인 모든 요소들을 선택한다. 예) div ~ p { background-color: yellow; }

3-7.html

```
<!DOCTYPE html>
<html lang="ko">
 <meta charset="UTF-8">
 <head>
```

```
  <style>
   #myList ol li {
        font-style: italic;    }
   div>p {
    color: blue;    }
   #sibling1+li {
    color: red;    }
   #sibling3~li {
    color: green;    }
  </style>
 </head>
 <body>
  <h3>CSS 적용 방법</h3>
   <div id="myList">
    <ol>
      <li>인라인</li>
      <li>내부</li>
      <li>외부</li>
    </ol>
  </div>
  <div class="container">
    <article>
     <p>Hello World.</p>
    </article>
    <p>Hello Mobile Web App.</p>
  </div>
  <ol>
    <li id="sibling1">형제 1</li>
    <li id="sibling2">형제 2</li>
    <li id="sibling3">형제 3</li>
    <li id="sibling4">형제 4</li>
    <li id="sibling5">형제 5</li>
  </ol>
 </body>
</html>
```

[그림 3-9] CSS 결합자를 사용한 예제 및 실행결과

④ 유사 클래스 선택자

유사 클래스는 어떤 요소의 특별한 상태를 정의하기 위하여 사용되어진다. 예를 들어, 유사 클래스는 그 요소 위에 마우스 포인터를 올려놓았을 때 그 요소를 스타일하고, 방문한 링크와 방문하지 않은 링크를 다르게 스타일하기 위하여 사용될 수 있다.

3-8.html

```
<!DOCTYPE html>
<html lang="ko">
<head>
 <meta charset="UTF-8">
 <style>
    a:link{
        color: blue;
    }
    a:visited{
        color: red;
    }
 </style>
</head>
<body>
 <a href="#">첫 번째 링크</a><br />
 <a href="#">두 번째 링크</a><br />
 <a href="#">세 번째 링크</a><br />
 <a href="#">네 번째 링크</a><br />
</body>
</html>
```

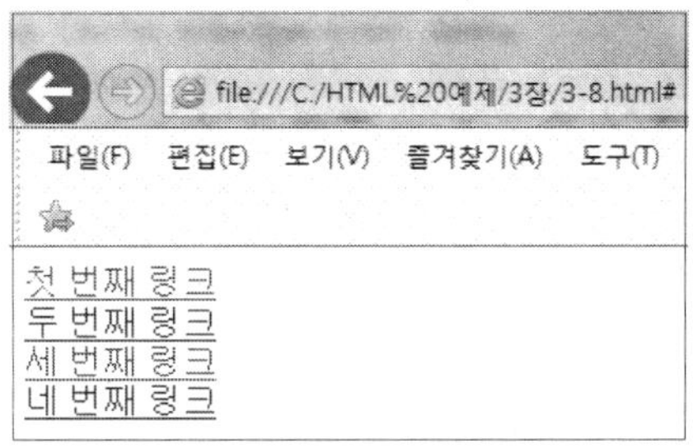

[그림 3-10] 유사 클래스를 사용한 예제 및 실행결과

(3) 박스모델

모든 HTML 요소들은 박스로 고려될 수 있다. CSS에서, 용어 "박스 모델"은 디자인과 배치를 할 때 사용되어진다. **CSS 박스 모델**은 본질적으로 HTML 요소 주변을 감싸는 박스이다. 박스 모델은 바깥여백(margins), 경계선(borders), 안쪽여백(padding), 그리고 실제 내용(actual content)으로 구성된다.

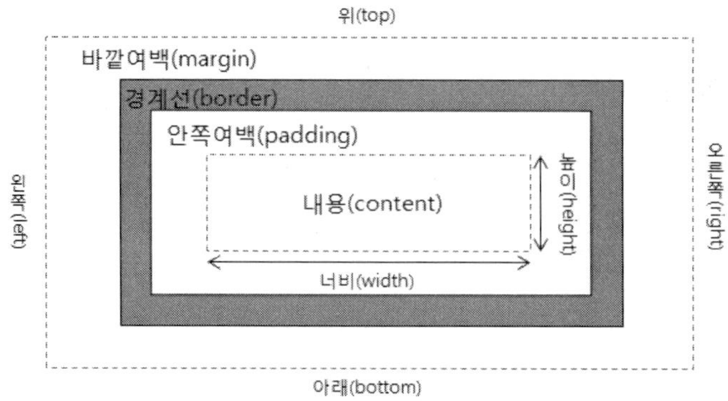

[그림 3-11] 박스 모델의 구조

박스 모델은 요소 주변에 경계선을 추가하는 것과 요소들 사이의 공간을 정의하는 것을 허용한다. 그림 3-11의 구성요소에 대한 설명은 다음과 같다.

- 내용: 텍스트와 이미지가 나타나는 그 박스의 내용이다.
- 안쪽 여백: 그 내용 주변 지역을 빈 공간으로 채운다. 안쪽 여백은 투명하다. 따라서 박스에 배경색이 지정되면 영향을 받는다.
- 경계선: 안쪽 여백과 내용 주변을 도는 경계선이다.
- 바깥 여백: 경계선 바깥 지역을 빈 공간으로 채운다. 바깥 여백은 투명하다. 따라서 어떤 색상에도 영향을 받지 않는다.

여기서 바깥 여백은 다른 요소 박스 모델과 겹치게 지정할 수도 있고 겹치지 않게 지정할 수도 있다.

박스 모델의 높이와 너비를 계산하는 규칙은 생각하는 것만큼 쉽지 않다. 어떤 요소의 전체 너비와 전체 높이는 다음과 같이 계산되어진다.

- 요소의 전체 너비 = 너비 + 왼쪽 안쪽 여백 + 오른쪽 안쪽 여백 + 왼쪽 경계선 + 오른쪽 경계선 + 왼쪽 바깥 여백 + 오른쪽 바깥 여백
- 요소의 전체 높이 = 높이 + 위 안쪽 여백 + 아래 안쪽 여백 + 위 경계선 + 아래 경계선 + 위 바깥 여백 + 아래 바깥 여백

전체 너비가 350px인 <div> 요소를 스타일하기를 원하고, 박스 모델로 그 <div> 요소를 아래와 같이 스타일 했다고 가정한다.

```
div {
      width: 320px;
      padding: 10px;
      border: 5px solid gray;
      margin: 0;
}
```

상기 식에 의해 요소의 전체 너비는 320px (너비) + 20px (왼쪽 + 오른쪽 안쪽 여백) + 10px (왼쪽 + 오른쪽 경계선) + 0px (왼쪽 + 오른쪽 바깥 여백) = 350px 이다.

3-9.html

```
<!DOCTYPE html>
<html lang="ko">
<head>
  <meta charset="UTF-8">
  <title>CSS 박스 모델 예제</title>
  <style type="text/css">
    .example1
    {
    width:220px;
    background-color: yellow;
    padding:0px;
    border:0px;
    margin:0px;
    }
    .example2
    {
    width:220px;
    background-color: yellow;
    padding:10px;
    border:5px solid black;
    margin:40px;
    }
    .example3
    {
```

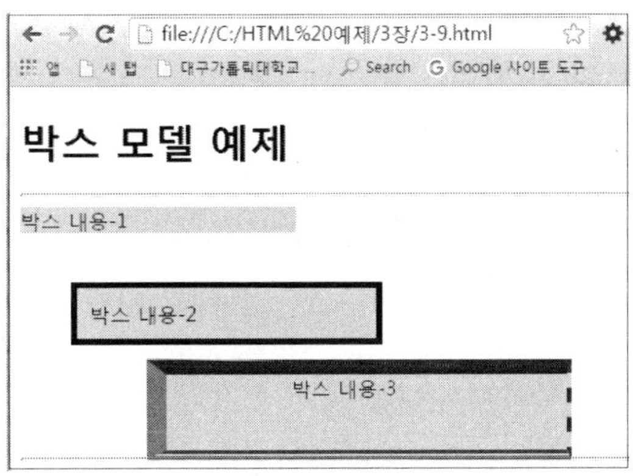

``
    width:220px;
    padding:0px 4px 40px 100px;
    margin: -28px 0px -10px 100px;
    background: #FF0;
    border-top: 12px ridge #00F;
    border-right: 4px dashed #900;
    border-bottom: 8px double #60F;
    border-left: 16px inset #6F3;
    }
  </style>
</head>
<body>
  <h1>박스 모델 예제</h1>
  <hr style="width: 100%; height: 1px;">
  <p class="example1">박스 내용-1</p>
  <p class="example2">박스 내용-2</p>
  <p class="example3">박스 내용-3</p>
  <hr style="width: 100%; height: 1px;">
</body>
</html>
``	

[그림 3-12] CSS 박스 모델을 사용한 예제

(4) 위치설정

① 위치 속성

위치 속성은 어떤 요소를 위해 사용되는 위치의 종류 (static, relative, fixed 또는 absolute)를 명시한다. 4가지 다른 위치 값이 있다. 요소들은 위, 아래, 왼쪽, 그리고 오른쪽 속성들을 사용하여 위치되어진다. 그러나 그러한 속성들은 먼저 위치 속성이 설정되지 않는 한 효과가 나타나지 않을 것이다. 그것들은 그 위치 값에 따라 다르게 작동한다.

- **static**: 위치된 요소는 위, 아래, 왼쪽, 그리고 오른쪽 속성에 영향을 받지 않는다. 그것은 그 페이지의 정상적인 흐름에 따라 항상 위치되어진다.
- **relative**: 상대적으로 위치되어진 요소의 위, 오른쪽, 아래, 그리고 왼쪽 속성들을 설정하면, 그것의 정상 위치로부터 지정한 상대 값만큼 이동시킬 것

이다. 다른 요소는 그 요소에 의해 떨어진 간격을 맞추기 위하여 조정되지 않을 것이다.

- **fixed**: 고정 위치를 갖는 요소는 그 페이지가 스크롤 될지라도 항상 같은 위치에 있을 것이다. 페이지 내의 다른 박스와 독립적이며 중첩 가능하다.
- **absolute**: 절대 위치를 갖는 요소는 제일 가까이 배치된 조상에 따라 위치되어진다. 만일 위치된 조상이 없다면, 그것은 문서 본체를 사용하고, 페이지 스크롤에 따라 이동한다. 여기서 위치된 요소는 static을 제외한 위치 중의 하나이다.

그림 3-13에서 '텍스트 박스 위치=relative'는 그것의 정상 위치에서 x축으로 50px, y축으로 20px 떨어진 위치에 표시되고, '텍스트 박스 위치=absolute'는 <div> 요소의 박스 시작 위치로부터 x축으로 100px, y축으로 30px 떨어진 위치에 표시된다. 그리고 '텍스트 박스 위치 = fixed'는 웹 브라우저 창을 기준으로 x축으로 60px, y축으로 300px 떨어진 위치에 표시된다. 마지막으로 '텍스트 박스 위치 = default'는 그 페이지 흐름에 따라 static으로 배치된다.

3-10.htm

```
<!DOCTYPE html>
<html lang="ko">
<head>
<title>CSS 위치 속성</title>
<meta charset="UTF-8">
<style type="text/css">
  div {position: relative; border: thin solid; background-color: #FFCCCC;
margin-bottom: 10px;}
  h1 {border: thin solid; background-color: yellow; font-size: 20px;}
  p {border: thin solid; background-color: #CCFFFF;}
  #tst1 {position: static;}
  #tst2 {position: relative; top: 20px; left: 50px;}
  #tst3 {position: absolute; top: 30px; left: 100px;}
  #tst4 {position: fixed; top: 300px; left: 60px;}
```

```
</style>
</head>
<body>
<div>
  <p id="tst1">텍스트 박스 위치 = static.</p>
  <p id="tst2">텍스트 박스 위치 = relative.</p>
  <p id="tst3">텍스트 박스 위치 = absolute.</p>
  <p id="tst4">텍스트 박스 위치 = fixed. 이 텍스트 윈도우가 스크롤될 때, 이 박스는 움직
이지 않는다.</p>
  <h1>텍스트 박스 위치 = default</h1>
</div>
</body>
</html>
```

[그림 3-13] 위치 속성과 4가지 다른 속성 값을 사용한 예제

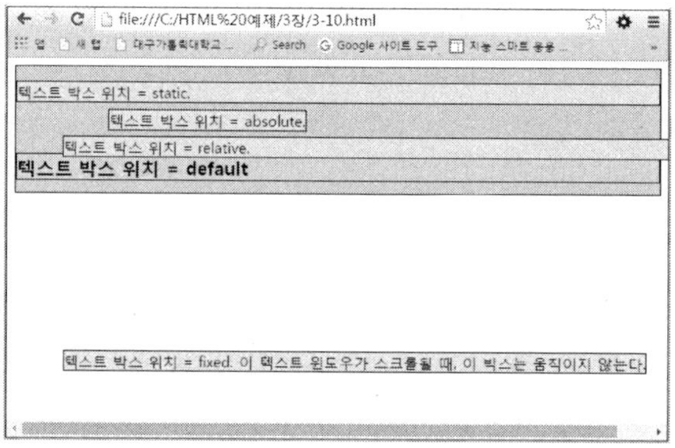

[그림 3-14] 3-10.html의 실행 결과

② 플로트 속성

플로트 속성은 그 요소가 떠있을 것인지 아닌지를 명시하고, 클리어 속성은 플로팅 요소의 행위를 제어하기 위하여 사용되어진다. 플로트 속성은 이미지와 단락을 함께 배치하거나 수평으로 박스 공간들을 좌우로 정렬시키는 등 페이지 레이아웃을 만들 때 많이 사용한다.

플로트 속성의 가장 간단한 사용은 이미지 주변을 텍스트로 감싸기 위하여 사용될 수 있다. 요소를 플로트한 후 요소들은 그것 주변을 떠있을 것이다. 이것을 해제하기 위하여 클리어 속성을 사용한다.

만일 어떤 요소가 그것을 포함하는 요소 보다 더 크고, 그것이 플로트 되어

있다면, 그것은 그것의 컨테이너의 바깥으로 삐져나올 것이다. 이 문제를 해결하기 위하여 'overflow: auto'를 그 포함하는 요소에 추가할 수 있다.

3-11.html

```
<!doctype html>
<html lang="ko">
 <head>
  <meta charset="UTF-8">
  <title>플로팅 &amp; 클리어 예제</title>
  <link rel="stylesheet" href="3-11.css">
 </head>
 <body>
  <hgroup class="case1">
   <h2>플로팅 박스</h2>
   <whatever>
      <div class="box1">
          박스 1!
      </div>
      <div class="box2">
          박스 2!
      </div>
   </whatever>
  </hgroup>
  <hgroup class="case2">
   <h2>플로팅 &amp; 클리어 박스</h2>
   <whatever>
      <div class="box1">
          박스 1!
      </div>
      <div class="box2">
          박스 2!
      </div>
   </whatever>
  </hgroup>
 </body>
```

3-11.css

```
.box1, .box2 {
    border: 1px solid;
    padding: 1em;
}

.box1 {
    color: red;
}
.box2 {
    color: green;
}

.case1 .box1 {
    float: left;
}
.case1 .box2 {
    float: right;
}

.case2 .box1 {
    float: left;
}
.case2 .box2 {
    float: right;
    clear: both;
}

hgroup {
    clear: both;
}
whatever {
    background: #EEEEEE;
    display: block;
    overflow: hidden;
```

</html>	}

[그림 3-15] 플로트와 클리어 속성을 사용한 예제

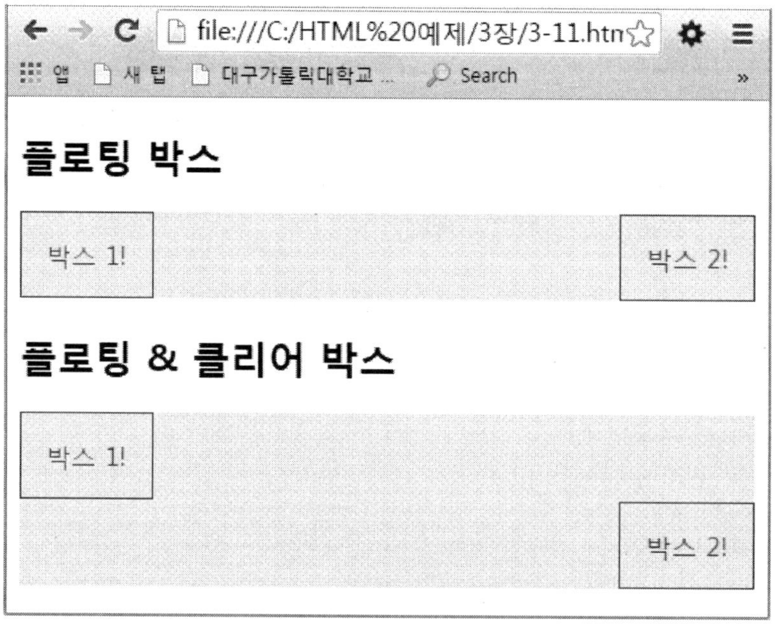

[그림 3-16] 3-11.html의 실행 결과

(5) CSS 응용

그림 3-17은 박스 모델과 유사 클래스 선택자를 사용한 간단한 수직 메뉴를 작성하는 예제이다.

3-12.html		

```
<!DOCTYPE html>
<html lang="ko">
 <head>
  <meta charset="UTF-8">
  <style>
    ul {
     list-style-type: none;
     margin: 0;
     padding: 0;
    }
    a:link, a:visited {
     display: block;
     font-weight: bold;
     color: #FFFFFF;
     background-color: #003399;
     width: 120px;
     text-align: center;
     padding: 4px;
     text-decoration: none;
   }
   a:hover, a:active {
        background-color: #00CC99;
   }
  </style>
 </head>
 <body>
  <ul>
   <li><a href="#home">홈</a></li>
   <li><a href="#news">뉴스</a></li>
   <li><a href="#contact">연락처</a></li>
   <li><a href="#about">알아보기</a></li>
  </ul>
 </body>
</html>
```

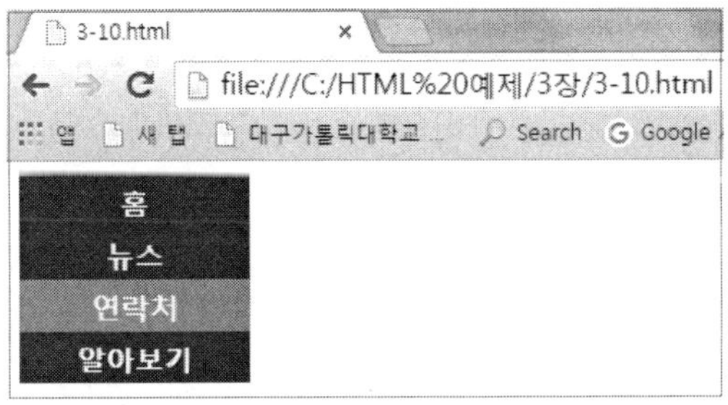

[그림 3-17] CSS를 사용한 수직 메뉴 작성 예제

3.3 CSS3 고급

CSS3는 기존의 CSS2 기능을 확장할 뿐만 아니라 새로운 기능을 지원하기 위하여 모듈 방식을 채택하였다. 그런 CSS3는 논리적으로 다음과 같은 범주로 나눌 수 있다.

- 배경/경계선
- 컬러
- 미디어 쿼리
- 다단 레이아웃
- 선택자

CSS3로 둥근 모서리와 그림자 효과를 갖는 박스를 생성하고, 선형 변화도(gradients)와 원형 변화도를 사용한 풍부한 그래픽 효과를 생성하고, 초상화 모드와 풍경 모드를 인식하고, 미디어 쿼리를 사용하여 휴대 장치의 종류를 인식하고, 그리고 다단 텍스트 랜더링과 포맷팅을 생성할 수 있다.

아울러, CSS3는 유사 클래스, 첫 번째 자식과 마지막 자식(first-child, last-child)과 요소의 속성에 대한 패턴 매칭 검사를 사용하여 선택자에서 정교한 노드 선택 규칙을 정의할 수 있다.

(1) CSS3 기초

① 선택자

CSS3는 nth-child()와 함께 nth-of-type(), nth-first-of-type(), nth-last-of-type(), 그리고 nth-last-child()와 같이 의미적으로 관련된 다소의 변종들을 포함하는 풍부한 유사 클래스의 집합을 지원한다.

CSS3는 폼 관련 HTML 요소들을 위해 매우 유용한 empty, enabled, disabled, 그리고 checked와 같은 부울 선택자를 역시 지원한다.

CSS3는 텍스트 스트링의 처음, 마지막, 또는 임의의 위치를 찾기 위하여 메타문자 ^, $, 그리고 * (="심볼"이 뒤따르는)를 사용한다. 그림 3-18은 nth-of-type() 유사 클래스를 사용하여 테이블에서 각 행의 배경색을 변경하는 예제이다.

3-13.html

```
<!doctype html>
<html lang="ko">
 <head>
  <meta charset="UTF-8">
  <title>CSS3 선택자</title>
  <link rel="stylesheet"
href="3-13.css">
 </head>
 <body>
  <table id="sampletable" border="1"
width="50%">
    <tr>
     <th>이름</th>
     <th>나이</th>
    </tr>
    <tr>
     <td>홍길동</td>
     <td>30</td>
    </tr>
    <tr>
     <td>배인한</td>
     <td>26</td>
    </tr>
    <tr>
     <td>김철수</td>
     <td>42</td>
    </tr>
    <tr>
     <td>최지형</td>
     <td>32</td>
    </tr>
  </table>
 </body>
</html>
```

3-13.css

```
#sampletable th{
 background: silver;
 }

 #sampletable tr:nth-of-type(odd){
 background: lightyellow;
 }

 #sampletable tr:nth-of-type(even){
 background: lightblue;
 }

 #sampletable tr>td:first-of-type{
 font-weight: bold;
 }
```

[그림 3-18] 테이블에서 각 행의 배경색을 변경

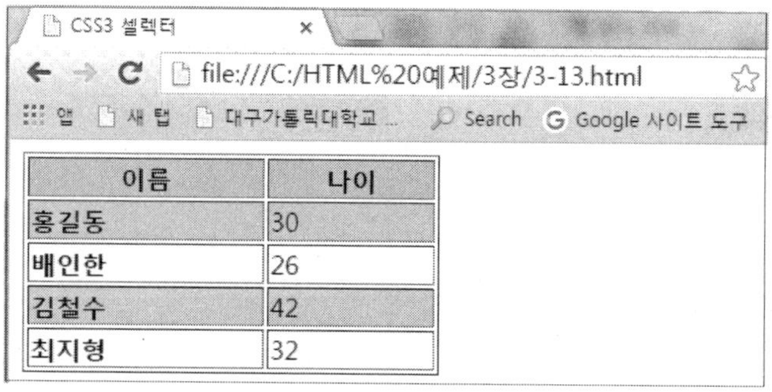

[그림 3-19] 3-13.html의 실행 결과

그림 3-10은 CSS3의 부울 선택자와 메타문자를 사용한 예제이다. 여기서 [속성*="값"] 선택자는 지정된 값을 포함하는 속성 값을 갖는 모든 요소와 일치한다.

3-14.html

```
<!DOCTYPE html>
<html lang="ko">
<head>
<meta charset="UTF-8">
<style>
input:checked {
    height: 50px;
    width: 50px;
}
div[class*="test"] {
    background: #ffff00;
}
</style>
</head>
<body>
<form action="">
  <input type="radio" checked="checked" value="male" name="gender"> 남성
<br>
```

```
  <input type="radio" value="female" name="gender"> 여성<br>
  <input type="checkbox" checked="checked" value="Car"> 자동차 있음<br>
  <input type="checkbox" value="House"> 주택 있음<br><br>
</form>
<div class="first_test">첫 번째 div 요소.</div>
<div class="second">두 번째 div 요소.</div>
<div class="test">세 번째 div 요소.</div>
<p class="test">이것은 단락 내의 텍스트이다.</p>
</body>
</html>
```

[그림 3-20] 부울 선택자와 메타문자를 사용한 예제

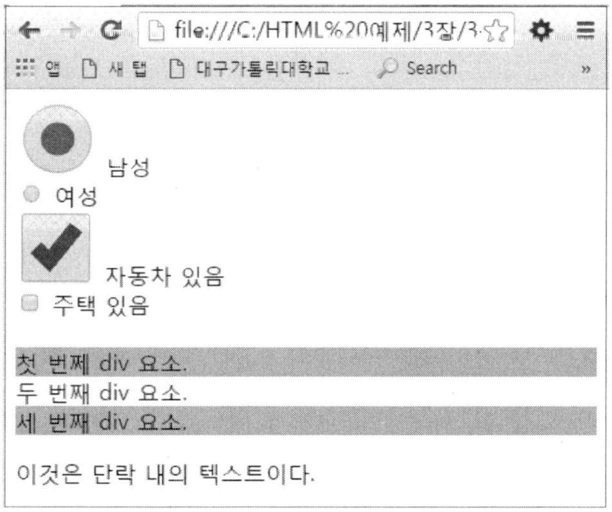

[그림 3-21] 3-14.html의 실행 결과

② 그림자 효과/둥근 모서리

CSS3 그림자 효과는 간단한 선택자로 생생한 시각적인 효과를 생성하는데 유용하다. 텍스트뿐만 아니라 직사각형 영역에도 그림자 효과를 사용할 수 있다. 또한 CSS3는 둥근 모서리를 갖는 직사각형을 쉽게 그릴 수 있다.

그림 3-22는 그림자를 갖는 둥근 모서리 직사각형 박스와 텍스트 그림자 효과를 만드는 예제이다.

3-15.html

```
<!doctype html>
<html lang="ko">
 <head>
  <meta charset="UTF-8">
  <link rel="stylesheet" href="3-15.css">
  <title>둥근 모서리 &amp; 그림자</title>
 </head>
 <body>
   <div id="Example_A">
    박스 A
   </div><br/>
   <div id="Example_B">
    박스 B
   </div><br/>
   <h1>텍스트 그림자 효과!</h1>
 </body>
</html>
```

3-15.css

```
#Example_A {
 background: #009900;
 padding: 20px;
 width: 100px;
 height: 50px;
 border-radius: 5px;
 box-shadow: 5px 5px black;
 }
#Example_B {
 background: #CC0000;
 padding: 20px;
 width: 100px;
 height: 50px;
 border-radius: 5px;
 box-shadow: 5px 5px 5px black;
 }
h1 {
    text-shadow: 2px 2px red;
}
```

[그림 3-22] 둥근 모서리와 그림자 효과의 예

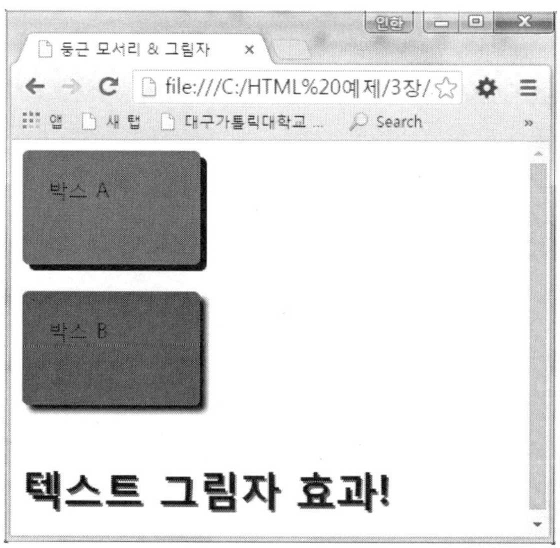

[그림 3-23] 3-15.html의 실행 결과

③ 버튼

CSS3가 보편화 되면서 이미지에 의존해야 했던 예전과 달리, 버튼들을 스타일시트에서 쉽게 표현할 수 있게 되었다. 버튼을 스타일하기 위하여 모든 웹 프로젝트에서 사용할 수 있는 작은 반응형 모듈들의 집합인 pure.css를 사용할 수 있다. Yahoo의 무료 CDN(Contents Delivery Network)을 통해 웹 페이지에 pure.css를 추가하기 위해 그 페이지의 <head>에 그림 3-24의 밑줄 친 줄과 같은 <link> 요소를 추가한다.

3-16.html

```
<!doctype html>
<html lang="ko">
 <head>
  <meta charset="UTF-8">
  <link  rel="stylesheet"  href="http://yui.yahooapis.com/pure/0.6.0/pure-
min.css">
  <title>버튼 예제</title>
  <style scoped>
   .button-success,
   .button-error,
   .button-warning,
   .button-secondary {
     color: white;
     border-radius: 4px;
     text-shadow: 0 1px 1px rgba(0, 0, 0, 0.2);
   }
   .button-success {
     background: rgb(28, 184, 65);
   }
   .button-error {
     background: rgb(202, 60, 60);
   }
   .button-warning {
     background: rgb(223, 117, 20);
   }
```

```
    .button-secondary {
      background: rgb(66, 184, 221);
    }
  </style>
 </head>
 <body>
  <div>
    <button class="button-success pure-button">성공 버튼</button>
    <button class="button-error pure-button">에러 버튼</button>
    <button class="button-warning pure-button">경고 버튼</button>
    <button class="button-secondary pure-button">보조 버튼</button>
  </div>
 </body>
</html>
```

[그림 3-24] pure.css를 사용한 버튼 스타일 예제

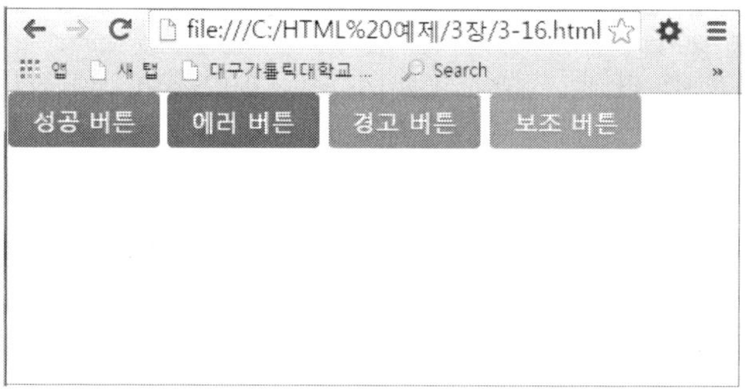

[그림 3-25] 3-16.html의 실행 결과

(2) 2D/3D 애니메이션

① 2D/3D 변환

CSS3는 요소들을 이동(translate), 회전(rotate), 크기 변경(scale), 기울임(skew)등의 효과를 줄 수 있다. 변환은 요소의 모양, 크기, 그리고 위치를 바꾸는 효과이다. CSS3는 2D와 3D 변환을 지원한다. 다음과 같은 2D 변환 메서드들이 있다.

- translate(): 요소에 2D 또는 3D 변환을 적용한다.
- skew(): X축과 Y축에 따라 2D 기울임 변환을 정의한다.
- scale(): 요소의 너비와 높이를 변경하여 2D 크기 변경 변환을 정의한다.
- rotate(): 매개변수에서 명시된 각도만큼 2D 회전을 정의한다.

그림 3-26은 원래 정사각형 요소를 rotate(), skew(), 그리고 scale() 메서드를 사용하여 2차원 변형된 요소들을 보여준다.

3-17.html

```
<!DOCTYPE html>
<html>
<head>
    <meta charset="UTF-8">
    <title>CSS3 변환 예제</title>
    <style>
     div {
       width: 100px;
       height: 100px;
       background-color: Aqua;
       border: 1px solid black; }
     div#div1 {
       margin: 30px;
       background-color: Lime;
       transform: rotate(50deg); }
     div#div2 {
       margin: 30px;
       background-color: red;
       transform:          skew(30deg,
20deg); }
     div#div3 {
       margin: 50px;
       background-color: green;
       transform: scale(1.5, 1.5); }
    </style>
</head>
<body>
    <form id="form1" name="form1">
        <div>
            원래 요소!
        </div>
        <div id="div1">
```

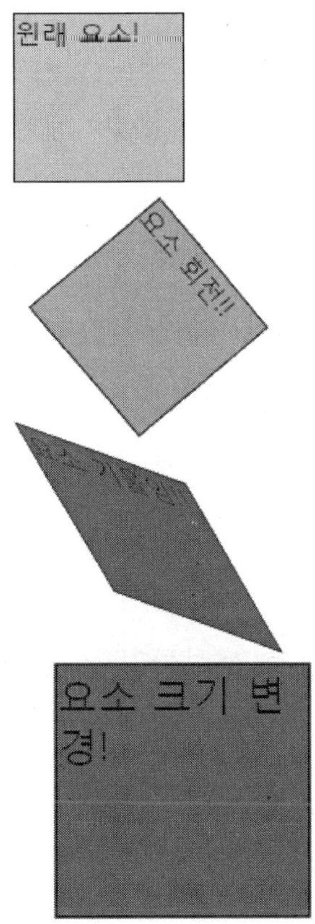

```
            요소 회전!!
        </div>
        <div id="div2">
            요소 기울임!!
        </div>
        <div id="div3">
            요소 크기 변경!
        </div>
        </form>
</body>
</html>
```

[그림 3-26] CSS3 2D 변환 예제 및 실행 결과

② 전환효과

전환이란 객체의 속성 변화가 시간을 가지고 점진적으로 진행되는 것을 말한다. 따라서 CSS3 전환은 매끄러운 방식으로 CSS 값 변경을 수반한다. 그것들은 마우스 클릭, focus 또는 "hover" 효과와 같은 사용자 제스처에 의해 초기화된다. 전환은 "**완화 함수(easing functions)**"를 사용하여 지정된 시간 동안에 CSS 속성에 대한 애니메이션 효과를 생성하는데 사용할 수 있기 때문에 매우 유용하다. 예를 들어, 몇몇 완화 함수들은 애니메이션 효과 동안에 일정한 속도로 변하고, 반면에 다른 완화 함수들은 비선형 효과(slow-fast-slow, fast-slow-fast 등)를 생성한다. 완화 함수는 사실적 효과를 생성할 수 있기 때문에 강력하고 유용하다.

CSS 전환을 생성하기 위한 기본 구문은 3가지 사실을 명시해야 한다.

- CSS 속성
- 기간(초)
- 전환 타이밍 함수

웹 브라우저를 만드는데 필요한 기능을 제공하는 오픈 소스 프레임워크인 WebKit 기반 전환의 예는 다음과 같다.

```
-webkit-transition-property: background;
-webkit-transition-duration: 0.5s;
-webkit-transition-timing-function: ease;
```

다행히도, 그러한 전환들은 다음과 같이 한 줄로 결합할 수 있다.

```
-webkit-transition: background 0.5s ease;
```

전환 타이밍 함수 속성은 전환 효과의 속도 곡선을 명시한다. 전환 타이밍 함수 속성은 아래 값들을 가질 수 있다.

- ease: 천천히 시작하고, 그리고 나서 빠르게, 그리고 천천히 끝내는 전이 효과를 명시한다(디폴트).
- linear: 시작부터 끝까지 같은 속도를 갖는 전환 효과를 명시한다.
- ease-in: 천천히 시작하는 전환 효과를 명시한다.
- ease-out: 천천히 종료하는 전환 효과를 명시한다.
- ease-in-out: 천천히 시작하고 천천히 종료하는 전환 효과를 명시한다.
- cubic-bezier(n,n,n,n): cubic-bezier 함수로 값을 직접 정의한다. cubic-bezier 곡선에서 그래프의 가로축은 시간, 세로축은 변화의 진행을 의미한다. 가로축과 세로축 모두 시작 값은 0, 종료 값은 1이다.

  cubic-bezier(x1,y1,x2,y2)

  x1과 x2의 값은 0과 1 사이여야 한다. y1과 y2는 0~1 범위를 초과할 수 있다.

그림 3-27은 전환 타이밍 함수 속성과 속성 값에 따른 전환 효과를 보여주는 예제이다.

3-18.html

```
<!DOCTYPE html>
```

```
<html>
<head>
 <meta charset="UTF-8">
 <title>CSS3 전환 예제</title>
 <style type="text/css">
  .stable {
    position: relative;
    height: 320px; }
  .stable .balloon {
    position: absolute;
    bottom: 0;
    width: 100px;
    height: 163px;
    background: url(balloon.png) no-repeat; }
  .stable:hover .balloon {
    bottom: 157px;
    transition-duration: 3s; }
  .stable .balloon.default {
    left: 39px;
    background-image: url(balloon.png); }
  .stable .balloon.linear {
    left: 149px;
    transition-timing-function: linear; }
  .stable .balloon.ease-in {
    left: 259px;
    transition-timing-function: ease-in; }
  .stable .balloon.ease-out {
    left: 369px;
    transition-timing-function: ease-out; }
  .stable .balloon.ease-in-out {
    left: 479px;
    transition-timing-function: ease-in-out; }
  .stable .balloon.cubic-bezier {
    left: 589px;
    transition-timing-function: cubic-bezier(0,1,1,0); }
 </style>
</head>
<body>
  <div class="stable">
  <div class="balloon default">default</div>
```

```
  <div class="balloon linear">linear</div>
  <div class="balloon ease-in">ease-in</div>
  <div class="balloon ease-out">ease-out</div>
  <div class="balloon ease-in-out">ease-in-out</div>
  <div class="balloon cubic-bezier">cubic-bezier</div>
  </div>
</body>
</html>
```

[그림 3-27] CSS3 전환 효과의 예제

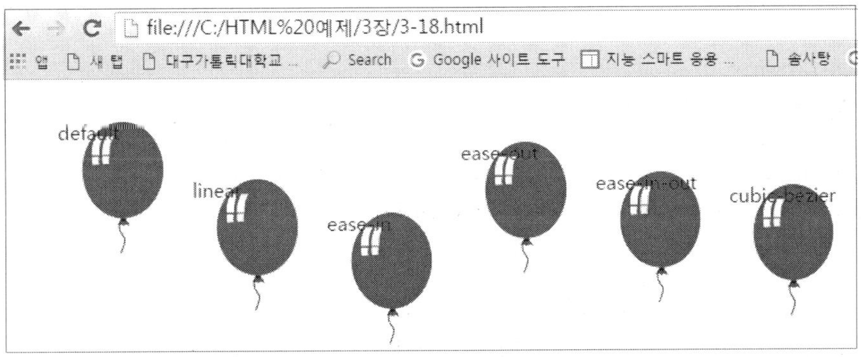

[그림 3-28] 3-18.html의 실행 결과

③ 애니메이션

애니메이션은 어떤 요소가 하나의 스타일에서 다른 스타일로 점진적으로 변하는 것이다. CSS3 애니메이션은 자바스크립트 또는 플래시 사용 없이 대부분 HTML 요소들의 애니메이션을 허용한다. CSS3 애니메이션을 사용하기 위하여, 애니메이션을 위한 다소의 키 프레임들을 먼저 명시한다. @keyframes 규칙 내부에 CSS 스타일을 명시할 때, 그 애니메이션은 이떤 시점에 현재 스디일에서 새로운 스타일로 점진적으로 변할 것이다.

그림 3-29는 animation-iteration-count 속성의 속성 값으로 "infinite"를, animation-direction 속성의 속성 값으로 "alternate"를 사용하여 직사각형 요소의 컬러가 바뀌면서 처음엔 앞으로 그 다음엔 뒤로 이동하는 애니메이션을

영원히 계속하는 예제이다.

3-19.html

```
<!DOCTYPE html>
<html lang="ko">
<head>
 <meta charset="UTF-8">
 <title>CSS3 애니메이션 예제</title>
<style>
div {
    width: 50px;
    height: 50px;
    background-color: red;
    position: relative;
    -webkit-animation: myfirst 5s linear 2s infinite alternate;
    animation: myfirst 5s linear 2s infinite alternate;
}
@-webkit-keyframes myfirst {
    0%   {background-color:red; left:0px; top:0px;}
    25%  {background-color:yellow; left:150px; top:0px;}
    50%  {background-color:blue; left:150px; top:150px;}
    75%  {background-color:green; left:0px; top:150px;}
    100% {background-color:red; left:0px; top:0px;}
}
@keyframes myfirst {
    0%   {background-color:red; left:0px; top:0px;}
    25%  {background-color:yellow; left:150px; top:0px;}
    50%  {background-color:blue; left:150px; top:150px;}
    75%  {background-color:green; left:0px; top:150px;}
    100% {background-color:red; left:0px; top:0px;}
}
</style>
</head>
<body>
<p>CSS3 키프레임 애니메이션</p>
<div></div>
</body>
</html>
```

[그림 3-29] CSS3 애니메이션 예제

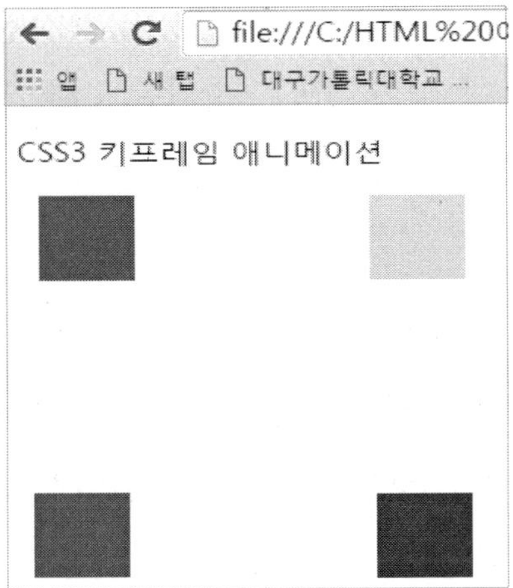

[그림 3-30] 3-19.html의
실행 결과

(3) 미디어 쿼리

웹 응용들이 많은 다른 장치들에서 사용되어지는 것은 지금 매우 흔한 일이다. 그러한 장치들의 예를 들면 다음과 같다.

- 데스크톱 또는 랩톱 상의 웹 브라우저
- 스마트폰과 같은 작은 스크린 장치
- TV와 같은 대체 장치

비록 웹 응용의 기본 기능이 각각의 경우에 같을 수 있지만, 각 장치를 위해 특정 요소들의 디스플레이를 재위치, 감추기, 또는 늘리는 것이 필요할 수도 있다. 특히, 모바일 환경에서는 장치별 화면 크기가 다양하기 때문에 더욱 정교하게 스타일 대상을 식별할 수 있는 방법이 필요하다.

이 문제를 해결하는 다수의 방법이 있다. 가장 일반적인 방법은 웹 서버가 웹 페이지를 액세스하는 브라우저를 탐지하는 대상이 되어 왔고, 그리고 그 사용자를 그 장치를 위해 특별히 생성된 페이지로 안내한다. 언제든 브라우저가 웹 페이지를 요청하면, 그것은 HTTP 헤더에 다양한 정보를 제공한다. 그러한 정보들은 그 브라우저와 운영체제를 확실히 감지하기 위하여 웹 서버에 의해 사용될 수 있다. 이 방법은 2가지 문제가 있다. 하나는 사용자 웹 브라우저의 전체 상황을 제공할 필요는 없다는 것이고, 다른 문제는 이 방식으로 콘텐츠를 관리하는 것이 어렵다는 것이다.

CSS3는 미디어 쿼리의 형식으로 이 문제를 해결하는 대체 방법을 제안하였다. 그러한 쿼리들은 어떤 스타일시트가 브라우저에게 다양한 상황에 따라 어떻게 처리해야 하는지를 알리는 것을 허용한다. 따라서 동일한 페이지는 어떤 마크업 변경 없이 다르게 스타일할 수 있다.

미디어 쿼리로 웹 페이지를 적절히 렌더하기 위하여 특정 스타일시트 또는 스타일시트의 일부가 규칙들의 집합에 기초하여 그 미디어 쿼리와 관련이 있는지를 결정하는 것은 브라우저 자체에 달려있다. 미디어 쿼리는 스타일시트가 다음 사항에 기초한 맞춤 규칙을 제공하는 것을 허용한다.

- 장치 종류
- 브라우저 또는 스크린의 너비와 높이
- **화면 방향**(orientation)이 가로모드인지 세로모드인지
- 장치가 컬러인지 흑백인지

미디어 쿼리는 개별 브라우저와 디바이스 환경에 따라 각기 다른 스타일을 제공할 수 있는 확장 기능이다. 타겟 스타일을 독자적으로 제공할 수 있다는 것은 반응형 웹 디자인에 기회와 수단을 열어준다. 미디어 쿼리는 미디어 유형과 특정 미디어 기능의 조건을 평가하는 논리적 표현식이다. 이러한 미디어 쿼리를 사용하는 방법은 두 가지가 있다. 기존의 스타일 시트에 @media 룰을 사용하고, @import 룰을 사용하여 새로운 스타일 시트를 들여오거나, HTML 문서 안에서 별도의 스타일을 링크하는 것이다. 일반적으로 추가적인 HTTP 요청을 피하기 위해 기존 스타일시트 안에 @media 룰을 사용하는 방법을 추천한다.

[표 3-3] 미디어 쿼리의 사용 형식과 예

방식	사용 예
HTML	<link rel="stylesheet" media="mediatype and|not|only (expressions)" href="print.css"> 예) <link href="common.css" rel="stylesheet" type="text/css">

CSS	@media not|only mediatype and (expressions) {
	CSS-Code; }
	예) @media screen and (min-width: 480px) {
	body {
	background-color: lightgreen;
	} }

가장 많이 사용되는 미디어 특성 중 하나는 디바이스나 브라우저 뷰포트에 높이나 너비를 설정하는 것이다. 미디어 쿼리에 웹 페이지 세로 높이(height), 웹 페이지 가로 너비(width), 장치의 물리적 가로 너비(device-height), 장치의 물리적 세로 높이(device-width) 속성들을 사용할 수 있다. 그리고 min- 혹은 max- 접두어를 사용하여 min-width 혹은 max-device-width과 같은 속성을 만들 수도 있다.

그림 3-31은 데스크톱, 테블릿, 그리고 스마트폰의 로그인 버튼을 위한 다른 3가지 다른 레이아웃들을 보여주는 간단한 예제이다.

3-20.html

```
<!doctype html>
<html lang="ko">
 <head>
  <meta charset="UTF-8">
  <meta name="viewport" content="width=device-width, initial-scale=1.0"/>
  <title>미디어 쿼리 예제</title>
  <style>
    .username::before {
       content:"사용자 이름을 입력하세요";
```

```
    }
    @media screen and (max-width: 900px) {
        .username::before {
        content:"사용자 이름";
    } }
    @media screen and (max-width: 450px) {
        .username::before {
        content:"";
    } }
          img, p {
          display: inline;
          }
  </style>
 </head>
 <body>
   <form method="get" action="from_app.js">
   <img src="user.png" alt="User_ID" width="20" height="20">
   <p class="username">
   <input type="text" name="user_id"/>
   </form>
 </body>
</html>
```

[그림 3-31] 미디어 쿼리를 사용한 입력 버튼 설계

(a) 데스크톱 (b) 테블릿 (c) 스마트폰

[그림 3-32] 3-20.html의 실행 결과

반응형 웹 설계는 모든 장치들에 잘 어울리는 웹 페이지를 만드는 것이다. 반응형 웹 설계는 HTML과 CSS만을 사용한다. 그림 3-33은 다른 장치들: 데스크톱, 테블릿, 스마트폰을 사용하여 볼 수 있는 반응형 웹 페이지 레이아웃의 예를 보여준다.

3-21.html

```
<!DOCTYPE html>
<html lang="ko">
<head>
<meta charset="UTF-8">
<title>반응형 웹 페이지 설계 예제</title>
<meta name="viewport" content="width=device-width, initial-scale=1.0">
<style>
* {
    box-sizing: border-box;
}
.row:after {
    content: "";
    clear: both;
    display: block;
}
[class*="col-"] {
    float: left;
    padding: 15px;
}
html {
    font-family: "Lucida Sans", sans-serif;
}
.header {
    background-color: #9933cc;
    color: #ffffff;
    padding: 15px;
}
.menu ul {
    list-style-type: none;
    margin: 0;
    padding: 0;
}
.menu li {
    padding: 8px;
    margin-bottom: 7px;
    background-color :#33b5e5;
    color: #ffffff;
    box-shadow: 0 1px 3px rgba(0,0,0,0.12), 0 1px 2px rgba(0,0,0,0.24);
}
.menu li:hover {
    background-color: #0099cc;
}
.aside {
    background-color: #33b5e5;
    padding: 15px;
```

```
    color: #ffffff;
    text-align: center;
    font-size: 14px;
    box-shadow: 0 1px 3px rgba(0,0,0,0.12), 0 1px 2px rgba(0,0,0,0.24);
}
.footer {
    background-color: #0099cc;
    color: #ffffff;
    text-align: center;
    font-size: 12px;
    padding: 15px;
}
/* For mobile phones: */
[class*="col-"] {
    width: 100%;
}
@media only screen and (min-width: 600px) {
    /* For tablets: */
    .col-m-1 {width: 8.33%;}
    .col-m-2 {width: 16.66%;}
    .col-m-3 {width: 25%;}
    .col-m-4 {width: 33.33%;}
    .col-m-5 {width: 41.66%;}
    .col-m-6 {width: 50%;}
    .col-m-7 {width: 58.33%;}
    .col-m-8 {width: 66.66%;}
    .col-m-9 {width: 75%;}
    .col-m-10 {width: 83.33%;}
    .col-m-11 {width: 91.66%;}
    .col-m-12 {width: 100%;}
}
@media only screen and (min-width: 768px) {
    /* For desktop: */
    .col-1 {width: 8.33%;}
    .col-2 {width: 16.66%;}
    .col-3 {width: 25%;}
    .col-4 {width: 33.33%;}
    .col-5 {width: 41.66%;}
    .col-6 {width: 50%;}
    .col-7 {width: 58.33%;}
    .col-8 {width: 66.66%;}
    .col-9 {width: 75%;}
    .col-10 {width: 83.33%;}
    .col-11 {width: 91.66%;}
    .col-12 {width: 100%;}
}
```

```
</style>
</head>
<body>
<div class="header">
<h1>대가대</h1>
</div>
<div class="row">
<div class="col-3 col-m-3 menu">
<ul>
<li>소 개</li>
<li>홍 보</li>
<li>입 학</li>
<li>대학생활</li>
</ul>
</div>
<div class="col-6 col-m-9">
<h1>교육이념</h1>
<p>대구가톨릭대학교는 사랑과 봉사를 교훈으로 삼고 하느님의 아들 그리스도를 구
세주로 믿는 가톨릭교회의 교육이념에 따라 영원한 진리와 하느님의 모상인 인간의
정의로운 진리 추구를 위해 헌신하며 참으로 진선미의 인간 세계를 구현하도록 구체
적인 교육목표를 설정하여 실천해 나가려 한다. 이것은 바로 가톨릭 교육목표가 지
역사회에서 구체화되는 길잡이를 마련하는 것이며 나아가 전 세계의 가톨릭대학들과
공동보조를 맞출 수 있는 바탕을 명확하게 제시하는 것이다.</p>
</div>
<div class="col-3 col-m-12">
<div class="aside">
<h2>효성캠퍼스</h2>
<p>주소: 경상북도 경산시 하양읍 하양로 13-13</p>
<p>전화번호: 053-850-3114</p>
<h2>유스티노캠퍼스</h2>
<p>주소: 대구광역시 중구 남산3동 219</p>
<p>전화번호: 053-660-5100</p>
<h2>루가캠퍼스</h2>
<p>주소: 대구광역시 남구 대명 4동 3056-6</p>
<p>전화번호: 053-650-4455</p>
</div>
</div>
</div>
<div class="footer">
<p>COPYRIGHT BY CATHOLIC UNIVERSITY OF DAEGU. ALL RIGHTS
RESERVED.</p>
</div>
</body>
</html>
```

[그림 3-33] 미디어 쿼리를 사용한 반응형 웹 페이지 설계의 예제

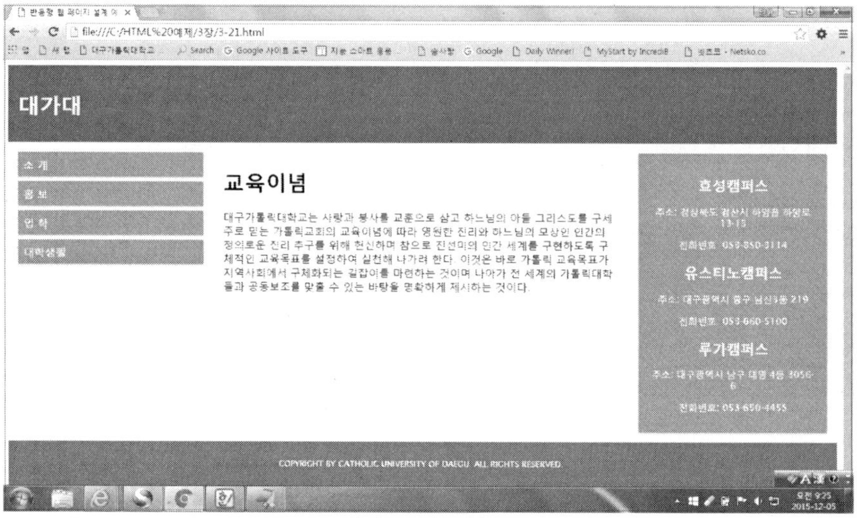

(a) 데스크톱

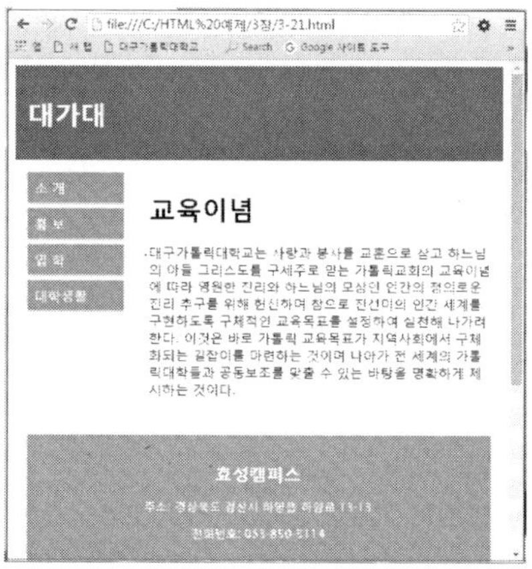

(b) 테블릿

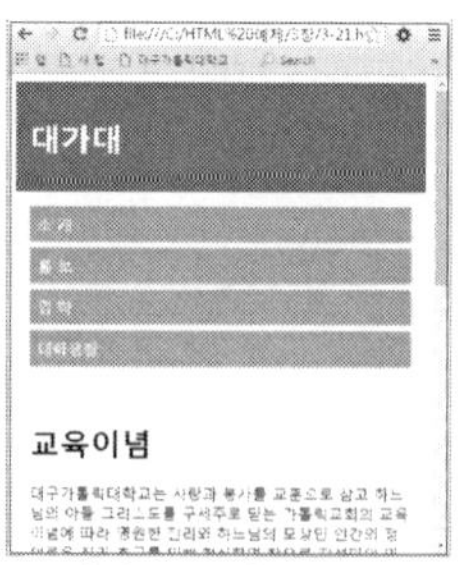

(c) 스마트폰

[그림 3-34] 3-21.html의 실행 결과

브라우저의 방향에 따라 웹 페이지의 레이아웃을 변경하기 위하여 미디어 쿼리를 역시 사용할 수 있다. 그림 3-35는 사용자가 모바일 장치를 돌리면 2개의 이미지의 크기를 변경하기 위하여 미디어 쿼리의 방향 속성을 사용한 예제이다.

3-22.html

```
<!doctype html>
<html lang="ko">
 <head>
  <meta charset="UTF-8">
  <title>오리엔테이션 예제</title>
  <style>
   #img1, #img2 {
      float: left;
      width:100px;height:250px;
   }
  </style>
  <script>
    function init() {
      // Event listener to determine device orientation
      window.onresize = function() { updateOrientation(); }
    }
    function updateOrientation() {
      var orientation = window.orientation;
      switch(orientation) {
        case 0: /* portrait mode */
            document.getElementById("img1").style.width  = "200px";
            document.getElementById("img1").style.height = "250px";
            document.getElementById("img2").style.width  = "200px";
            document.getElementById("img2").style.height = "250px";
            break;
        case 90: /* landscape (screen turned to the left) */
            document.getElementById("img1").style.width  = "200px";
            document.getElementById("img1").style.height = "200px";
            document.getElementById("img2").style.width  = "200px";
            document.getElementById("img2").style.height = "200px";
            break;
        case -90: /* landscape (screen turned to the right) */
            document.getElementById("img1").style.width  = "200px";
            document.getElementById("img1").style.height = "200px";
```

```
                document.getElementById("img2").style.width   = "200px";
                document.getElementById("img2").style.height = "200px";
                break;
        }
      }
    </script>
  </head>
  <body onload="init()">
    <header>
      <h2>장치를 회전하세요~~~</h2>
    </header>
    <div id="outer">
      <div id="one">
        <img   id="img1"   src="https://sites.google.com/site/intelsmartapps/
webapps-1/panda1.jpg" />
      </div>
      <div id="two">
        <img   id="img2"   src="https://sites.google.com/site/intelsmartapps
/webapps-1/panda2.jpg" />
      </div>
    </div>
</body>
</html>
```

[그림 3-35] 미디어 쿼리의 방향을 사용한 예제

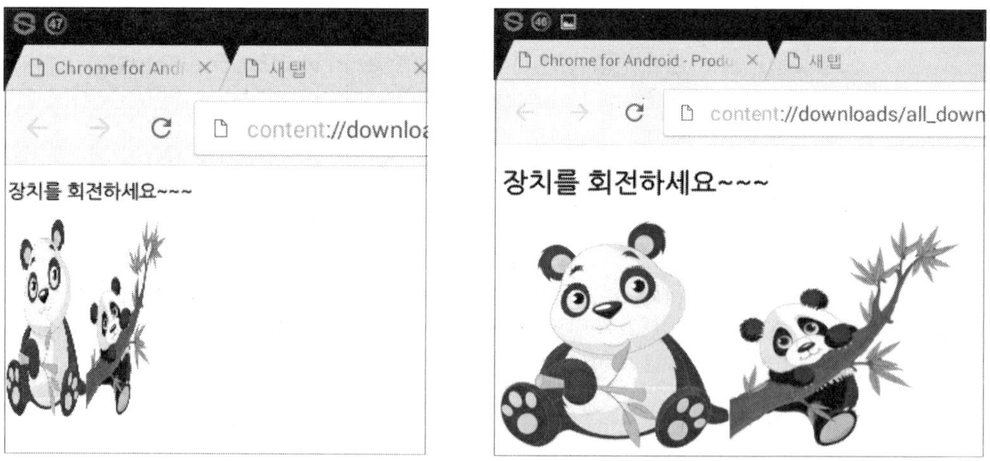

(a) 세로 모드　　　　(b) 가로 모드

[그림 3-36] 3-22.html의 실행 결과

3.4 요약

CSS는 마크업 문서의 스타일을 정의하는 속성들을 모아 놓은 언어이다. 따라서 HTML과 XML 문서 모두에 적용할 수 있다. CSS를 사용하면 확장성, 편의성, 재사용성, 생산성 등이 향상된다.

이 장에서는 CSS3 스타일 선언 방식, 선택자, 박스 모델, 위치 설정, 2D 애니메이션, 미디어 쿼리 등에 대하여 학습하였다.

▣ 연습문제 ▣

1. CSS는 지속적으로 새로운 버전이 나오고 있다. CSS1, CSS2, CSS3, CSS4 의 차이를 설명하시오.

2. 아래 빈칸을 채우시오.

① 요소는 (   )이고, 속성은 (   )이고, 그리고 그 값은 (   )이다.

② (   )은 본질적으로 HTML 요소 주변을 감싸는 (   )이다. 박스 모델은 (   ), (   ), (   ), 그리고 (   )으로 구성된다.

③ (   )는 개별 브라우저와 디바이스 환경에 따라 각기 다른 스타일을 제공할 수 있는 확장 기능이다. (   )을 독자적으로 제공할 수 있다는 것은 (   )에 기회와 수단을 열어준다.

3. 다음과 같은 스타일을 갖는 풀다운 메뉴를 HTML+CSS를 사용하여 작성하시오.

지원
웹디자인
HTML
CSS
JavaScript
콘텐츠관리
연 락 처
Joomla
Drupal
WordPress
Concrete 5

지원
웹디자인
HTML
CSS
JavaScript
콘텐츠관리
연 락 처
질문사항
요구사항

제 4 장 W3.CSS

오늘날 인터넷 상의 웹 페이지를 브라우저하기 위하여 사용되는 많은 장치들, 데스크 탑, 랩 탑, 컴퓨터, 스마트폰, 그리고 태블릿 등이 있다. 모바일 기기의 사용은 웹 사이트 개발을 위한 요구 사항을 급격하게 바꾸었다. 방문자들에 적합한 레이아웃과 콘텐츠를 제공할 수 있는 웹 페이지가 필요하다. 이 장에서는 최근 웹 사이트 개발을 위한 W3.CSS 프레임워크를 소개한다.

4.1 W3.CSS 개요

W3.CSS는 웹의 지속적인 성장을 도모하는 프로토콜과 가이드라인을 개발하여 월드 와이드 웹의 모든 잠재력을 이끌어 내는 W3C(World Wide Web Consortium)의 w3schools.com에 의해 개발된 CSS (Cascading Style Sheet)이다. W3.CSS는 빠르고, 멋지고, 그리고 반응하는 웹 페이지들을 생성에 도움을 준다. 그것은 구글 물질적 디자인 (Google Material Design)으로부터 영감을 받았다.

구글이 처음 모바일 장치를 만들었을 때, 모바일에는 부족한 것이 많았다. 화면 크기도 작았고, 네트워크 연결 속도도 빠르지 않았고, 기능도 별로 없었다. 사용하기에 편리한 환경은 아니었다. 하지만, 모바일 장치는 빠르게 발전하여 성능은 훨씬 더 강력해졌고, 속도는 빨라졌고, 보다 직관적으로 사용할 수 있도록 발전하였다. 이제 모바일 장치를 위한 UX를 디자인할 때도 이러한 발전을 고려해야 한다. 아울러, 이번 I/O에서 안드로이드는 새로운 폼팩터를 지원할 수 있도록 확장되었다. 이러한 변화에 발맞추어, 구글은 모바일과 데스크톱 그리고 그 외의 다양한 장치들을 아우르는 하나의 일관된 디자인 가이드라인을 공개하였다. 그것이 바로 물질적 디자인이다.

물질적 디자인 환경은 현실과 같은 3차원의 공간을 가지고 있으며, 카드스톡

(Cardstock)을 기본으로 한다. 카드스톡은 물질적 디자인의 큰 부분을 차지하는 개념으로, 카드를 겹겹이 쌓아올린 듯한 UI 구성이다. 이는 이전에도 널리 쓰이고 있던 방식이지만, 구글은 '그림자 도구'를 적용해 각 요소들이 진짜 카드처럼 보이게 했다. 물질적 (Material) 디자인'이라는 이름에서도 알 수 있듯이 구글은 화면을 '실제와 비슷하게' 만들고 있는 것이다. 물질적 디자인은 질감이 느껴지는 표면과 대담하고 선명한 그래픽 디자인, 그리고 아름답고 직관적인 사용자 경험을 위한 자연스러운 애니메이션을 특징으로 한다. 물질적 디자인에서 표면과 그림자는 물리적인 구조를 형성하여, 사용자들이 화면상의 어떤 부분을 터치할 수 있고 움직일 수 있는지 쉽게 이해할 수 있도록 하였다. 현대적인 출판물 디자인 원칙이 반영되어 다른 부가 요소보다 콘텐츠 자체가 강조되어진다. 모든 움직임에는 의미가 있으며, 화면 요소들 간의 관계를 명확히 하고 세세한 디테일을 통해 사용자에게 이러한 관계를 알려준다.

[그림 4-1] 구글 디자인 사이트(https://design.google/)

물질적 디자인 가이드라인을 중심으로 구글이 제공하는 모든 서비스가 어떠한 환경에서도 일관성 있는 디자인의 모습으로 나타나고 있다. 브랜딩의 핵심인 '사용자에게 통일된 경험을 제공하는 것'이 '물질적 디자인'을 통해 실현되고 있는 것이다. 물질적 디자인은 멋진 UI 그 이상이다. 구글은 다양한 기기와 서비스를 하나로 묶으며, 고객에게 일관된 느낌의 경험을 제공하면서 다양한 서비스를 이용하더라도 '통합적인 경험'을 갖도록 하고 있다.

W3.CSS는 빌트-인(built-in) 반응성을 갖는 최신 CSS 프레임워크이다. 그것이 갖는 특징은 다음과 같다.

- 다른 CSS 프레임워크 보다 작고 빠르다.
- 다른 CSS 프레임워크 보다 배우고 사용하기 쉽다.
- jQuery 또는 JavaScript를 사용하지 않고 표준 CSS만을 사용한다.
- 다른 CSS 프레임워크 보다 더 나은 크로스 브라우저 호환성을 제공한다.
- 웹 개발 능력을 촉진하고 간략화 한다.
- 최근 반응형 설계를 기본적으로 지원한다.
- 모든 브라우저들에게 CSS 동일성을 제공한다.
- 모든 장치들에게 CSS 동일성을 제공한다.

4.2 카드

W3.CSS는 종이와 같은 카드를 디스플레이하기 위하여 다음과 같은 클래스들을 제공한다.

[표 4-1] 카드 클래스의 종류

클래스	정 의
w3-card	w3-card-2와 동일
w3-card-2	HTML 내용을 위한 컨테이너 (2px 경계선 그림자)
w3-card-4	HTML 내용을 위한 컨테이너 (4px 경계선 그림자)

그림 4-2와 그림 4-3은 컬러 카드를 보여주는 예제와 실행결과이다.

4-1.html

```
<!DOCTYPE html>
<html>
<title>W3.CSS</title>
<meta name="viewport" content="width=device-width, initial-scale=1">
<link rel="stylesheet" href="https://www.w3schools.com/w3css/4/w3.css">
<body>
<div class="w3-container">
  <h2>카드 예제</h2>
  <div class="w3-card-4 w3-dark-grey" style="width:50%">
    <div class="w3-container w3-center">
      <h3>친구 요청</h3>
      <img src="bae_img.jpg" alt="Bae" style="width:80%">
      <h5>배인한</h5>
      <div class="w3-section">
        <button class="w3-button w3-green">수락</button>
        <button class="w3-button w3-red">취소</button>
      </div>
    </div>
  </div>
</div>
```

[그림 4-2] W3.CSS의 카드 클래스의 예제

[그림 4-3] 4-1.html의 실행 결과

4.3 필터

jQuery Mobile 필터는 하나 이상의 자식 요소들을 갖는 요소들을 필터 할 수 있다. 검색 필터 생성 과정은 다음과 같다.

- 필터 되어 질 요소에 data-filter="true" 속성이 설정되어야 한다.
- 기본 입력 필터를 생성하기 위하여 특정 id와 data-type="search" 속성을 추가한 <input> 요소를 생성한다. 폼을 <input>으로 감싸고, 그리고 form> 요소에 "ui-filterable"클래스를 추가한다. 이것은 검색 필드와 필터 할 수 있는 요소 간의 여백을 조정할 것이다.
- 필터 할 수 있는 요소에 data-input 속성을 추가한다. 그것의 값은 <input> 요소의 id와 일치해야 한다.

그림 4-4와 그림 4-5는 jQuery Mobile 필터의 예제와 실행 결과를 보여준다.

4-2.html

```
<!DOCTYPE html>
<html>
<head>
<meta name="viewport" content="width=device-width, initial-scale=1">
<link rel="stylesheet" href="https://code.jquery.com/mobile/1.4.5/jquery.mobile-1.4.5.min.css">
<script src="https://code.jquery.com/jquery-1.11.3.min.js"></script>
<scriptsrc="https://code.jquery.com/mobile/1.4.5/jquery.mobile-1.4.5.min.js" ></script>
</head>
<body>
<div data-role="page" id="pageone">
  <div data-role="main" class="ui-content">
    <h2>내 전화번호부</h2>
    <form class="ui-filterable">
      <input id="myFilter" data-type="search">
    </form>
    <ul data-role="listview" data-filter="true" data-input="#myFilter" data-autodividers="true" data-inset="true">
```

```
      <li><a href="#">Adele</a></li>
      <li><a href="#">Agnes</a></li>
      <li><a href="#">Albert</a></li>
      <li><a href="#">Billy</a></li>
      <li><a href="#">Bob</a></li>
      <li><a href="#">Calvin</a></li>
      <li><a href="#">Cameron</a></li>
      <li><a href="#">Chloe</a></li>
      <li><a href="#">Christina</a></li>
      <li><a href="#">Diana</a></li>
      <li><a href="#">Gabriel</a></li>
      <li><a href="#">Glen</a></li>
      <li><a href="#">Ralph</a></li>
      <li><a href="#">Valarie</a></li>
    </ul>
  </div>
</div>
</body>
</html>
```

[그림 4-4] jQuery Mobile 필터의 응용 예제

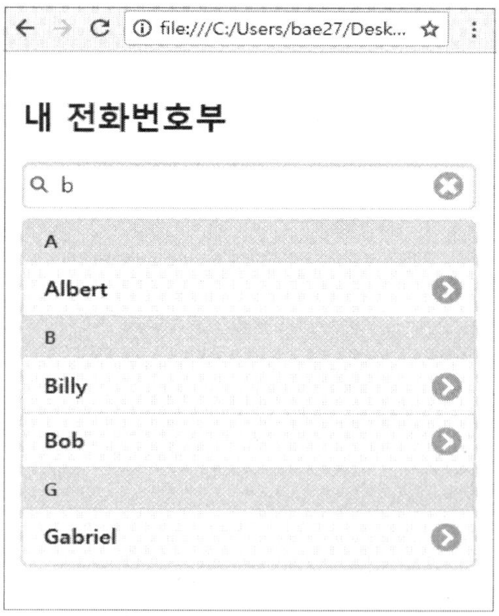

[그림 4-5] 4-2.html의 실행 결과

약간의 JavaScript 코딩으로 W3.CSS의 모든 구성요소들은 필터 될 수 있다. 그림 4-6과 그림 4-7은 드롭다운 버튼을 클릭하고 입력 필드에 특정 링크를 검색하는 예제와 실행 결과를 보여준다.

4-3.html

```
<!DOCTYPE html>
<html>
<title>W3.CSS</title>
<meta name="viewport" content="width=device-width, initial-scale=1">
<link rel="stylesheet" href="https://www.w3schools.com/w3css/4/w3.css">
<body>
<div class="w3-container">
  <h2>필터 드롭다운 클릭</h2>
  <div class="w3-dropdown-click">
    <button class="w3-button w3-black" onclick="dropFunction()">드롭다운</button>
    <div class="w3-dropdown-content w3-bar-block w3-card-2 w3-light-grey" id="myDIV">
      <input class="w3-input w3-padding" type="text" placeholder="Search.." id="myInput" onkeyup="filterFunction()">
      <a class="w3-bar-item w3-button" href="#about">About</a>
      <a class="w3-bar-item w3-button" href="#base">Base</a>
      <a class="w3-bar-item w3-button" href="#blog">Blog</a>
      <a class="w3-bar-item w3-button" href="#contact">Contact</a>
      <a class="w3-bar-item w3-button" href="#custom">Custom</a>
      <a class="w3-bar-item w3-button" href="#support">Support</a>
      <a class="w3-bar-item w3-button" href="#tools">Tools</a>
    </div>
  </div>
</div>
<script>
// Dropdown
function dropFunction() {
    var x = document.getElementById("myDIV");
    if (x.className.indexOf("w3-show") == -1) {
        x.className += " w3-show";
    } else {
        x.className = x.className.replace(" w3-show", "");
    }
}
// Filter
```

```
34 function filterFunction() {
35       var input, filter, ul, li, a, i;
36       input = document.getElementById("myInput");
37       filter = input.value.toUpperCase();
38       div = document.getElementById("myDIV");
39       a = div.getElementsByTagName("a");
40       for (i = 0; i < a.length; i++) {
41           if (a[i].innerHTML.toUpperCase().indexOf(filter) > -1) {
42               a[i].style.display = "block";
43           } else {
44               a[i].style.display = "none";
45           }
46       }
47 }
48 </script>
49 </body>
50 </html>
```

[그림 4-6] W3.CSS 필터 드롭다운의 예제

27-번째 줄의 w3-show는 요소를 블록으로 디스플레이하는 W3.CSS가 제공하는 디스플레이 클래스이다. 28-번째 줄은 myDiv 요소의 클래스 이름 속성에 w3-show가 나타나지 않으면 수행된다. 그리고 42-번째 줄은 요소를 블록 요소로 디스플레이 한다.

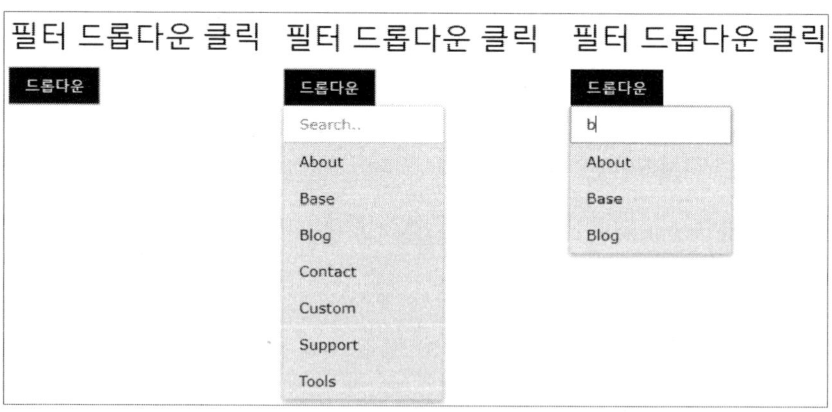

[그림 4-7] 4-3.html의 실행 결과

4.4 슬라이드쇼

W3.CSS로 수동으로 작동되는 슬라이드쇼를 디스플레이하는 것은 아주 쉽다. 동일한 클래스 이름을 갖는 다수의 요소들을 생성한다. 이미지를 선택하기 위하여 JavaScript를 추가한다.

먼저, slideIndex를 1 (첫 번째 그림)로 설정한다. 그리고 첫 번째 이미지를 디스플레이하기 위하여 showDivs()를 호출한다. 사용자가 버튼들 중의 하나를 클릭하면 plusDivs()가 호출된다. plusDivs() 함수는 slideIndex에 1을 빼거나 1을 더한다. showDiv() 함수는 클래스 이름 “mySlides”를 갖는 모든 요소들을 감추고 (display="none"), 그리고 주어진 slideIndex를 갖는 요소들을 디스플레이 (display="block") 한다.

만일 slideIndex가 요소의 개수 (x.length) 보다 크다면, slideIndex는 0으로 설정된다. 그 slideIndex가 1 보다 작으면, 그것은 요소의 개수 (x.lengt)로 설정된다.

4-4.html

```
<!DOCTYPE html>
<html>
<title>W3.CSS</title>
<meta name="viewport" content="width=device-width, initial-scale=1">
<link rel="stylesheet" href="https://www.w3schools.com/w3css/4/w3.css">
<body>
<h2 class="w3-center">슬라이드쇼</h2>
<div class="w3-content w3-display-container">
  <img class="mySlides" src="bae_img.jpg" style="width:100%">
  <img class="mySlides" src="bae_img1.jpg" style="width:100%">
  <img class="mySlides" src="bae_img2.jpg" style="width:100%">
  <img class="mySlides" src="bae_img3.jpg" style="width:100%">
  <img class="mySlides" src="bae_img4.jpg" style="width:100%">
  <button        class="w3-button        w3-black        w3-display-left"
```

```
onclick="plusDivs(-1)">&#10094;</button>
  <button          class="w3-button          w3-black          w3-display-right"
onclick="plusDivs(1)">&#10095;</button>
</div>
<script>
var slideIndex = 1;
showDivs(slideIndex);
function plusDivs(n) {
  showDivs(slideIndex += n);
}
function showDivs(n) {
  var i;
  var x = document.getElementsByClassName("mySlides");
  if (n > x.length) {slideIndex = 1}
  if (n < 1) {slideIndex = x.length}
  for (i = 0; i < x.length; i++) {
     x[i].style.display = "none";
  }
  x[slideIndex-1].style.display = "block";
}
</script>
</body>
</html>
```

[그림 4-8] W3.CSS 슬라이드쇼 예제

[그림 4-9] 4-4.html의 실행 결과

4.5 빌트-인 반응형

W3.CSS는 레이아웃을 처리하기 위하여 반응형 모바일-우선 그리드 시스템을 포함한다. W3.CSS의 그리드 시스템은 반응형이고, 열들(columns)은 스크린 크기에 따라 자동적으로 재배열될 것이다.

[표 4-2] W3.CSS 반응형 클래스들

클래스	설 명
w3-half	중간 사이즈와 큰 스크린에서 윈도우의 1/2을 차지한다.
w3-third	중간 사이즈와 큰 스크린에서 윈도우의 1/3을 차지한다.
w3-twothird	중간 사이즈와 큰 스크린에서 윈도우의 2/3을 차지한다.
w3-quarter	중간 사이즈와 큰 스크린에서 윈도우의 1/4을 차지한다.
w3-threequarter	중간 사이즈와 큰 스크린에서 윈도우의 3/4을 차지한다.
w3-rest	열 너비의 나머지를 차지한다.
w3-col	12-열 반응형 그리드에서 하나의 열을 정의한다.
w3-mobile	하나의 셀 (열)에 모바일-우선 반응성을 추가한다. 요소들은 모바일 장치에서 블록 요소들로 디스플레이 된다.

위의 반응형 클래스들은 완전히 반응형이 되기 위하여 w3-row 클래스(w3-row-padding 클래스) 내부에 위치되어야 한다.

[표 4-3] W3.CSS 반응형 클래스들을 위한 컨테이너

클래스	설 명
w3-row	내부여백 없는 반응형 클래스들을 위한 컨테이너
w3-row-padding	8px 좌우 내부여백을 갖는 반응형 클래스들을 위한 컨테이너
w3-content	고정 크기 가운데 (중심적인) 콘텐츠를 위한 컨테이너
w3-hide-small	601px 보다 작은 스크린에서 콘텐츠를 감춘다.
w3-hide-medium	중간 크기 스크린에서 콘텐츠를 감춘다.
w3-hide-large	992px 보다 큰 스크린에서 콘텐츠를 감춘다.
l1 - l12	대형 스크린들에 대한 반응형 크기들
m1 - m12	중형 스크린들에 대한 반응형 크기들
s1 - s12	소형 스크린들에 대한 반응형 크기들

그림 4-10과 그림 4-11은 w3-half 내부에 w3-half가 있는 그리드 시스템의 예제와 실행 결과를 보야준다.

4-5.html

```
<!DOCTYPE html>
<html>
<title>W3.CSS</title>
<meta name="viewport" content="width=device-width, initial-scale=1">
<link rel="stylesheet" href="https://www.w3schools.com/w3css/4/w3.css">
<body>
<div class="w3-container">
<h2>모바일-우선 반응성</h2>
<h3>중첩된 열들 (w3-half 내부의 w3-half)</h3>
<p class="w3-large">윈도우 크기를 조정하세요!</p>
</div>
<div class="w3-row">
  <div class="w3-half w3-container w3-green">
    <h2>w3-half</h2>
    <div class="w3-row">
      <div class="w3-half w3-container w3-red">
        <h2>w3-half</h2>
        <p>이것은 단락입니다.</p>
      </div>
      <div class="w3-half w3-container w3-yellow">
        <h2>w3-half</h2>
        <p>이것은 단락입니다.</p>
      </div>
    </div>
  </div>
  <div class="w3-half w3-container w3-blue">
    <h2>w3-half</h2>
    <div class="w3-row">
```

```
      <div class="w3-half w3-container w3-red">
        <h2>w3-half</h2>
        <p>이것은 단락입니다.</p>
      </div>
      <div class="w3-half w3-container w3-yellow">
        <h2>w3-half</h2>
        <p>이것은 단락입니다.</p>
      </div>
    </div>
  </div>
</div>
</body>
</html>
```

[그림 4-10] w3-half 내부에 w3-half가 있는 그리드 예제

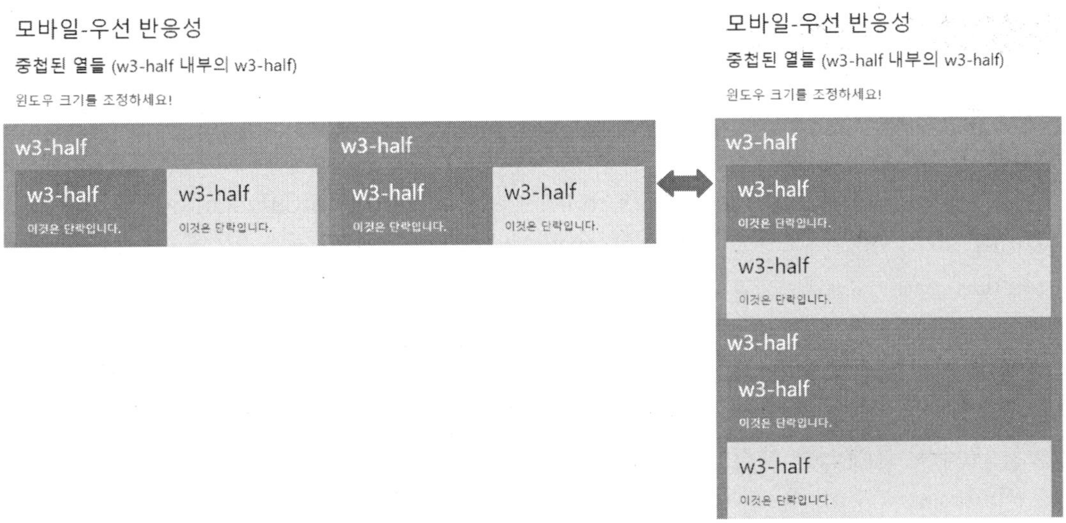

[그림 4-11] 4-5.html의 실행 결과

4.6 모달

모달은 현재 페이지의 상단에 디스플레이 되는 다이얼로그 박스/팝업 윈도우

이다. W3.CSS는 모달 윈도우를 위하여 아래와 같은 클래스들을 제공한다.

[표 4-4] W3.CSS 모달 클래스들

클래스	정 의
w3-modal	모달 컨테이너
w3-modal-content	모달 콘텐츠

어떤 모달을 생성하기 위하여 w3-model 클래스는 어떤 모달을 위한 컨테이너를 정의한다. w3-model-content는 어떤 모달을 위한 컨테이너를 정의한다. 모달 콘텐츠는 어떤 HTML 요소 (divs, headings, paragraphs, images 등)가 될 수 있다. 그림 4-12와 그림 4-13은 모달을 카드로 디스플레이하는 예제와 실행 결과를 보여준다.

4-6.html

```
<!DOCTYPE html>
<html>
<title>W3.CSS</title>
<meta name="viewport" content="width=device-width, initial-scale=1">
<link rel="stylesheet" href="https://www.w3schools.com/w3css/4/w3.css">
<body>
<div class="w3-container">
  <h2>W3.CSS Modal</h2>
  <p>모달을 카드로 디스플레이 하기 위하여 w3-modal-content 컨테이너에
w3-card-* 클래스를 추가한다.</p>
  <button onclick="document.getElementById('id01').style.display='block'"
class="w3-button w3-blue">Open Modal</button>
  <div id="id01" class="w3-modal">
    <div class="w3-modal-content w3-card-4">
      <header class="w3-container w3-teal">
        <span onclick="document.getElementById('id01').style.display='none'"
```

```
        class="w3-button w3-display-topright">&times;</span>
        <h2>모달 머리말</h2>
      </header>
      <div class="w3-container">
        <p>텍스트..</p>
        <p>텍스트..</p>
      </div>
      <footer class="w3-container w3-teal">
        <p>모달 꼬리말</p>
      </footer>
    </div>
  </div>
</div>
</body>
</html>
```

[그림 4-12] 모달을 카드로 디스플레이하는 예제

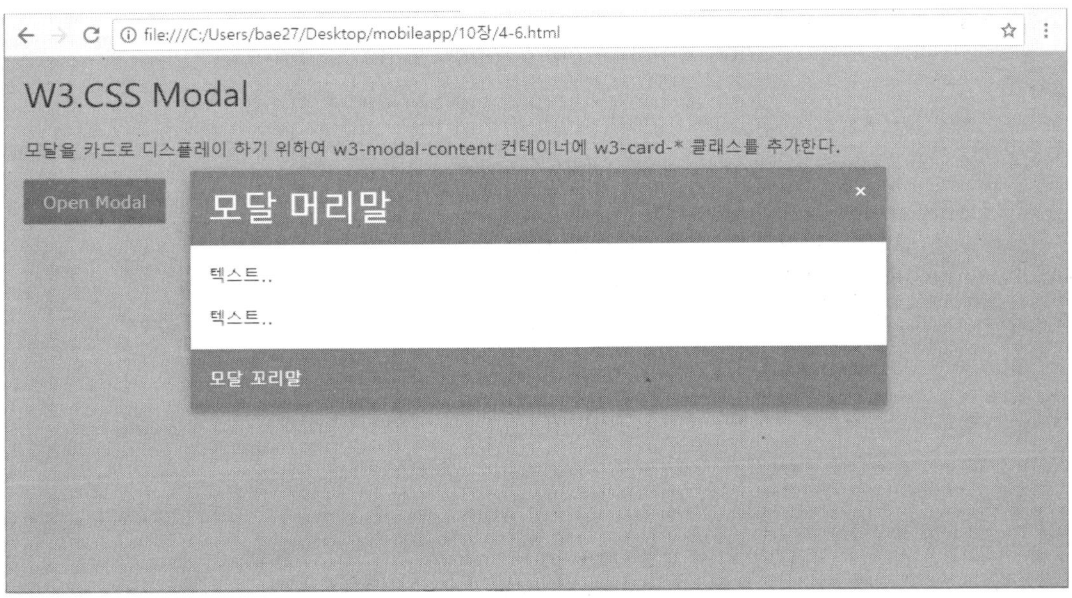

[그림 4-13] 4-6.html의 실행 결과

4.7 데모

그림 4-14와 그림 4-15는 W3.CSS의 반응형 클래스인 w3-third와 카드를 디스플레이하는 클래스인 w3-card를 사용하여 대구가톨릭대학교 이미지들과 설명들을 카드로 보여주는 W3.CSS 데모이다.

4-7.html

```
<!DOCTYPE html>
<html>
<title>W3.CSS</title>
<meta name="viewport" content="width=device-width, initial-scale=1">
<link rel="stylesheet" href="https://www.w3schools.com/w3css/4/w3.css">
<body>
<div class="w3-container w3-teal">
<h1>사진으로 보는 대가대</h1>
</div>
<div class="w3-row-padding w3-margin-top">
<div class="w3-third">
<div class="w3-card-2">
<img src="000485_1800.jpg" style="width:100%">
<div class="w3-container">
<h4>대가대 기숙사 분수1</h4>
</div>
</div>
</div>
<div class="w3-third">
<div class="w3-card-2">
<img src="000506_1800.jpg" style="width:100%">
<div class="w3-container">
<h4>대가대 기숙사 분수2</h4>
</div>
</div>
</div>
<div class="w3-third">
<div class="w3-card-2">
<img src="000518_1800.jpg" style="width:100%">
<div class="w3-container">
<h4>대가대 기숙사 서비스센터 조형물</h4>
</div>
</div>
```

```
</div>
</div>
<div class="w3-row-padding w3-margin-top">
<div class="w3-third">
<div class="w3-card-2">
<img src="000945_1800.jpg" style="width:100%">
<div class="w3-container">
<h4>대가대 중앙도서관과 종합강의동</h4>
</div>
</div>
</div>
<div class="w3-third">
<div class="w3-card-2">
<img src="001095_1800.jpg" style="width:100%">
<div class="w3-container">
<h4>대가대 참인재관</h4>
</div>
</div>
</div>
<div class="w3-third">
<div class="w3-card-2">
<img src="001258_1800.jpg" style="width:100%">
<div class="w3-container">
<h4>대가대 랜드마크</h4>
</div>
</div>
</div>
<div class="w3-third">
<div class="w3-card-2">
<img src="001261_1800.jpg" style="width:100%">
<div class="w3-container">
<h4>대가대 개교 100주년 기념광장</h4>
</div>
</div>
</div>
<div class="w3-third">
<div class="w3-card-2">
<img src="001265_1800.jpg" style="width:100%">
<div class="w3-container">
<h4>대가대 취창업관</h4>
</div>
</div>
</div>
<div class="w3-third">
```

```
<div class="w3-card-2">
<img src="001048_1800.jpg" style="width:100%">
<div class="w3-container">
<h4>대가대 팔각정</h4>
</div>
</div>
</div>
</div>
</body>
</html>
```

[그림 4-14] w3-third와 w3-card 클래스를 사용한 W3.CSS 데모

[그림 4-15] 4-7.html의 실행 결과

4.8 요약

W3.CSS는 W3C(World Wide Web Consortium)의 w3schools.com에 의해 개발된 CSS (Cascading Style Sheet)이다. W3.CSS는 빠르고, 멋지고, 그리고 반응하는 웹 페이지들을 생성하는데 도움을 주는 카드, 패널, 디스플레이, 버튼, 배지, 반응성, 레이아웃, 애니메이션, 효과, 그리드, 그리고 모달 등의 클래스들을 제공한다.

▣ 연습문제 ▣

1. 다음은 열의 특정 폭을 결정하기 위하여 CSS 폭 속성을 사용한 W3.CSS의 예제이다. 실행 결과를 보이시오.

```
<!DOCTYPE html>
<html>
<title>W3.CSS</title>
<meta name="viewport" content="width=device-width, initial-scale=1">
<link rel="stylesheet" href="https://www.w3schools.com/w3css/4/w3.css">
<body>
<div class="w3-container">
<h2>Using Percent</h2>
<p>Use the CSS width property to determine a specific width of the columns.</p>
</div>
<div class="w3-row">
  <div class="w3-col w3-green w3-container" style="width:20%"><p>20%</p></div>
  <div class="w3-col w3-blue w3-container" style="width:60%"><p>60%</p></div>
  <div class="w3-col w3-red w3-container" style="width:20%"><p>20%</p></div>
</div>
<br>
<div class="w3-row">
  <div class="w3-col w3-green w3-container" style="width:45%"><p>45%</p></div>
  <div class="w3-col w3-dark-grey w3-container" style="width:55%">
  <p>55%</p></div>
</div>
<br>
<div class="w3-row">
  <div class="w3-col w3-green w3-container" style="width:15%"><p>15%</p></div>
  <div class="w3-col w3-dark-grey w3-container" style="width:35%">
  <p>35%</p></div>
  <div class="w3-col w3-red w3-container" style="width:10%"><p>10%</p></div>
  <div class="w3-col w3-blue w3-container" style="width:30%"><p>30%</p></div>
  <div class="w3-col w3-purple w3-container" style="width:10%"><p>10%</p></div>
</div>
</body>
</html>
```

2. 그림을 클릭했을 때 아래와 같이 모달로 전체 이미지를 디스플레이 하는 HTML 문서를 W3.CSS와 JavaScript를 사용하여 작성하시오.

제 5 장 자바스크립트

자바스크립트는 HTML과 웹을 위한 프로그래밍 언어이다. 자바스크립트는 모든 웹 개발자들이 배워야하는 3가지 언어 중의 하나이다.

- 웹 페이지의 콘텐츠를 정의하기 위한 HTML
- 웹 페이지의 레이아웃을 명시하는 CSS
- 웹 페이지의 행위를 프로그램 하는 JavaScript

이 장에서는 자바스크립트의 기본 개념과 문법, 구조, 프로그래밍에 대하여 설명한다.

5.1 자바스크립트 콘솔

자바스크립트 콘솔은 브라우저에게 명령을 내리고, 브라우저의 상태를 통보받을 수 있는 창구이다. Chrome 자바스크립트 콘솔로 자바스크립트를 바로 작성할 수 있다. Chrome 자바스크립트 콘솔을 사용하기 위하여 5-1.html 웹 페이지를 열고, F12나 Ctrl+Shift+I를 사용하여 개발 툴을 연다.

개발 툴이 열리면, 콘솔 탭을 클릭한다. 이것은 자바스크립트 작성을 위한 커맨드 프롬프트를 제공하고, 현재 웹 페이지를 직접 조작하는 것을 허용한다. 이것을 보기 위하여 커맨트 프롬프트에 수식 1+1을 입력하면, 그 결과는 그림 5-1과 같이 즉시 디스플레이 된다.

엔터키를 누르면 콘솔에서 그 입력 문을 항상 실행한다. 만일 한 줄 이상의 코드를 작성해야 한다면, 시프트키를 누른 채 엔터키를 누른다.

개발 도구를 사용하면 웹 개발자가 브라우저를 종료하지 않고 자바스크립트 코드를 빠르게 디버그할 수 있다. 콘솔 개체를 사용하여 상태 및 프로그램 오류 메시지를 콘솔로 보낼 수 있다. 자바스크립트 코드 실행 동안의 변수 값들을 검사하기 위하여 자바스크립트 코드의 라인 번호에 마우스 오른쪽을 눌러 브레이크 포인트를 설정할 수 있다.

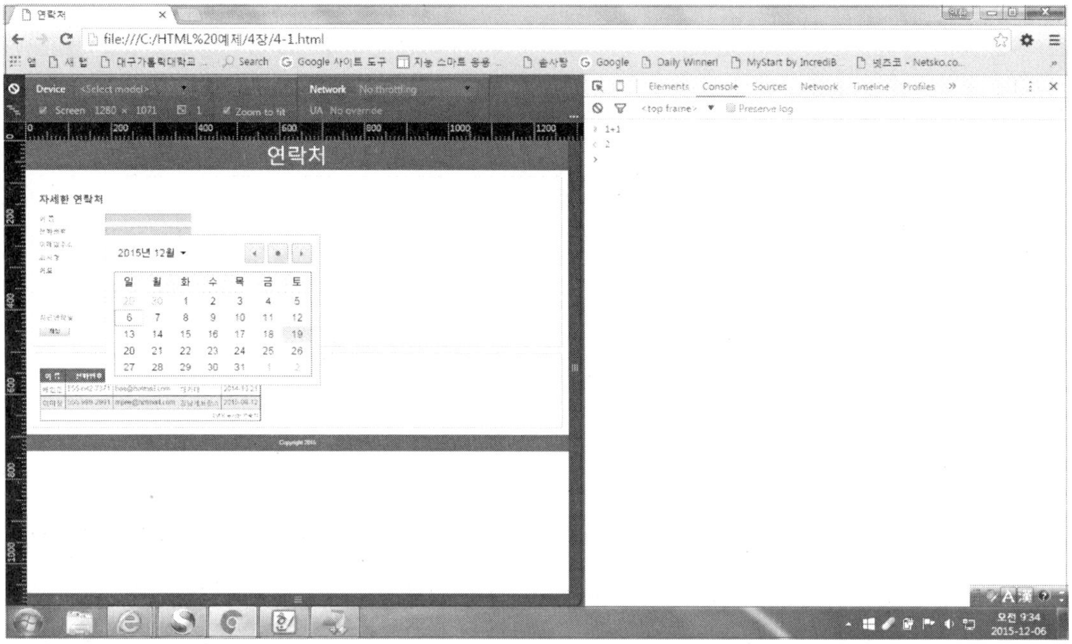

[그림 5-1] Chrome 개발 툴의 자바스크립트 콘솔

5.2 자료형

프로그래밍에서 자료형은 중요한 개념이다. 변수들을 조작하기 위하여 그 자료형에 대하여 뭔가 아는 것은 중요하다. 자바스크립트 변수들은 많은 자료형: 숫자, 스트링, 배열, 객체 등을 가질 수 있다.

(1) 스트링

자바스크립트 **스트링**은 텍스트를 저장하고 조작하기 위하여 사용되어진다. 자바스크립트 스트링은 "Catholic university of Daegu"와 같은 문자열을 간단히 저장한다. 스트링은 인용부호(작은따옴표 또는 큰따옴표) 내부의 어떤 텍스트일 수 있다. 예를 들어 콘솔에서 그림 5-2와 같이 입력한다. 자바스크립트 내부적으로 스트링 자체를 평가하기 때문에 이것을 스트링이라 한다.

[그림 5-2] 자바스크립트 스트링 자료형의 예

스트링에 연산을 역시 수행할 수 있다. 기술적으로 그러한 것들을 메서드라 한다. 사용가능한 메서드들을 보기 위해 콘솔에 간단하게 s1.을 입력하면, 자동완성 기능은 그림 5-3과 같이 사용가능한 메서드들을 보여줄 것이다.

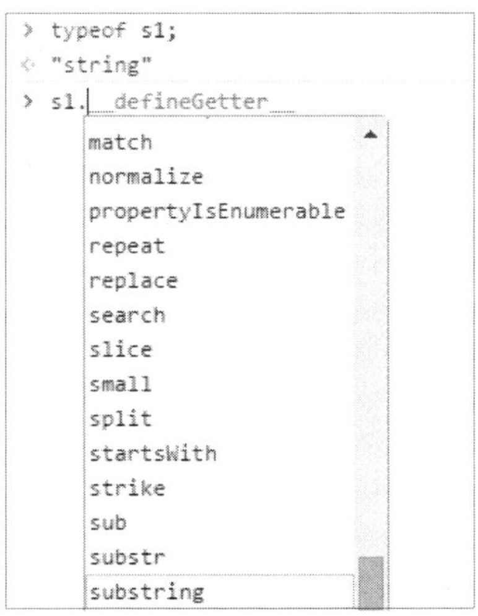

[그림 5-3] 스트링 관련 메서드

표 5-1은 스트링에 자주 사용되는 메서드들이다.

[표 5-1] 자바스크립트 스트링 관련 메서드들

메서드	기 능
toUpperCase	텍스트를 대문자로 바꾼다.
toLowerCase	텍스트를 소문자로 바꾼다.
substr	시작과 선택적으로 종료 인덱스를 사용하여 스트링의 일부를 추출한다. 예를 들어, 그림 5-2에서 s1.substr(0, 8)은 “Catholic”을 반환한다.
indexOf	스트링 내부에 특정 텍스트가 첫 번째 발생한 인덱스를 반환한다. 예를 들어, s1.indexOf("o")는 4를 반환한다.
length	스트링의 길이를 반환한다. 예를 들어, s1.length는 28이다.
replace	스트링에서 특정 값 또는 정규 수식을 찾고, 그것을 새로운 스트링으로 교체한다. 예를 들어, s1.replace("g", "G")는 “Catholic University of DaeGu"를 반환한다.

스트링들을 연결하기 위하여 + 연산자와 += 연산자를 사용할 수 있다. 그리고 스트링 내부에 특수문자를 사용해야 한다면, 그것에 접두사 역 슬래시를 앞에 붙인다. 그림 5-4는 자바스크립트 문자열 관련 메서드들의 사용 예를 보여준다.

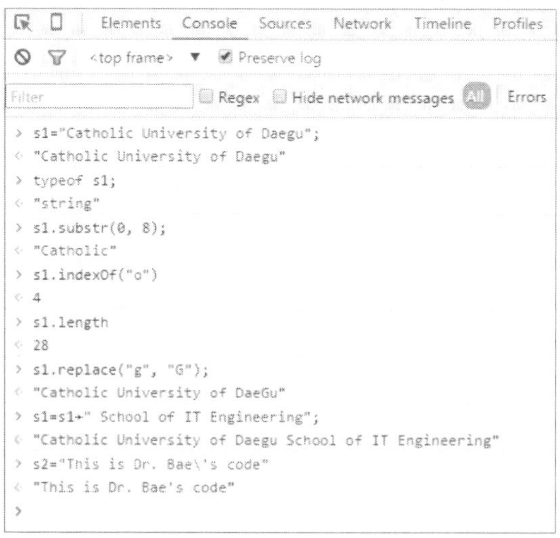

[그림 5-4] 스트링 관련 메서드들을 사용한 예제

(2) 숫자

자바스크립트는 십진수를 포함하는 모든 **숫자**를 위해 하나의 숫자 자료형을 사용한다. 자바스크립트 숫자들은 국제 **IEEE 754 표준**에 따르는 배정도 부동소수점 수로 저장되어진다. 이 형식은 숫자를 64 비트에 저장한다. 여기서 분수는 비트 0~51에, 지수는 비트 52~62에, 그리고 비트 63에 부호가 각각 저장된다.

그림 5-5와 같이 변수들에 숫자 값을 배정할 수 있고, **typeof 연산자**를 사용하여 그것들이 숫자인지를 확인할 수 있다. 자바스크립트는 숫자 조작을 위한 일반적인 수학 연산자들을 지원한다. 고급 연산을 위해, 자바스크립트는 Java의 동일한 라이브러리를 본떠서 만든 Math라 부르는 라이브러리를 역시 제공한다.

```
> n1=200;
<· 200
> n2=2.432432432;
<· 2.432432432
> typeof n2
<· "number"
> n1/2
<· 100
> n1*(200+n2);
<· 40486.486486400005
> Math.pow(3, 2)
<· 9
> Math.round(n2)
<· 2
> |
```

[그림 5-5] 숫자 자료형과 연산자를 사용한 예제

자바스크립트는 숫자에 0x가 선행한다면 숫자 상수를 16진수로 해석한다. 자바스크립트는 자동적으로 숫자들을 10진법으로 나타낸다. 숫자들을 16진법, 8진법, 또는 2진법으로 출력하기 위하여 **toString() 메서드**를 사용할 수 있다.

```
> x1=128;
<· 128
> x1.toString(16);
<· "80"
> x1.toString(8);
<· "200"
> x1.toString(2)
<· "10000000"
> x2=0x80
<· 128
>
```

[그림 5-6] 16진수 표현과 진법 변환의 예제

(3) 부울

프로그래밍에서, YES/NO, ON/OFF, TRUE/FALSE와 같이 2개의 값 중에서 하나만 가질 수 있는 자료형이 필요할 것이다. 이것을 위해, 자바스크립트는 **부울 자료형**을 가지고 있다. 그것은 참 또는 거짓 값만 취할 수 있다.

```
> b1 = true;
<· true
> b2 = false;
<· false
> (10 > 5)
<· true
> 10 < 9
<· false
> b3 = Boolean(10, 9);
<· true
>
```

[그림 5-7] 부울 자료형의 사용 예

(4) 배열

자바스크립트 **배열**은 하나의 변수에 다수의 값들을 저장하는데 사용되어진다. 배열은 객체이기 때문에, 배열은 메서드들을 역시 지원한다. 예를 들어, **push() 메서드**를 사용하여 배열의 끝에 새로운 요소를 추가할 수 있고, **sort() 메서드**를 사용하여 그 배열을 정렬할 수도 있다. 기본적으로 sort() 메서드는 알파벳 오름차순으로 그 스트링 값들을 정렬한다. 그 sort() 메서드는 숫자들을 정렬할 때 틀린 결과를 초래할 수 있을 것이다. function(a, b){return a-b} 함수는 반환되는 값(음수, 제로, 양수)에 따라 그 값들을 정렬한다.

```
> a1 = []
<· []
> a1 = [1, 2, 3, 4];
<· [1, 2, 3, 4]
> a1[2] = 20;
<· 20
> a1[1] = "Hello";
<· "Hello"
> a1.push(200);
<· 5
> a1.sort();
<· [1, 20, 200, 4, "Hello"]
> a1[0]
<· 1
> a1.sort(function(a, b){return a-b});
<· [1, 4, 20, 200, "Hello"]
> |
```

[그림 5-8] 배열 자료형의 사용 예

(5) 객체

객체는 많은 값들을 포함할 수 있는 변수이다. 객체 리터럴로 자바스크립트 객체를 생성한다. 객체 코드는 명명되어진 변수에 많은 값들을 배정한다. 그 값들은 이름:값 쌍으로 작성되어진다. 자바스크립트 객체에서 이름:값 쌍을 속성이라 한다. 메서드는 객체에서 수행될 수 있는 행위들이다. 메서드는 함수 정의로 속성에 저장되어진다.

(6) 함수

자바스크립트 **함수**는 특별한 작업을 수행하기 위하여 설계된 코드의 블록이다. 그 함수가 호출될 때 그 함수 내부의 코드가 실행될 것이다. 함수는 다른 결과를 산출하기 위하여 다른 인수들로 여러 번 같은 코드를 사용할 수 있다.

```
> person = { firstName: "IhnHan", lastName: "Bae", id: 5566, fullName: function() {
  return this.firstName + " " + this.lastName; } };
< ▶Object {firstName: "IhnHan", lastName: "Bae", id: 5566}
> person.lastName;
< "Bae"
> person.fullName();
< "IhnHan Bae"
> |
```

[그림 5-9] 객체 자료형의 사용 예

```
> function toCelsius(fahrenheit) { return (5/9) * (fahrenheit-32); }
< undefined
> text="화씨 77도는 섭씨 "+toCelsius(77)+"이다";
< "화씨 77도는 섭씨 25이다"
> text
< "화씨 77도는 섭씨 25이다"
> |
```

[그림 5-10] 함수의 사용 예

5.3 제어구조

자바스크립트는 반복과 분기를 위한 제어구조들의 표준 집합을 포함한다. 그것들은 Java, C#, 그리고 Python과 동일한 구문을 사용하기 때문에 고급 프로그래밍 언어와 유사할 것이다.

(1) 조건문

조건문은 다른 조건들에 기초하여 다른 실행들을 수행하기 위하여 사용되어진다. 조건이 참이면 실행되어질 코드 블록을 명시하기 위하여 **if 문**을 사용한다. 그리고 코드의 많은 블록들 중에서 실행되어질 하나를 선택하기 위하여 **switch**

문을 사용한다.

```
> var time = new Date().getHours();
< undefined
> if (time < 10) { greeting = "Good morning"; }
  else if (time < 20) { greeting = "Good day"; }
  else { greeting = "Good evening"; }
< "Good evening"
> time
< 22
> greeting
< "Good evening"
>
```

[그림 5-11] if 문을 사용한 예제

```
> switch (new Date().getDay()) {
        case 0:
            day = "Sunday";
            break;
        case 1:
            day = "Monday";
            break;
        case 2:
            day = "Tuesday";
            break;
        case 3:
            day = "Wednesday";
            break;
        case 4:
            day = "Thursday";
            break;
        case 5:
            day = "Friday";
            break;
        case 6:
            day = "Saturday";
            break;
  }
< "Tuesday"
> day
< "Tuesday"
>
```

[그림 5-12] switch 문을 사용한 예제

(2) 반복문

for 루프나 **while 루프**로 반복 수행하는 것이 가능하다. 그림 5-13은 배열의 내용들을 함께 더하기 위하여 for 루프를 사용하는 예제이다.

```
> a1 = [3, 6, 4, 1, 4, 9]
<· [3, 6, 4, 1, 4, 9]
> var result = 0;
<· undefined
> for (var i = 0; i < a1.length; i++) { result = result +a1[i]; }
<· 27
> result
<· 27
>
```

[그림 5-13] for 루프를 사용한 예제

while 루프는 명시된 조건이 참인 동안에 코드 블록을 반복한다. 그림 5-14는 while 루프를 사용하여 그림 5-13과 동일한 문제를 해결한 예제이다.

```
> var result = 0;
  var counter = 0;
  while (counter < a1.length) {
    result = result + a1[counter];
    counter++;
  }
  result;
<· 27
> |
```

[그림 5-14] while 루프를 사용한 예제

5.4 자바스크립트 DOM

DOM(Document Object Model)은 웹 페이지의 메모리 내부 브라우저 표현이다. 브라우저가 어떤 웹 페이지를 적재할 때, 그것은 모든 HTML 태그들과 그것들의 콘텐츠를 파스하고, 그리고 그 브라우저에서 디스플레이를 위한 어떤 모델을 생성한다. HTML DOM 모델은 객체들의 트리로 구축되어진다.

DOM에 대한 이해를 돕기 위하여 아래 웹 페이지에 대해 구축된 DOM은 그림 5-15와 같다. 이 다이어그램에서 각 사각형 상자를 DOM 트리에서 노드라 부른다.

```
<!DOCTYPE html>
<html lang="ko">
<head>
  <meta character="utf-8">
</head>
<body>
  <h1>이것은 헤더이다<h1>
</body>
</html>
```

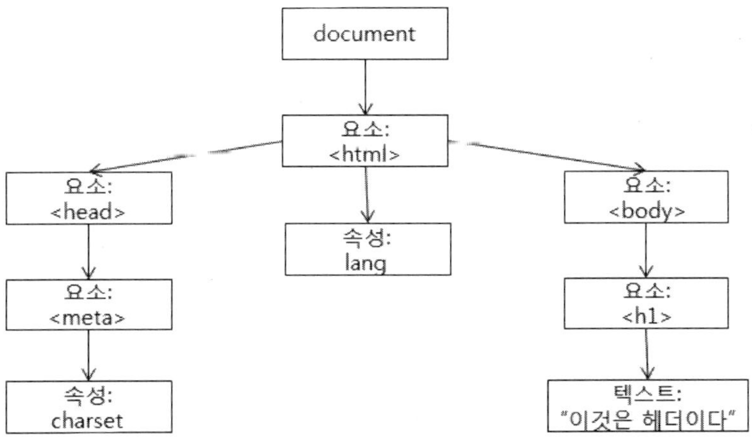

[그림 5-15] 5-2.html에 대한 구축된 DOM

HTML DOM은 표준 객체 모델이고 HTML을 위한 프로그래밍 인터페이스이다. 그것은 아래 사항들을 정의한다.

- 객체로 HTML 요소들
- 모든 HTML 요소의 속성들
- 모든 HTML 요소들을 액세스하기 위한 메서드들
- 모든 HTML 요소들을 위한 이벤트들

객체 모델로, 자바스크립트는 동적 HTML 구축을 위하여 필요한 모든 기능을 가지게 된다.

- 자바스크립트는 그 페이지 내의 모든 HTML 요소를 변경할 수 있다.
- 자바스크립트는 그 페이지 내의 모든 HTML 속성을 변경할 수 있다.
- 자바스크립트는 그 페이지 내의 모든 CSS 스타일을 변경할 수 있다.
- 자바스크립트는 기존의 HTML 요소와 속성을 제거할 수 있다.
- 자바스크립트는 새로운 HTML 요소와 속성을 추가할 수 있다.
- 자바스크립트는 그 페이지 내의 모든 기존의 HTML 이벤트들에 반응할 수 있다.
- 자바스크립트는 그 페이지에 새로운 이벤트를 생성할 수 있다.

DOM API를 설명하기 위하여 그림 5-16의 5-2.html의 웹 페이지를 사용할 것이다.

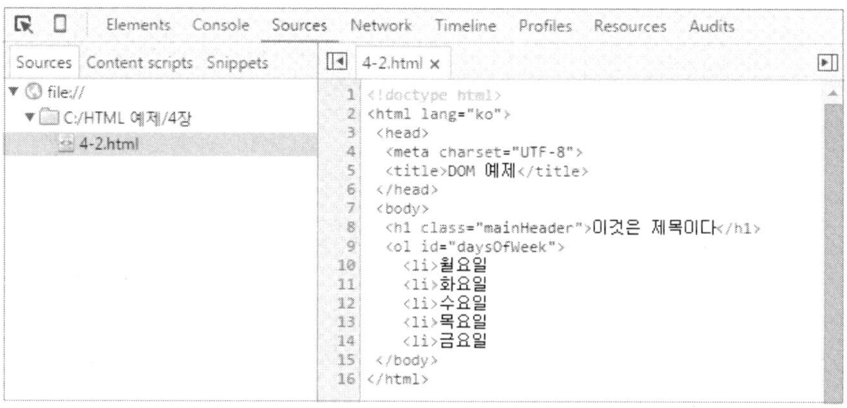

[그림 5-16] DOM API 실습을 위한 웹 페이지

(1) 요소 선택

CSS와 동일한 기본적인 기준을 사용하여 DOM으로부터 요소들을 선택한다. 특히, 그것의 타입, 그것의 클래스, 또는 그것의 ID로 요소를 선택한다.

ID를 어떤 요소를 선택하기 위하여 document 객체에 **getElementById()** 메서드를 사용할 수 있다. 이것은 하나의 객체를 반환한다. DOM으로부터 어떤 객체가 선택되면, nodeType 속성을 사용하여 그것의 타입을 알아낼 수 있다. DOM API는 노드의 다양한 타입을 표현하기 위하여 숫자를 사용한다. 1은 요소 노드를, 2는 속성 노드를, 3은 텍스트 노드를 각각 나타낸다. 그렇지 않으면, 요소의 이름을 알아낼 수 있다.

클래스 이름 또는 태그 이름으로 노드를 선택하는 것이 가능하다. 그러한 메서드 둘 다는 하나의 객체 보다는 객체들의 배열을 반환한다.

```
> document.getElementById('daysOfWeek');
<· ▶<ol id="daysOfWeek">
   …</ol>
> document.getElementById('daysOfWeek').nodeType;
<· 1
> document.getElementById('daysOfWeek').nodeName;
<· "OL"
> document.getElementsByClassName('mainHeader');
<· [  <h1 class="mainHeader">이것은 제목이다</h1>]
> document.getElementsByTagName('li');
<· [  <li>월요일,   <li>화요일,   <li>수요일,   <li>목요일,   <li>금요일]
        </li>         </li>         </li>         </li>
                                                              </li>
> document.getElementsByTagName('ol')[0].nodeName;
<· "OL"
> |
```

[그림 5-17] 요소 선택을 위한 DOM API의 예

(2) DOM 운행

노드가 선택되면, 그러한 노드들로부터 다른 노드들을 찾는 것은 일반적이다. 그림 5-18은 노드들로부터 그것들의 자식들, 그리고 자식 노드들로부터 부모들을 찾는 것이 어떻게 가능한지를 보여준다. DOM API는 하나의 노드로부터 다른 노드로 운행하기 위한 다수의 단축키들을 역시 지원한다.

(3) DOM 조작

선택과 운행 연산들은 노드들의 집합을 선택하기 위하여 사용될 수 있다. 웹

페이지가 브라우저에 적재되어진 뒤에, 그러한 선택된 노드들은 그 웹 페이지의 모양을 동적으로 바꾸기 위하여 조작되어질 수 있다.

```
> o = document.getElementById('daysOfWeek');
<· ▶<ol id="daysOfWeek">
   …</ol>
> o.childNodes;
<· [▶#text,  <li>월요일,  <li>화요일,  <li>수요일,  <li>목요일,  <li>금요일]
               </li>       </li>       </li>       </li>
                                                               </li>
> o.parentNode;
<· ▶<body>
   …</body>
> o.firstElementChild;
<·   <li>월요일
       </li>
> document.body;
<· ▶<body>
   …</body>
>
```

[그림 5-18] 요소 운행을 위한 DOM API의 예

예를 들어, 값 “토요일”을 갖는 새로운 li 요소 추가를 원할 수도 있다. 이것은 두 과정: 첫째, 새로운 li 요소를 나타내는 요소를 구축하고, 그 다음, 그것을 DOM의 적절한 위치에 삽입하는 것이 필요하다.

```
> newLi = document.createElement('li');
<·   <li></li>
> saturday = document.createTextNode("토요일");
<·   "토요일"
> newLi.appendChild(saturday);
<·   "토요일"
> document.getElementById('daysOfWeek').appendChild(newLi);
<·   <li>토요일</li>
> |
```

[5-19] 요소 추가를 위한 DOM API의 예

그림 5-19를 실행하면, 새로운 li 요소가 웹 페이지에 나타날 것이다. 개발 도구의 요소 탭을 보면, 그 웹 페이지의 DOM이 수정되어진 것을 볼 수 있다.

[그림 5-20] DOM API에 의해 갱신된 웹 페이지

(4) 이벤트 응답

DOM 객체의 각 타입은 폭 넓은 다양한 이벤트들을 지원한다. 그러한 이벤트들은 기본적으로 다음과 같이 분류되어진다.

- keyup과 keydown과 같은 키보드 이벤트
- onclick과 onmousedown과 같은 마우스 이벤트
- onload와 onresize와 같은 문서 이벤트
- onchange와 onselect과 같은 폼 이벤트

자바스크립트는 사용자가 HTML 요소를 클릭했을 때처럼 이벤트가 발생했을 때 실행될 수 있다. 사용자가 어떤 요소를 클릭했을 때 코드를 실행하기 위하여 HTML 이벤트 속성에 자바스크립트 코드를 추가한다.

그림 5-16의 5-2.html에 다음 기능을 추가할 것이다. 날짜 리스트가 초기에 감추어지고, 마우스가 헤더 위에 있으면 리스트가 디스플레이 되고, 그리고 마우스가 헤더를 떠나면 그 리스트는 다시 감추어질 것이다.

5-3.html

```
<!doctype html>
<html lang="ko">
 <head>
  <meta charset="UTF-8">
  <title>DOM 예제</title>
  <style>
  ol {
        display:none;
  }
  </style>
 </head>
 <body>
  <h1 class="mainHeader">이것은 제목이다</h1>
  <ol id="daysOfWeek">
    <li>월요일
        <li>화요일
        <li>수요일
        <li>금요일
  <script>

document.getElementsByClassName('mainHeader')[0].addEventListener("mous
eenter", function(event) {
           document.getElementById('daysOfWeek').style.display = 'block'; });

document.getElementsByClassName('mainHeader')[0].addEventListener("mous
eleave", function(event) {
           document.getElementById('daysOfWeek').style.display = 'none'; });
  </script>
 </body>
</html>
```

[그림 5-21] 이벤트 응답을 위한 DOM API의 예

그림 5-21의 예에서, h1 요소에 2개의 이벤트 리스너를 추가하였다. 하나는 마우스 헤더 요소의 박스에 진입하면 점화되고, 다른 하나는 마우스가 그 박스를 떠나면 점화된다. 각 이벤트 리스너에 ol 노드를 위치시키고, 그것의 display 스타일을 block 또는 none으로 갱신하여 그것을 감추거나 그것을 보여준다.

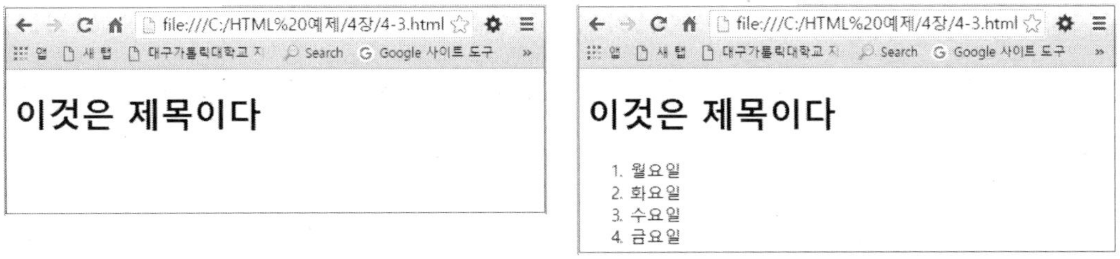

(a) 마우스가 메인헤드 요소를 벗어났을 때 결과화면 (초기화면)

(b) 마우스가 메인헤더 요소에 진입했을 때 결과화면

[그림 5-22] 5-3.html의 실행결과

5.5 요 약

자바스크립트의 기본 개념과 문법, 구조 및 프로그래밍에 대한 전반적인 내용을 설명하였다. 자바스크립트는 웹 페이지에서 행위를 하는 프로그램 작성이 가능하여 동적인 웹 페이지 작성이 가능하다. 따라서 자바스크립트의 사용으로 클라이언트에 인터랙티브한 처리를 가능해졌을 뿐만 아니라 운영체제 차원에서 개발하는 프로그래밍 언어로 확대되었기 때문에 스마트폰 하드웨어 접근도 가능하여 다양한 기능을 제공한다.

▣ 연습문제 ▣

1. 아래 HTML 요소의 내용을 변경하는 정확한 자바스크립트 구문을 작성하시오.

```
<p id="demo">This is a demonstration.</p>
```

2. 스트링 "Hello World"를 갖는 경고 박스를 어떻게 만드는가?

3. 자바스크립트에서 함수는 어떻게 생성하는가?

5. “w2"라 부르는 새로운 윈도우를 열기 위한 정확한 자바스크립트 구문을 작성하시오.

5. 다음과 마우스를 글자위에 올리면 배경색이 바뀌는 html 문서를 자바스크립트를 사용하여 작성하시오.

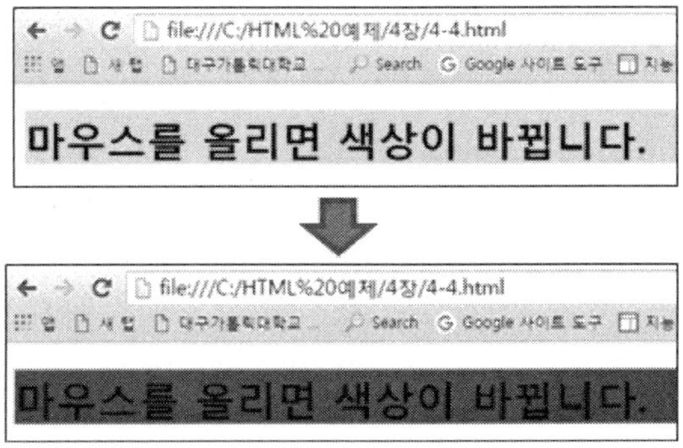

6. 윈도우 프롬프트에 입력하는 값에 따라 아래와 같이 다른 스트링이 출력되는 html 문서를 자바스크립트 switch 문을 사용하여 작성하시오.

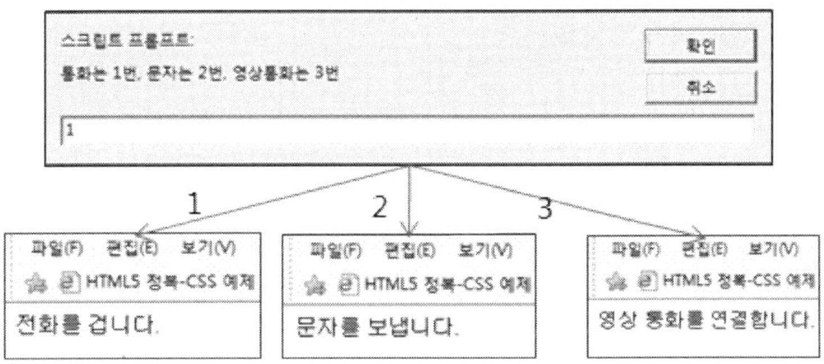

제 6 장 웹 스토리지

웹 스토리지란 클라이언트에 소량의 데이터를 저장해 두기 위한 스토리지이다. HTML5 웹 스토리지의 본질은 데이터 관리를 위한 API들의 집합과 함께 키-값 쌍들을 저장하기 위한 매우 간단한 방법을 제공한다. 간단히 키-값 쌍 저장하는 것 이외에도 이름-값 쌍들의 집합을 포함하는 JSON(JavaScript Object Notation) 수식으로 구성되는 값 스트링을 생성할 수 있다. JSON은 속성-값 쌍으로 이루어진 데이터 오브젝트를 전달하기 위해 인간이 읽을 수 있는 텍스트를 사용하는 개방형 표준 포맷이다. 웹 스토리지에 저장하기 전에 JSON 인코딩 데이터를 지렬화 하고, 그리고 웹 스토리지로부터 검색될 때 그 JSON 데이터를 역직렬화 한다.

웹 스토리지를 이전에 사용되던 **쿠키**와 비교하면 차이는 표 6-1과 같다.

[표 6-1] 웹 스토리지와 쿠키의 비교

쿠키	웹 스토리지
- 저장 용량, 크기가 작다. - 같은 사이트에서 2개 이상의 탭을 열었을 때, 2개 이상의 트랜잭션 추적에 어려움이 있다. - 보안에 문제가 있다.	- 크기 제한이 없다. - 서버로 데이터를 보내지 않는다. - 유효기간이 없다. - 자바스크립트 객체를 저장할 수 있다.

이 장에서는 웹 스토리지의 2가지 종류: 세션 스토리지와 로컬 스토리지에 대하여 설명하고, 그리고 사용자가 웹 앱 구동에 필요한 파일을 재활용할 수 있도록 사용자 측에 저장하는 기능인 응용 캐시와 웹 브라우저를 사용해서 쉽게 데이터베이스와 테이블을 생성하고, 데이터를 삽입하고, 그리고 데이터베이스에 저장된 데이터에 대해 간단한 SQL을 실행할 수 있는 SQLite를 설명한다.

6.1 로컬 스토리지

로컬 스토리지로 웹 응용은 사용자 브라우저 내에 데이터를 국부적으로 저장할 수 있다. 하나의 도메인 당 하나의 로컬 스토리지가 있다. 하나의 도메인의 모든 페이지들은 같은 데이터를 저장하고 액세스할 수 있다.

HTML 로컬 스토리지는 클라이언트 측에 데이터 저장을 위하여 2가지 객체를 제공한다.

- window.localStorage: 유효기간이 없는 데이터를 영구적으로 저장한다.
- window.sessionStorage: 하나의 세션을 위하여 데이터를 저장한다. 브라우저 탭이 닫히면 그 데이터는 삭제된다.

로컬 스토리지 객체는 유효기간 없이 데이터를 영구적으로 저장한다. 그 브라우저가 닫혀도 그 데이터는 삭제되지 않는다.

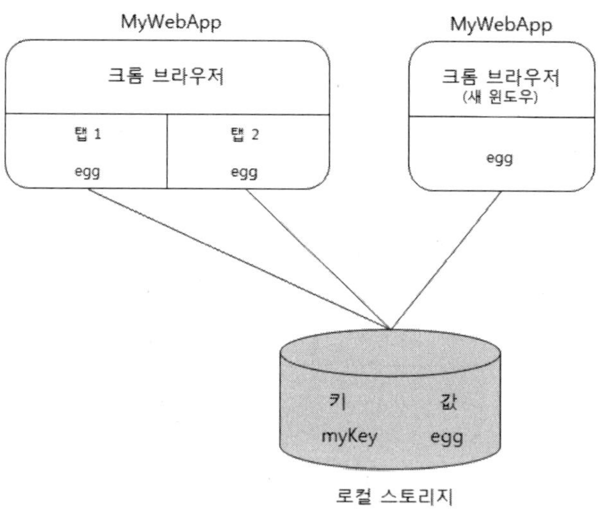

[그림 6-1] 브라우저에 의해 공유되는 로컬 스토리지의 예

비록 로컬 스토리지를 위한 질의어는 없지만, localstorage.length를 통하여

로컬 스토리지내의 키의 개수를 알아낼 수 있고, 적절한 키를 선택하기 위하여 정규 표현식을 사용할 수 있다.

로컬 스토리지는 window.localtorage 객체를 통하여 사용할 수 있으며 표 6-2와 같은 메서드를 제공한다.

[표 6-2] 로컬 스토리지 객체의 주요 메서드

메소드	설 명
length	스토리지에 저장된 데이터의 수를 반환
key(index)	지정된 인덱스의 키를 반환하고 키가 없다면 널 반환
getItem(key)	지정된 키에 대응하는 데이터를 반환
setItem(key, data)	지정된 키로 스토리지에 데이터를 저장
removeItem(key)	지정된 키에 대응하는 데이터를 삭제
clear()	모든 데이터를 스토리지에서 삭제

그림 6-2의 6-1.html은 name과 data를 갖는 로컬 스토리지 name-data 쌍을 생성하고, 입력한 name의 값을 검색하는 HTML5 예제이다.

6-1.html

```
<!DOCTYPE HTML>
<html lang="ko">
 <head>
  <meta charset="UTF-8">
  <title>HTML5 로컬 스토리지 데모</title>
  <style >
    td, th {
      font-family: monospace;
      padding: 4px;
      background-color: #ccc;
```

```
    }
    #hoge {
      border: 1px dotted blue;
      padding: 6px;
      background-color: #ccc;
      margin-right: 50%;
    }
    #items_table {
      border: 1px dotted blue;
      padding: 6px;
      margin-top: 12px;
      margin-right: 50%;
    }
    #items_table h2 {
      font-size: 18px;
      margin-top: 0px;
      font-family: sans-serif;
    }
    label {
      vertical-align: top;
    }
  </style>
</head>
<body onload="doShowAll()">
  <h1>HTML5 로컬 스토리지 데모</h1>
  <form name=editor>
    <div id="hoge">
      <p>
      <label>값: <textarea name=data cols=41 rows=10></textarea></label>
      </p>
      <p>
        <label>이름: <input name=name></label>
        <input type=button value="getItem()" onclick="doGetItem()">
        <input type=button value="setItem()" onclick="doSetItem()">
        <input type=button value="removeItem()" onclick="doRemoveItem()">
      </p>
    </div>
    <div id="items_table">
      <h2>Items</h2>
      <table id=pairs></table>
```

```
      <p>
      <label><input type=button value="clear()" onclick="doClear()"> <i>*
clear() removes all items</i></label>
      </p>
    </div>
    <script>
      function doSetItem() {
        var name = document.forms.editor.name.value;
        var data = document.forms.editor.data.value;
        localStorage.setItem(name, data);
        doShowAll();
      }
      function doGetItem() {
        var name = document.forms.editor.name.value;
        document.forms.editor.data.value = localStorage.getItem(name);
        doShowAll();
      }
      function doRemoveItem() {
        var name = document.forms.editor.name.value;
        document.forms.editor.data.value = localStorage.removeItem(name);
        doShowAll();
      }
      function doClear() {
        localStorage.clear();
        doShowAll();
      }
      function doShowAll() {
        var key = "";
        var pairs = "<tr><th>Name</th><th>Value</th></tr>\n";
        var i=0;
        for (i=0; i<=localStorage.length-1; i++) {
          key = localStorage.key(i);
          pairs += "<tr><td>"+key+"</td>\n<td>"+localStorage.getItem(key)+"
</td></tr>\n";
        }
        if (pairs == "<tr><th>Name</th><th>Value</th></tr>\n") {
          pairs += "<tr><td><i>empty</i></td>\n<td><i>empty</i></td>
</tr>\n";
        }
        document.getElementById('pairs').innerHTML = pairs;
```

```
        }
    </script>
  </form>
 </body>
</html>
```

[그림 6-2] 로컬 스토리지에 데이터를 관리하는 예제

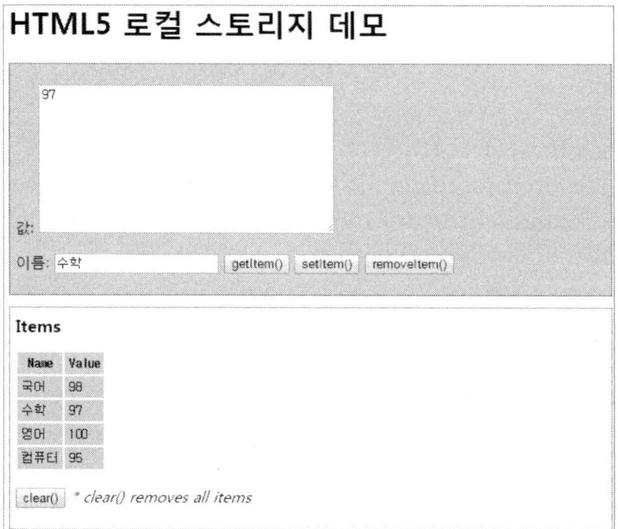

[그림 6-3] 6-1.html의 실행 결과

크롬의 개발자 도구에서 리소스 탭의 로컬 스토리지를 선택하면, 그림 6-4와 같은 로컬 스토리지에 저장된 데이터를 확인할 수 있다.

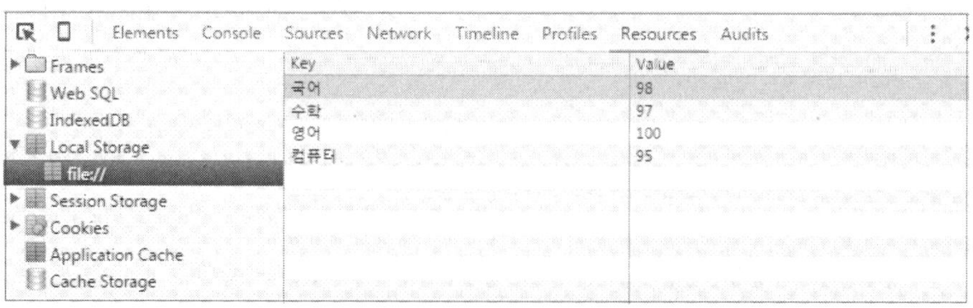

[그림 6-4] 로컬 스토리지에 저장된 데이터 확인

6.2 세션 스토리지

세션 스토리지 객체는 한 세션 동안 데이터를 저장한다는 것을 제외하고 로컬 스토리지 객체와 같다. 사용자 특정 브라우저를 닫으면 저장된 데이터는 삭제되어진다. 따라서 현재 페이지가 브라우징 되고 있는 브라우저 컨텍스트 내에서만 데이터가 유지된다. 그리고 세션 스토리지 객체는 표 6-2의 로컬 스토리지 객체의 메서드와 동일한 메서드를 제공한다.

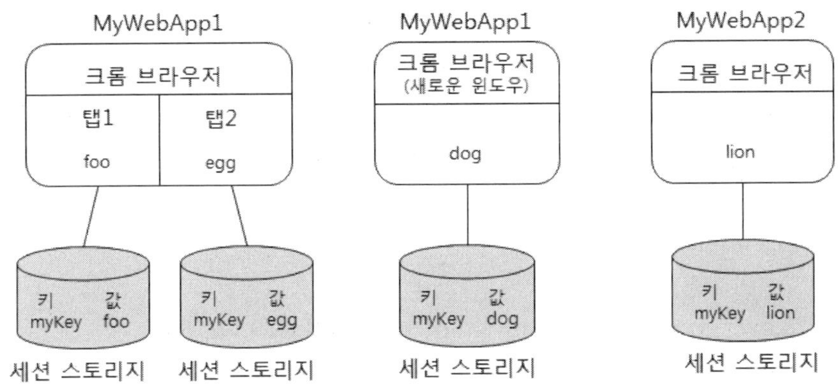

[그림 6-5] 브라우저의 세션 스토리지의 예

그림 6-6은 현재 세션에서 hokey와 hovalue의 쌍의 데이터를 저장하는 세션 스토리지의 예를 보여준다.

6-2.html

```
<!DOCTYPE HTML>
<html lang="ko">
<head>
<meta charset="UTF-8">
<title>세션 스토리지 예제</title>
<script type="text/javascript">
```

```
  function InsertData()
  {
    var hokey = document.getElementById("hokey").value;
    var hovalue = document.getElementById("hovalue").value;
    sessionStorage.setItem(hokey, hovalue);
    document.getElementById("hokey").value="";
    document.getElementById("hovalue").value="";
  }
  function SearchData()
  {
    var hokey = document.getElementById("getkey").value;
    var hovalue = sessionStorage.getItem(hokey);
    alert(hokey+" 키의 값: " + hovalue);
    document.getElementById("getkey").value="";
  }
  function DeleteData()
  {
    var hokey = document.getElementById("getkey").value;
    var hovalue = sessionStorage.removeItem(hokey);
    alert(hokey+" 키의 값: " + hovalue);
  }
</script>
</head>
<body>
<h1>세션 스토리지 데모</h1>
키: <input id="hokey" type="text"><br />
값: <input id="hovalue" type="text">
<input type="button" value="저장" onclick="InsertData()"><br /><br />
키: <input id="getkey" type="text">
<input type="button" value="검색" onclick="SearchData()">
<input type="button" value="삭제" onclick="DeleteData()">
</body>
</html>
```

[그림 6-6] 세션 스토리지에 데이터를 관리하는 예제

그림 6-7은 하나의 웹 페이지에서 브라우저 탭으로 2개의 세션을 생성하고, 각 세션 별로 생성된 세션 스토리지에 저장된 데이터들을 각각 보여준다.

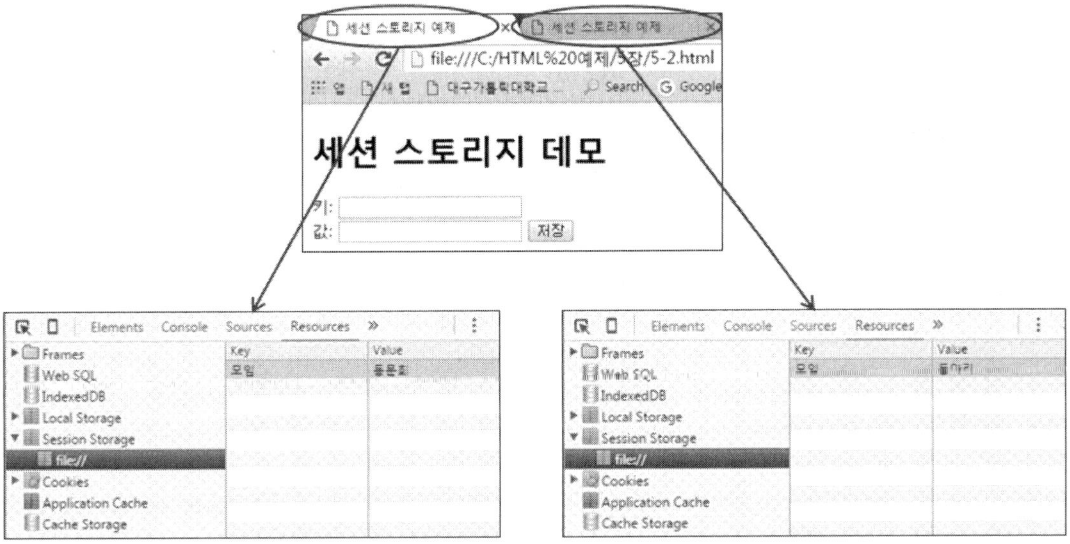

[그림 6-7] 세션 스토리지에 저장된 데이터 확인

6.3 HTML 응용 캐시

캐시 매니페스트 파일에 의해 생성되어진 응용 캐시로 웹 응용의 오프라인 버전을 만드는 것이 매우 쉬운 일이다. 캐시 매니페스트는 실제로 캐시 될 웹 리소스에 대한 정의를 포함하는 일종의 설정파일이다.

HTML 5의 응용 캐시는 html, css, js 파일 및 이미지 파일, 폰트 파일 등 웹 페이지를 구성하는 각종 웹 자원들을 다운로드하여 클라이언트에 캐시 해 둠으로써 인터넷 접속 없이 해딩 자원들을 이용할 수 있노록 하는 기술이다.

응용 캐시는 다음과 같은 3가지 장점을 갖는다.

- 오프라인 브라우징: 사용자가 오프라인일 때도 그 응용을 사용할 수 있다.
- 속도: 캐시 된 자원은 더 빨리 적재되어진다.

- 서버 부하 경감: 브라우저는 서버로부터 갱신된 자원들만을 다운로드할 것이다.

웹 페이지 캐싱을 위하여 페이지마다 다음과 같이 문서의 <html> 태그에 manifest 속성을 포함시켜야 한다.

```
<!DOCTYPE HTML>
<html manifest="demo.appcache">


  <body>
    이 문서의 내용
  </body>


</html>
```

manifest의 속성 값인 매니페스트 파일은 다음 3가지 섹션을 가진다.

- Cache 섹션: 가장 핵심이 되는 섹션이다. 클라이언트에 캐시되어야 할 항목을 지정한다. Cache 섹션으로 지정된 웹 자원은 오프라인에서도 접근이 가능하게 된다.
- Network 섹션: Cache 섹션과 반대 되는 개념이다. 반드시 온라인 상태에서만 접근 가능한 항목을 지정한다. 업데이트가 매우 잦거나 동적으로 변화하는 웹 자원을 지정할 때 유용하다.
- Fallback 섹션: 대체 자원을 지정하는 섹션이다. 요청한 URL에 해당하는 자원이 존재하지 않을 때 이를 대신해서 표시할 자원을 지정한다.

응용이 한 번 캐시되면, 다음 사항 중에 하나가 발생할 때 까지 여전히 캐시되어 진다.

- 사용자가 브라우저 캐시를 지운다.

- 매니페스트 파일이 수정되었다. 응용 캐시는 그것의 매니페스트 파일이 변경되었을 때 단지 갱신되어진다.
- 응용 캐시가 프로그래밍 방식으로 갱신되었다.

그림 6-8은 매니페스트 파일의 예를 보여준다. Fallback 섹션에서 첫 번째는 URI 자원이고, 두 번째는 대체 페이지이다.

demo.appcache

```
CACHE MANIFEST
# v1.0 : 10-08-2014

CACHE:
# pages
index.html

# styles & scripts
css/theme.css
js/jquery.min.js
js/default.js

# images
/favicon.ico
images/logo.png

NETWORK:
login.php

FALLBACK:
/html5/ /offline.html
```

[그림 6-8] 캐시 매니페스트 파일의 예

6.4 웹 SQL

HTML5는 웹 데이터베이스 기능을 제공한다. **SQLite**는 MySQL과 같은 데이터베이스 관리 시스템이지만, 서버가 아니라 응용 프로그램에 넣어 사용하는 비교적 가벼운 데이터베이스이다. HTML5는 자바스크립터 데이터베이스 API를 사용하여 SQLite 데이터베이스에 영속적인 데이터를 저장할 수 있다.

클라이언트 웹 개발자들은 표준 SQL 명령문으로 테이블 생성과 행 입력, 갱신, 선택, 삭제가 가능한 웹 애플리케이션을 만들 수 있다.

(1) 데이터베이스 열기

openDatabase 메서드는 데이터베이스가 이미 존재한다면 그 데이터베이스 열고, 만일 데이터베이스가 존재하지 않는다면 그것을 생성할 것이다. 어떤 데이터베이스를 생성하고 열기 위하여 다음 코드를 사용한다.

```
var db = openDatabase('mydb', '1.0', 'Test DB', 2 * 1024 * 1024);
```

openDatabase 메서드는 아래와 같은 5개의 매개변수를 갖고 있다. 마지막 5번째 매개변수 생성 콜백은 생략 가능하지만 함수 이름을 적어주면 콜백 함수로 사용 할 수 있다. 즉 데이터베이스가 생성 되어 진다면 호출되어질 함수를 지정한다.

- 데이터베이스 이름
- 버전 번호
- 데이터베이스 설명
- 데이터베이스 예측된 크기
- 생성 콜백

openDatabase로부터의 반환 값은 트랜잭션 메서드들을 포함한다. 따라서 SQL 질의를 수행하기 위하여 이 트랜잭션 메서드들을 실행해야 한다.

(2) 질의 실행과 테이블 생성

질의를 실행하기 위하여 **database.transaction() 함수**를 사용한다. 이 함수는 다음과 같이 그 질의를 실제로 실행하는 것을 처리하는 함수인 단 하나의 매개변수가 필요하다.

테이블 생성은 **create table 명령**을 사용한다. 다음 질의는 'mydb' 데이터베이스에 LOGS라 부르는 테이블을 생성할 것이다.

```
var db = openDatabase('mydb', '1.0', 'Test DB', 2 * 1024 * 1024);

db.transaction(function (tx) {
   tx.executeSql('CREATE TABLE IF NOT EXISTS LOGS (id unique, log)');
});
```

(3) INSERT 연산

테이블에 레코드를 추가하기 위하여 **insert 명령**을 사용한다. insert는 하나의 테이블과 동작하며 한 번에 하나의 행을 추가할 수 있다. insert 명령의 일반적인 형태는 다음과 같다.

```
insert into 테이블(열 목록) values (값 목록);
```

위의 예에서 레코드를 추가하기 위하여 다음과 같은 간단한 SQL 질의를 추가한다.

```
var db = openDatabase('mydb', '1.0', 'Test DB', 2 * 1024 * 1024);
db.transaction(function (tx) {
   tx.executeSql('CREATE TABLE IF NOT EXISTS LOGS (id unique, log)');
   tx.executeSql('INSERT INTO LOGS (id, log) VALUES (1, "교과목 해설")');
   tx.executeSql('INSERT INTO LOGS (id, log) VALUES (2, "성적 처리")');
});
```

(4) SELECT 연산

이미 존재하는 레코드들을 읽기 위하여 **select 문**을 실행한 후, 그 결과를 얻어오려면 다음과 같은 콜백 함수를 사용해야 한다.

```
db.transaction(function (tx) {
   tx.executeSql('SELECT * FROM LOGS', [], function (tx, results) {
      var len = results.rows.length, i;
      msg = "<p>Found rows: " + len + "</p>";
      document.querySelector('#status').innerHTML +=  msg;
      for (i = 0; i < len; i++){
         alert(results.rows.item(i).log );
      }
   }, null);
});
```

상기 예를 위한 SQLite 자바스크립트 API를 사용하는 완전한 HTML 문서는 그림 6-9와 같다.

6-3.html

```
<!DOCTYPE HTML>
<html lang="ko">
   <head>
      <meta charset="utf-8">
      <script type="text/javascript">
         var db = openDatabase('mydb', '1.0', 'Test DB', 2 * 1024 * 1024);
         var msg;
         db.transaction(function (tx) {
            tx.executeSql('CREATE TABLE IF NOT EXISTS LOGS (id unique,
log)');
            tx.executeSql('INSERT INTO LOGS (id, log) VALUES (1, "교과목
해설")');
            tx.executeSql('INSERT INTO LOGS (id, log) VALUES (2, "성적 처
```

```
리")');
            msg = '<p>로그 메시지 생성과 레코드 삽입</p>';
            document.querySelector('#status').innerHTML =  msg;
        });
        db.transaction(function (tx) {
            tx.executeSql('SELECT * FROM LOGS', [], function (tx, results) {
                var len = results.rows.length, i;
                msg = "<p>레코드 개수: " + len + "</p>";
                document.querySelector('#status').innerHTML +=  msg;
                for (i = 0; i < len; i++){
                    msg = "<p><b>" + results.rows.item(i).log + "</b></p>";
                    document.querySelector('#status').innerHTML +=  msg;
                }
            }, null);
        });
    </script>
  </head>
  <body>
    <div id="status" name="status">상태 메시지</div>
  </body>
</html>
```

[그림 6-9] 웹 데이터베이스 SQLite를 이용한 간단한 예제

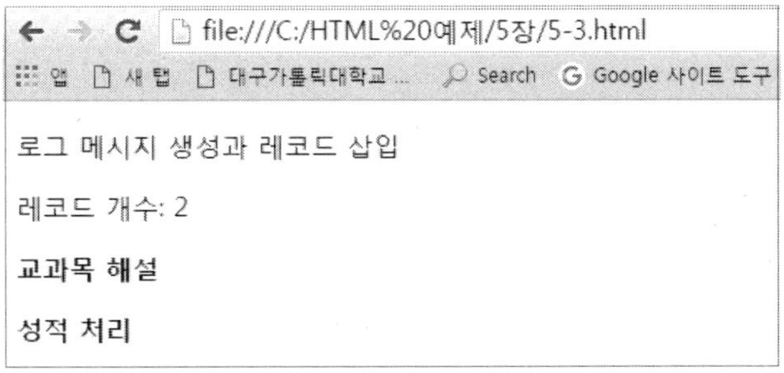

[그림 6-10] 6-3.html의 크롬 브라우저 실행 결과

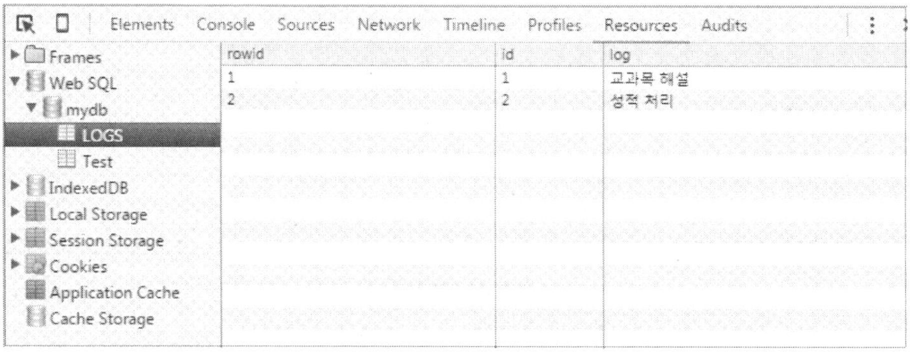

[그림 6-11] 6-3.html 실행으로 데이터베이스 테이블 LOGS에 저장된 레코드들

그림 6-12는 사용자의 아이디와 메시지를 관리하는 웹 데이터베이스에 기반한 HTML5+JavaScript 프로그램이다.

6-4.html

```
<html>
<head>
<script type="text/javascript">
var db;
try{
 db=openDatabase('mydb', '1.0', 'Test DB', 2 * 1024 * 1024);
} catch(err) {
 document.write("브라우저가 WEB SQL을 지원하지 않습니다.");
}
function checkBrowser(){
 if(!db){
  document.getElementById('content').innerHTML="";
 }
}
function insertToDb(){
```

```
 var id=document.getElementById("id").value;
 var message=document.getElementById("message").value;
 db.transaction(function(tx){
  var table=document.getElementById("table").value;
  tx.executeSql('INSERT    INTO    '+table+'    (id,message)    VALUES    (?,
?)',[id,message]);
 });
 displayDbContents();
}
function deleteRow(id){
 db.transaction(function(tx){
  var table=document.getElementById('table').value;
  tx.executeSql('DELETE FROM '+table+' WHERE id=?',[id]);
  displayDbContents();
 });
}
function displayDbContents(){
 db.transaction(function(tx){
  var table=document.getElementById("table").value;
  tx.executeSql('SELECT * FROM '+table,[],function(tx,results){
   var i,len=results.rows.length;
   var buffer="<table border='1px'><tr><th>아이디</th><th>메시지</th><th>삭
제</th></tr>";
   for(i=0;i<len;i++){

buffer=buffer+"<tr><td>"+results.rows.item(i).id+"</td><td>"+results.rows.item(i
).message+"</td><td><input     id="+results.rows.item(i).id+"     type='button'
value='삭제' onclick='deleteRow(this.id)'/></td></tr>";
   }
   buffer=buffer+"</table>";
   document.getElementById('result').innerHTML=buffer;
  });
 });
```

```
}
function createTable(){
 document.getElementById('table').disabled=true;
 document.getElementById('createid').disabled=true;
 db.transaction(function (tx) {
  var table=document.getElementById('table').value;
  tx.executeSql('CREATE TABLE IF NOT EXISTS '+table+' (id unique,
message)');
  alert("Table created with 2 columns(id, message)");
  document.getElementById('id').disabled=false;
  document.getElementById('message').disabled=false;
  document.getElementById('submit').disabled=false;
  displayDbContents();
  document.getElementById('drop').disabled=false;
 });
}
function dropTable(){
 db.transaction(function(tx){
  var table=document.getElementById('table').value;
  tx.executeSql('DROP TABLE '+table,[]);
  clearAll();
  document.getElementById('result').innerHTML="";
 });
}
function clearAll(){
 document.getElementById('table').disabled=false;
 document.getElementById('table').value="";
 document.getElementById('createid').disabled=false;
 document.getElementById('id').disabled=true;
 document.getElementById('id').value="";
 document.getElementById('message').disabled=true;
 document.getElementById('message').value="";
 document.getElementById('submit').disabled=true;
```

```
}
</script>
</head>
<body onload="checkBrowser()">
<div id="content">
<table width="100%" border="1px">
<tr><td align="center">데이터 생성과 삽입</td><td align="center">테이블 내용
</td></tr>
<tr>
<td width="50%" align="center">
<table>
<tr><td>테이블 생성</td><td><input type="text" id="table" placeholder="테이블
이름 입력"/><input type="button" id="createid" value="테이블 생성"
onclick="createTable()"/></td></tr>
<tr><td>아이디</td><td><input type="text" id="id" placeholder="아이디 입력"
disabled/></td></tr>
<tr><td>메시지</td><td><input type="text" id="message" placeholder="메시지
입력" disabled/></td></tr>
<tr><td><input type="button" value="제출" id="submit" onclick="insertToDb()"
disabled/></td><td></td></tr>
</table>
</td>
<td width="50%" align="center">
<div id="result">
</div>
<input type="button" value="테이블 삭제" onclick="dropTable()" id="drop"
disabled/>
</td>
</tr>
</table>
</div>
</body>
</html>
```

[그림 6-12] 메시지 관리를 위한 웹 데이터베이스 응용

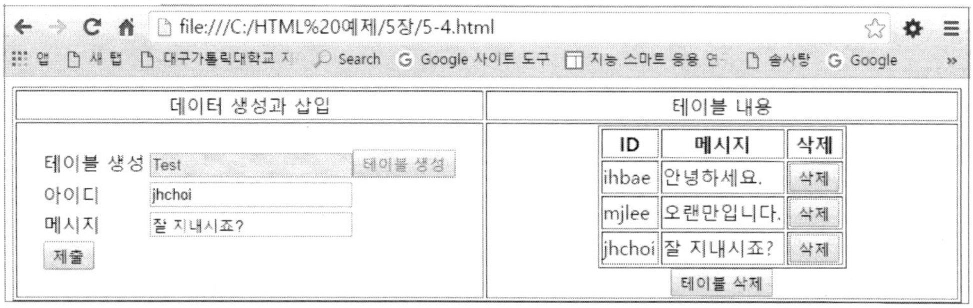

[그림 6-13] 6-4.html의 실행 결과

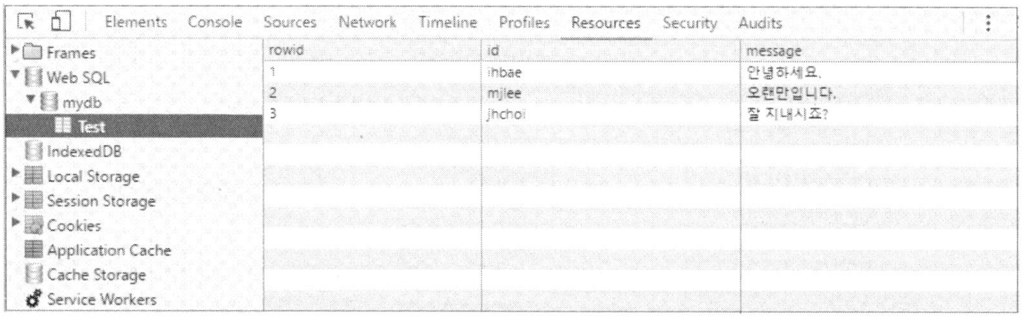

[그림 6-14] 6-4.html 실행으로 데이터베이스 테이블 Test에 저장된 레코드들

6.5 요약

웹 스토리지는 브라우저를 통해 클라이언트 측에 데이터를 저장 가능하도록 하는 기술로 세션 스토리지와 로컬 스토리지라는 두 가지의 방식이 있다. 그리고 모바일을 위한 요구사항을 만족시키기는 대표적인 데이터베이스 솔루션이 SQLite이다. 따라서 본 장에서는 웹 스토리지의 사용 예와 웹 데이터베이스인 SQLite에서 데이터베이스와 테이블 생성, 그리고 SQL 실행 등에 대하여 살펴보았다.

▣ 연습문제 ▣

1. 로컬 스토리지와 세션 스토리지의 차이를 설명하시오.

2. "Persons"로 명명된 테이블로부터 "FirstName" 열의 값이 "Peter"인 모든 레코드들을 SQL로 어떻게 선택하는지를 보이시오.

P_Id	LastName	FirstName	Address	City
1	Hansen	Ola	Timoteivn 10	Sandnes
2	Svendson	Tove	Borgvn 23	Sandnes
3	Pettersen	Kari	Storgt 20	Stavanger

3. SQL로 "Persons" 테이블에 새로운 레코드를 어떻게 삽입할 수 있는가?

4. Persons 테이블의 "LastName" 열에서 "Hansen"을 "Nilsen"으로 변경하는 SQL 문을 작성하시오.

6. 다음과 같이 사이트 명과 사이트 주소를 입력하면 그림 6-ex1(a)와 같은 결과가 출력되고 그림 6-ex1(b)와 같은 웹 데이터베이스가 구축되는 html+javascript 프로그램을 작성하시오.

(a)

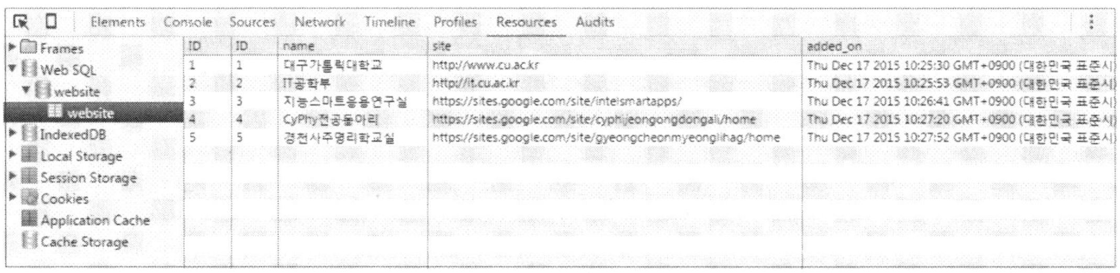

(b)

[그림 6-ex1] 사이트 명과 사이트 주소를 관리하는 웹 데이터베이스 응용

제 7 장 jQuery 모바일 기초

jQuery 모바일은 모바일 웹 앱 개발을 위한 자바스크립트 프레임워크이다. jQuery 모바일은 기존의 jQuery 진영에서 직접 개발한 프레임워크로 네이티브 수준의 모바일 웹 앱을 개발하기 위한 각종 UI 컨트롤과 이벤트 처리, 애니메이션 효과 및 자동 네비게이션, Ajax 통신 등 모바일에 최적화된 기능을 포함하고 있다. 이 장에서는 jQuery 모바일 개요, 앱 구조와 네비게이션, 페이지 요소, 그리고 테마 등에 대하여 설명한다.

7.1 jQuery 모바일 개요

jQuery 모바일은 모바일 웹 앱 생성을 위한 교차 플랫폼 API 제공을 목표로 하는 jQuery 플러그-인들과 위젯들의 집합이다. 코드 구현 면에서, jQuery 모바일은 jQuery UI와 아주 유사하지만, jQuery UI는 데스크톱 응용에 초점이 맞추어진 반면, jQuery 모바일은 모바일 장치들을 염두에 두고 구축되었다.

jQuery 모바일은 4가지 파일들: 자바스크립트 파일, CSS 파일, 그리고 2가지 PNG 그래픽 스프라이트로 구성된다. 스크립트 파일은 위젯 생성, 이벤트 리스너 적용, 그리고 API 활성화와 같은 다양한 작업을 수행한다. jQuery 모바일은 또한 jQuery 모바일 페이지 요소들의 레이아웃과 외관을 명시하는 CSS를 포함한다. 마지막으로 jQuery 모바일은 네비게이션을 위한 간단하고 표준화된 아이콘인 사용자 인터페이스 요소들을 위한 작은 그래픽스 집합을 포함한다.

웹 사이트에 jQuery 모바일을 사용하는 2가지 방법이 있다.

- **콘텐츠 전송 네트워크(CDN**, Contents Delivery Network)에 저장된 jQuery 모바일과 연결 (추천)
- 로컬 컴퓨터에 저장된 jQuery 모바일과 연결

CDN(Content Delivery Network) 접속자가 인터넷상에서 가장 가까운 곳의 서버로 컨텐츠를 전송받아 트래픽이 특정 서버에 집중되지 않고 각 서버로 분산되도록 하는 기술이다. 따라서 CDN 연결 방식은 jQuery 모바일을 사용하기 위해 HTML 페이지의 <head> 영역에 스타일시트 (.css)와 자바스크립트 라이브러리 (.js)의 URL 주소를 직접 추가한다. 그림 7-1은 jQuery 모바일의 CDN 연동 방식의 예를 보여준다.

7-1.html

```
<!DOCTYPE html>
<html lang="ko">
<head>
  <meta charset="utf-8">
  <!-- 적절한 랜더링과 터치 확대를 보장하기 위한 메타 태그 -->
  <meta name="viewport" content="width=device-width, initial-scale=1">
  <!-- jQuery Mobile 스타일시트 포함 -->
  <link  rel="stylesheet"  href="http://code.jquery.com/mobile/1.4.5/jquery.
mobile-1.4.5.min.css">
  <!-- jQuery 라이브러리 -->
  <script src="http://code.jquery.com/jquery-1.11.3.min.js"></script>
  <!-- jQuery 모바일 라이브러리 -->
  <script  src="http://code.jquery.com/mobile/1.4.5/jquery.mobile-1.4.5.min
.js">
</script>
</head>
<body>
 <div data-role="page" id="pageone">
  <div data-role="header">
  <h1>홈피에 오신 것을 환영합니다!</h1>
  </div>
  <div data-role="main" class="ui-content">
  <p>환영!</p>
  </div>
```

```
   <div data-role="footer">
   <h1>꼬리말</h1>
   </div>
  </div>
</body>
</html>
```

[그림 7-1] jQuery 모바일 CDN 연동 방식

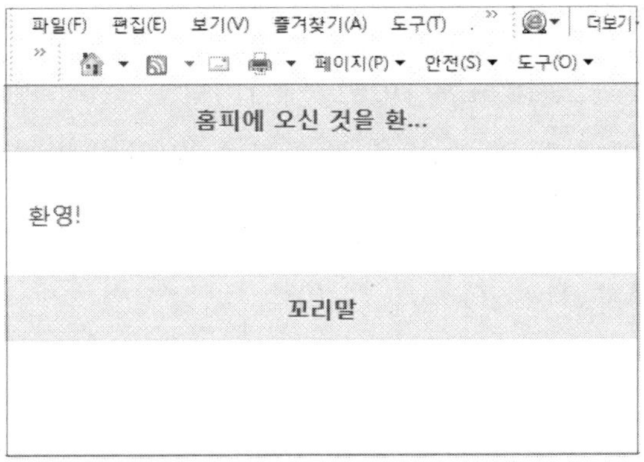

[그림 7-2] 7-1.html의 실행 결과

만일 jQuery 모바일 라이브러리를 호스트하기를 원한다면, jQuerymobile.com (http://jquerymobile.com/download/)으로부터 jQuery 모바일 라이브러리를 먼저 다운로드해야 한다. jQuery 모바일 라이브러리를 사용하는 웹 페이지와 같은 디렉터리에 다운로드 받는 압축 파일을 풀고 위치시킨다. 그리고 웹 페이지에 아래 코드를 추가한다.

```
<head>
 <meta name="viewport" content="width=device-width, initial-scale=1">
 <link rel="stylesheet" href="jquery.mobile-1.4.5.css">
 <script src="jquery.js"></script>
 <script src="jquery.mobile-1.4.5.js"></script>
</head>
```

7.2 앱 구조

(1) 페이지

jQuery 모바일 기반 웹 앱 화면은 기본 단위인 모바일 페이지로 구성되고, 그 페이지는 data-role 속성을 사용하여 설계된다. data-로 시작하는 맞춤형 데이터 속성은 HTML5 마크업 안에서 jQuery 모바일 기능을 호출하기 위한 방법이다. jQuery 모바일은 이 속성에 기초하여 요소들을 선택하고, CSS 클래스, 필요한 마크업, 이벤트 관리를 추가하여 페이지들을 점차 향상시킨다.

HTML5 **data-role 속성**은 모바일 장치들을 위하여 터치하기 편리하고 매력적인 스타일을 생성하기 위하여 jQuery 모바일에서 추가로 정의된 속성이다. data-role 속성을 사용하여 jQuery 모바일 페이지를 위한 페이지 컨테이너를 정의한다.

- data-role="page"는 브라우저에 페이지가 디스플레이 된다.
- data-role="header"는 페이지의 상단에 툴바를 생성한다. (제목과 검색 버튼을 위해 자주 사용)
- data-role="main"은 텍스트, 이미지, 버튼, 폼 등과 같은 페이지의 콘텐츠를 정의한다. UI-콘텐츠 클래스는 페이지 내용 내부에 여분의 안쪽여백과 바깥 여백을 추가한다.
- data-role="footer"는 페이지의 바닥에 툴바를 생성한다.

그러한 컨테이너 내부에 HTML 요소들: 단락, 이미지, 제목, 리스트 등을 추가할 수 있다. 그림 7-3과 같은 간단하고 표준화된 jQuery 모바일 페이지 생성을 위한 **기본 템플릿 구조**를 보여준다. 여기서 <div> 영역 내에 data-role 속성 값으로 page, header, main, footer를 각각 지정하여 jQuery 모바일 페이지를 위한 페이지 컨네이너와 그 페이지 내의 머리말, 콘텐츠, 꼬리말 영역들을 생성한다.

7-2.html

```
<!DOCTYPE html>
<html lang="ko">
<head>
<meta charset="utf-8">
<meta name="viewport" content="width=device-width, initial-scale=1">
<link rel="stylesheet" href="http://code.jquery.com/mobile/1.4.5/
jquery.mobile-1.4.5.min.css">
<script src="http://code.jquery.com/jquery-1.11.3.min.js"></script>
<script src="http://code.jquery.com/mobile/1.4.5/jquery.mobile-1.4.5.min
js"></script>
</head>
<body>
<div data-role="page">
  <div data-role="header">
    <h1>jQuery 모바일</h1>
  </div>
  <div data-role="main" class="ui-content">
    <p>첫 번째 페이지</p>
  </div>
  <div data-role="footer">
    <h1>꼬리말</h1>
  </div>
</div>
</body>
</html>
```

[그림 7-3] jQuery 모바일 페이지 기본 템플릿

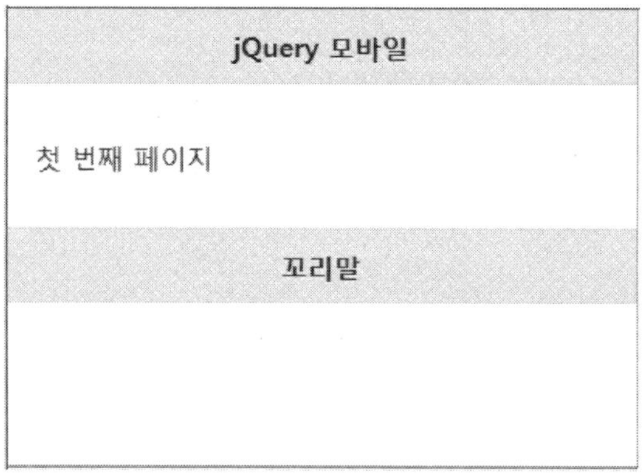

[그림 7-4] 7-3.html의 실행 결과

(2) 내부 페이지들

data-role="page"로 응용 내의 페이지들로 콘텐츠의 섹션들을 나타낼 수 있다. 그러한 섹션들은 문서 본체에서 최 상위 형제들이어야 한다. 즉, **내부 페이지**들은 서로 중첩될 수 없다. 그림 7-5에서 보여 진 것처럼, 하나의 HTML 문서는 필요한 만큼 많은 페이지들을 가질 수 있다.

7-3.html

```
<!DOCTYPE html>
<html lang="ko">
  <head>
    <meta charset="utf-8">
    <title>jQuery 모바일 응용</title>
        <link rel="stylesheet" href="http://code.jquery.com/mobile/1.0a4.1/
jquery.mobile-1.0a4.1.min.css" />
        <script src="http://code.jquery.com/jquery-1.5.2.min.js"></script>
        <script src="http://code.jquery.com/mobile/1.0a4.1/jquery.mobile-
1.0a4.1.min.js"></script>
  </head>
```

```
<body>
        <!-- 첫 번째 페이지 시작 -->
        <section id="page1" data-role="page">
          <header data-role="header"><h1>jQuery 모바일</h1></header>
          <div  data-role="content" class="content">
            <p>첫 번째 페이지!</p>
                <p><a href="#page2">두 번째 페이지로...</a></p>
          </div>
          <footer data-role="footer"><h1>ISA Lab.</h1></footer>
        </section>
        <!-- 첫 번째 페이지 끝 -->
        <!-- 두 번째 페이지 시작 -->
        <section id="page2" data-role="page">
          <header data-role="header"><h1>jQuery 모바일</h1></header>
          <div data-role="content" class="content">
            <p>두 번째 페이지!</p>
                <p><a href="#page3">세 번째 페이지로...</a></p>
          </div>
          <footer data-role="footer"><h1>ISA Lab.</h1></footer>
        </section>
        <!-- 두 번째 페이지 끝 -->
        <!-- 세 번째 페이지 시작 -->
        <section id="page3" data-role="page">
          <header data-role="header"><h1>jQuery 모바일</h1></header>
          <div data-role="content" class="content">
            <p>세 번째 페이지!</p>
                <p><a href="#page1">첫 번째 페이지로...</a></p>
          </div>
          <footer data-role="footer"><h1>ISA Lab.</h1></footer>
        </section>
        <!-- 세 번째 페이지 끝 -->
  </body>
</html>
```

[그림 7-5] 다수의 내부 페이지를 갖는 HTML 문서

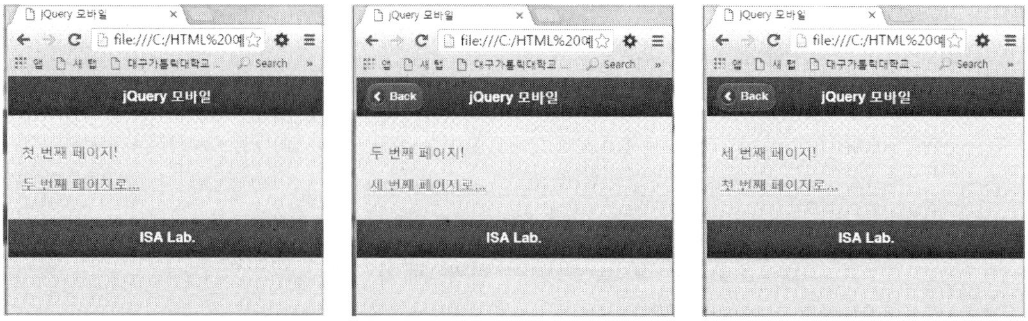

(a) 페이지 1 (b) 페이지 2 (c) 페이지 3

[그림 7-6] 7-3.html의 실행 결과

(3) 외부 페이지들

jQuery는 외부 페이지들도 역시 잘 처리할 것이다. 외부 페이지 연결 방식은 내부 또는 외부 링크 방식이 가능하다. jQuery Mobile의 **내부 링크 방식**에서는 외부 파일 링크를 Ajax 통신으로 처리한다. 외부 파일에 정의되어 있는 페이지를 Ajax 응답으로 받고 그것을 홈페이지의 DOM에 통합시켜 단일 HTML 모델로 만든다. 따라서 브라우저는 처음 HTML5 파일을 읽을 때 DOM 트리 내의 모든 페이지를 저장해 놓고 페이지 이동을 수행한다.

외부 링크 방식에서는 Ajax를 사용하지 않고 풀 페이지 링크 방식을 사용한다. 따라서 기존 DOM 트리는 제거되고 웹 서버로부터 읽은 새로운 페이지의 DOM 트리가 구성되어진다.

예제 그림 7-5의 코드에 외부 파일을 추가하기 위하여, 그림 7-7과 같은 "external.html" 파일을 생성한다.

external.html

```
<!DOCTYPE html>
<html lang="ko">
```

```
        <head>
                <meta charset="utf-8"/>
    </head>
    <body>
        <!-- 페이지 4 시작 -->
        <section id="page4" data-role="page" data-theme="b">
            <header data-role="header" data-theme="b"><h1>jQuery 모바일
</h1></header>
          <div class="content" data-role="content">
            <p>외부 페이지!</p>
            <p><a href="#page1">첫 번째 페이지로...</a>.</p>
          </div>
                <footer data-role="footer" data-theme="b"><h1>ISA
Lab.</h1></footer>
        </section>
        <!-- 페이지 4 끝 -->
    </body>
</html>
```

[그림 7-7] 외부 페이지 연결을 위한 외부 파일

새 페이지를 로드하기 위하여, 그림 7-5의 세 번째 페이지를 위한 마크업에 "external.html"을 위한 내부링크와 "http://www.cu.ac.kr"을 위한 외부 링크를 아래와 같이 추가한다.

```
        <!-- 세 번째 페이지 시작 -->
        <section id="page3" data-role="page">
          <header data-role="header"><h1>jQuery 모바일</h1></header>
          <div data-role="content" class="content">
            <p>세 번째 페이지!</p>
                <p><a href="external.html">외부페이지(내부링크)로...</a></p>
                <p><a href="http://www.cu.ac.kr">외부페이지(외부링크)로...
</a></p>
```

```
        </div>
        <footer data-role="footer"><h1>ISA Lab.</h1></footer>
    </section>
    <!-- 세 번째 페이지 끝 -->
```

그림 7-8은 수정된 세 번째 페이지에서 외부 페이지 내부 링크 방식의 페이지와 외부 페이지 외부 링크 방식의 페이지의 출력 화면을 각각 보여준다.

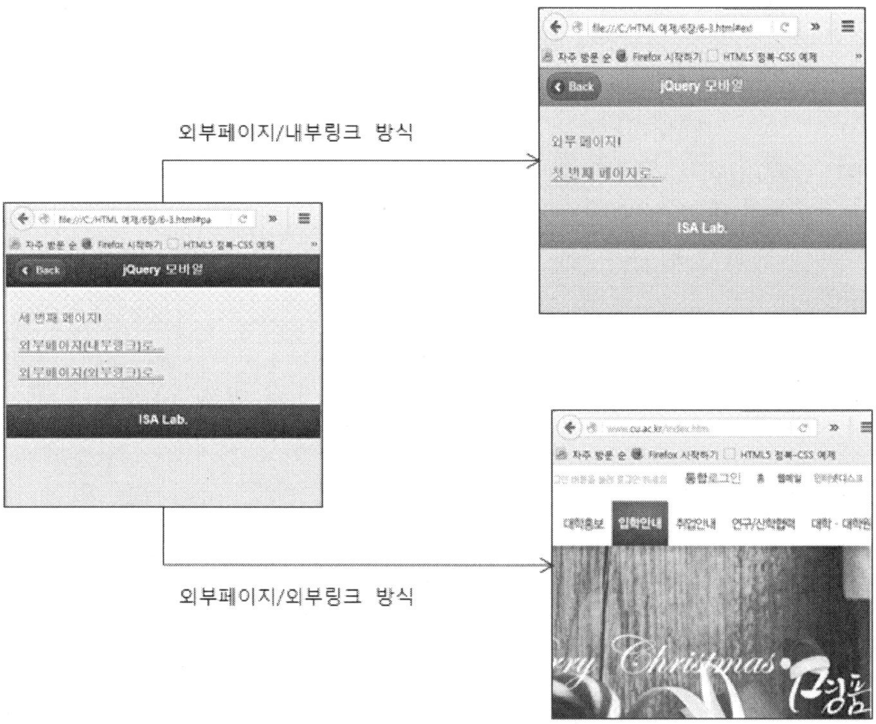

[그림 7-8] 외부 페이지 링크 실행 결과

(4) 대화상자

어떤 유효한 jQuery 모바일 페이지는 그림 7-9에서 보여 진 것처럼 링크에 data-rel="dialog" 속성을 추가하여 대화상자처럼 디스플레이 할 수 있다. 이 링크를 누르면 그림 7-9와 같은 두 번째 페이지는 메인 흐름을 정지하고 동작하는 대화 상자인 **모달 대화창**으로 디스플레이 되어 질 것이다.

7-4.html

```
        <!-- 첫 번째 페이지 시작 -->
        <section id="page1" data-role="page">
          <header data-role="header"><h1>jQuery 모바일</h1></header>
          <div  data-role="content" class="content">
            <p>첫 번째 페이지!</p>
                <p><a  href="#page2"  data-rel="dialog">두  번째  페이지로...</a></p>
          </div>
          <footer data-role="footer"><h1>ISA Lab.</h1></footer>
        </section>
        <!-- 첫 번째 페이지 끝 -->
        <!-- 두 번째 페이지 시작 -->
        <section id="page2" data-role="page">
          <header data-role="header"><h1>jQuery 모바일</h1></header>
          <div data-role="content" class="content">
            <p>두 번째 페이지!</p>
                <p><a href="#page3">세 번째 페이지로...</a></p>
          </div>
          <footer data-role="footer"r><h1>ISA Lab.</h1></footer>
        </section>
```

[그림 7-9] 대화창 호출

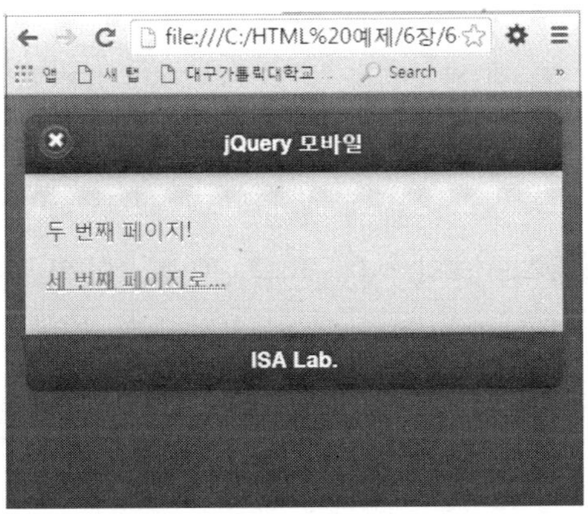

[그림 7-10] 대화창 페이지

(5) 전환

jQuery 모바일은 CSS를 사용하여 하나의 페이지에서 다음 페이지로 어떻게 전환할 지에 대해 다양한 효과를 줄 수 있다. **전환 효과**는 data-transition 속성을 사용하여 어떤 링크나 폼 제출에 적용할 수 있다.

```
<a href="#anylink" data-transition="slide">페이지 2로 이동</a>
```

표 7-1은 페이지와 대화창을 위하여 data-transition 속성으로 사용될 수 있는 가용 전환들을 보여주고 있다.

[표 7-1] 페이지 전환의 종류

data-transition 속성 값	설 명
fade	페이드인(기본 효과)
flip	앞뒤로 뒤집힌다.
flow	현재 페이지가 없어지고 다음 페이지가 나타난다.
pop	팝업 윈도우처럼 다음 페이지로 이동
slide	오른쪽에서 왼쪽으로 이동
slidefade	오른쪽에서 왼쪽으로 페이드인 이동
slideup	맨 아래에서 맨 위로 이동
slidedown	맨 위에서 맨 아래로 이동
turn	다음 페이지로 회전
none	전환효과 없음

모든 전환 효과는 역동작 역시 지원한다. 바로 이전 페이지로 돌아가기를 원한다면, data-direction="reverse"를 사용한다.

그림 7-11은 다양한 페이지 전환 효과를 보여주는 예제이다.

7-5.html

```
<!DOCTYPE html>
<html lang="ko">
<head>
<meta charset="utf-8">
<meta name="viewport" content="width=device-width, initial-scale=1">
<link rel="stylesheet" href="http://code.jquery.com/mobile/1.4.5/
jquery.mobile-1.4.5.min.css">
<script src="http://code.jquery.com/jquery-1.11.3.min.js"></script>
<script src="http://code.jquery.com/mobile/1.4.5/jquery.mobile-
1.4.5.min.js"></script>
</head>
<body>
<div data-role="page" id="pageone">
  <div data-role="header">
    <h1>전환효과의 종류</h1>
  </div>
   <div data-role="main" class="ui-content">
    <p>전환효과를 보기 위하여 이 링크를 클릭하세요.</p>
    <a href="#pagetwo" data-transition="fade">페이지 2로 fade</a><br/>
        <a href="#pagetwo" data-transition="flip">페이지 2로 flip</a><br/>
        <a href="#pagetwo" data-transition="flow">페이지 2로 flow</a><br/>
        <a href="#pagetwo" data-transition="pop">페이지 2로 pop</a><br/>
        <a href="#pagetwo" data-transition="slide">페이지 2로 slide</a><br/>
        <a href="#pagetwo" data-transition="slidefade">페이지 2로
slidefade</a><br/>
        <a href="#pagetwo" data-transition="slideup">페이지 2로
slideup</a><br/>
        <a href="#pagetwo" data-transition="slidedown">페이지 2로
slidedown</a><br/>
        <a href="#pagetwo" data-transition="turn">페이지 2로 turn</a><br/>
        <a href="#pagetwo" data-transition="none">페이지 2로 간다. (전환효과
없음)</a><br/>
  </div>
```

```
  <div data-role="footer">
    <h1>ISA Lab.</h1>
  </div>
</div>
<div data-role="page" id="pagetwo">
  <div data-role="header">
    <h1>페이지 2</h1>
  </div>
   <div data-role="main" class="ui-content">
    <p>돌아가기 위하여 이 링크를 클릭하세요.</p>
    <a href="#pageone">페이지 1로 간다</a>
  </div>
  <div data-role="footer">
    <h1>ISA Lab.</h1>
  </div>
</div>
</body>
</html>
```

[그림 7-11] 페이지 전환효과의 예

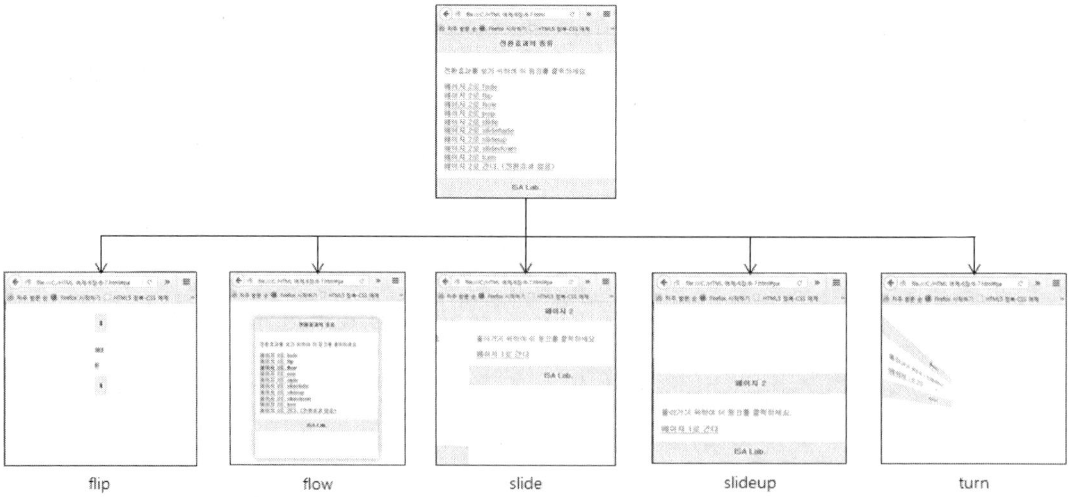

[그림 7-12] 7-5.html의 실행 결과

7.3 페이지 요소

(1) 리스트뷰

jQuery 모바일은 네이티브 앱에서 보여진 스타일과 시각적으로 매우 유사한 형식화된 리스트를 생성할 수 있다.

① 기본 리스트뷰

jQuery 모바일은 순서 리스트나 순서 없는 리스트를 향상시킬 수 있다. 리스트를 생성하기 위하여, <ol> 또는 <ul> 요소에 data-role="listview"를 적용한다. 항목을 가볍게 터치할 수 있게 만들기 위해 각 리스트 항목 <li> 내부에 링크를 명시한다.

그림 7-13은 순서와 순서 없는 리스트뷰 버튼의 예제이다.

7-7.html

```
<!DOCTYPE html>
<html lang="ko">
<head>
<meta charset="utf-8">
<meta name="viewport" content="width=device-width, initial-scale=1">
<link    rel="stylesheet"    href="http://code.jquery.com/mobile/1.4.5/jquery.
mobile-1.4.5.min.css">
<script src="http://code.jquery.com/jquery-1.11.3.min.js"></script>
<script                src="http://code.jquery.com/mobile/1.4.5/jquery.mobile-
1.4.5.min.js"></script>
</head>
<body>
<div data-role="page" id="pageone">
```

```
  <div data-role="main" class="ui-content">
    <h2>순서 리스트</h2>
    <ol data-role="listview">
      <li><a href="#">리스트 항목</a></li>
      <li><a href="#">리스트 항목</a></li>
      <li><a href="#">리스트 항목</a></li>
    </ol>
    <h2>순서 없는 리스트</h2>
    <ul data-role="listview">
      <li><a href="#">리스트 항목</a></li>
      <li><a href="#">리스트 항목</a></li>
      <li><a href="#">리스트 항목</a></li>
    </ul>
  </div>
</div>
</body>
</html>
```

[그림 7-13] 리스트뷰 버튼의 예

[그림 7-14] 7-7.html의 실행 결과

리스트뷰 구분자(divider)는 항목들의 그룹들을 범주들이나 섹션들로 구성하기 위하여 사용되어진다. jQuery 모바일로 리스트들을 섹션 헤더로 분할하기 위하여 <li> 요소에 data-role="list-divider" 속성을 추가한다.

그림 7-15는 리스트뷰 구분자의 예제이다.

7-7.html

```
<!DOCTYPE html>
<html lang="ko">
<head>
<meta charset="utf-8">
<meta name="viewport" content="width=device-width, initial-scale=1">
<link rel="stylesheet" href="http://code.jquery.com/mobile/1.4.5/
jquery.mobile- 1.4.5.min.css">
<script src="http://code.jquery.com/jquery-1.11.3.min.js"></script>
<script src="http://code.jquery.com/mobile/1.4.5/jquery.mobile
-1.4.5.min.js"></script>
</head>
<body>
<div data-role="page" id="pageone">
  <div data-role="main" class="ui-content">
    <h2>리스트뷰 구분자</h2>
    <ul data-role="listview" data-inset="true">
      <li data-role="list-divider">2 학년</li>
      <li><a href="#">시스템 소프트웨어</a></li>
      <li><a href="#">시스템 프로그래밍</a></li>
      <li data-role="list-divider">3 학년</li>
      <li><a href="#">컴퓨터 알고리즘</a></li>
      <li><a href="#">운영체제</a></li>
      <li data-role="list-divider">4 학년</li>
      <li><a href="#">모바일 멀티미디어</a></li>
      <li><a href="#">모바일 웹 앱</a></li>
    </ul>
  </div>
```

```
</div>
</body>
</html>
```

[그림 7-15] 리스트뷰 구분자의 예

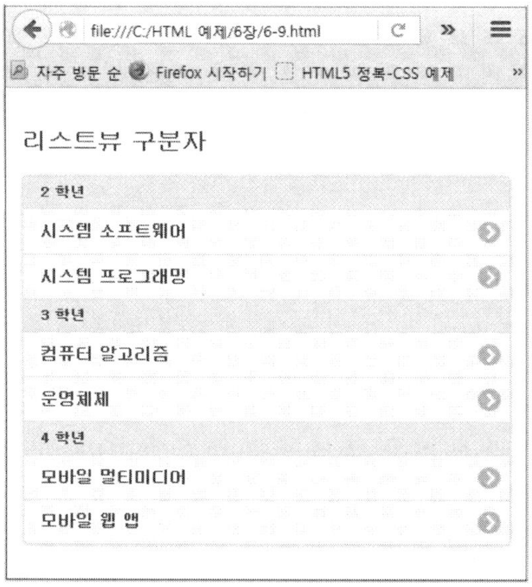

[그림 7-16] 7-7.html의 실행 결과

② 고급 리스트뷰

리스트뷰는 모바일 사용자 인터페이스에서 널리 사용되기 때문에, jQuery 모바일은 조금 더 마크업하여 변형된 리스트뷰들을 생성할 수 있다.

jQuery 모바일은 **중첩 리스트뷰**를 가질 수 있고, 사용자가 각 항목들을 가볍게 터치하여 드릴 다운할 수 있는 대화형 뷰를 생성할 수 있다. 첫 번째 뷰는 상위 리스트의 항목들로 구성되고, 그것들 중의 하나를 가볍게 터치하면 그것의 서브 리스트가 디스플레이 될 것이다. jQuery 모바일은 뒤로 이동 버튼을 자동적으로 제공하고 페이지에서 페이지로 URL 매핑과 전환을 관리할 것이다. 그리고 중첩 리스트뷰에서 상위 리스트뷰의 항목들은 링크를 갖지 않는다. 그림

7-17은 중첩 리스트뷰의 코드를 보여준다.

7-8.html

```
<!DOCTYPE html>
<html lang="ko">
  <head>
    <meta charset="utf-8">
    <title>jQuery 모바일 응용</title>
        <link rel="stylesheet" href="http://code.jquery.com/mobile/1.0a4.1/
jquery.mobile-1.0a4.1.min.css" />
        <script src="http://code.jquery.com/jquery-1.5.2.min.js"></script>
        <script src="http://code.jquery.com/mobile/1.0a4.1/jquery.mobile
-1.0a4.1.min.js"></script>
  </head>
  <body>
        <section id="page1" data-role="page">
          <header data-role="header"><h1>jQuery 모바일</h1></header>
          <div class="content" data-role="content">
                <h3>중첩 리스트뷰 예</h3>
                <ul data-role="listview">
                  <li>리스트뷰
                    <ul>
                      <li>기본 리스트뷰
                        <ul>
                          <li>리스트뷰 버튼</li>
                          <li>분할 리스트뷰</li>
                        </ul>
                      </li>
                      <li>고급 리스트뷰
                        <ul>
                          <li>중첩 리스트뷰</li>
                          <li>리스트뷰 분할 버튼</li>
```

```
                    <li>썸네일과 아이콘</li>
                            <li>카운트 버블</li>
                  </ul>
                </li>
                <li>리스트뷰 응용
                  <ul>
                    <li>여러 줄 리스트뷰</li>
                    <li>검색 필드 리스트</li>
                  </ul>
                </li>
              </ul>
            </li>
          </ul>
      </div>
      <footer data-role="footer"><h1>ISA Lab.</h1></footer>
    </section>
  </body>
</html>
```

[그림 7-17] 중첩 리스트뷰의 예

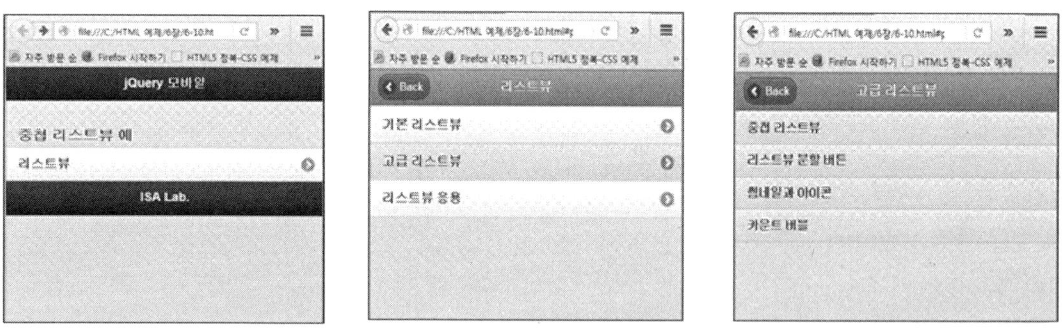

[그림 7-18] 7-8.html의 실행 결과

jQuery 모바일은 버튼이 가볍게 터치할 수 있는 2개의 다른 지역으로 나누어진 분할 버튼의 리스트를 생성할 수 있다. 수직선으로 분할된 리스트뷰를 생성하기 위하여, <li> 요소 내에 2개의 링크를 배치한다. jQuery 모바일은 그 리스트의 오른쪽에 있는 두 번째 링크에 오른쪽 화살표 아이콘을 자동적으로 배치한다. 그리고 마우스가 그 아이콘 위에 있을 때 그 링크 내의 텍스트가 보여 질 것이다. **분할 버튼**은 모바일 사용자 인터페이스에서 자주 사용되어지고, 그리고 하나의 리스트 항목에 2가지 다른 기능들을 가지게 하는 편리한 방법을 제공한다. 그림 7-19는 **분할 리스트뷰**의 예제에 대한 코드를 보여준다.

7-9.html

```
<!DOCTYPE html>
<html lang="ko">
  <head>
    <meta charset="utf-8">
    <title>jQuery 모바일 응용</title>
        <link rel="stylesheet" href="http://code.jquery.com/mobile/1.0a4.1/
jquery.mobile-1.0a4.1.min.css" />
        <script src="http://code.jquery.com/jquery-1.5.2.min.js"></script>
        <script src="http://code.jquery.com/mobile/1.0a4.1/jquery.mobile
-1.0a4.1.min.js"></script>
  </head>
  <body>
        <section id="page1" data-role="page">
          <header data-role="header"><h1>jQuery 모바일</h1></header>
          <div class="content" data-role="content">
                <ul data-role="listview">
                  <li>식당
                    <ul>
                      <li>한식
                        <ul>
                          <li>
                                <a href="#">강원도래요</a>
                                        <a href="#">예약하기</a>
                          </li>
                          <li>
```

```
                                <a href="#">한우촌</a>
                                        <a href="#">예약하기</a>
                        </li>
                        <li>
                                <a href="#">뜰안에 행복</a>
                                        <a href="#">예약하기</a>
                        </li>
                        <li>
                                <a href="#">영천축협한우프라자</a>
                                        <a href="#">예약하기</a>
                        </li>
                    </ul>
                </li>
            </ul>
        </li>
    </ul>
        </div>
        <footer data-role="footer"><h1>ISA Lab.</h1></footer>
    </section>
  </body>
</html>
```

[그림 7-19] 분할 리스트뷰의 예

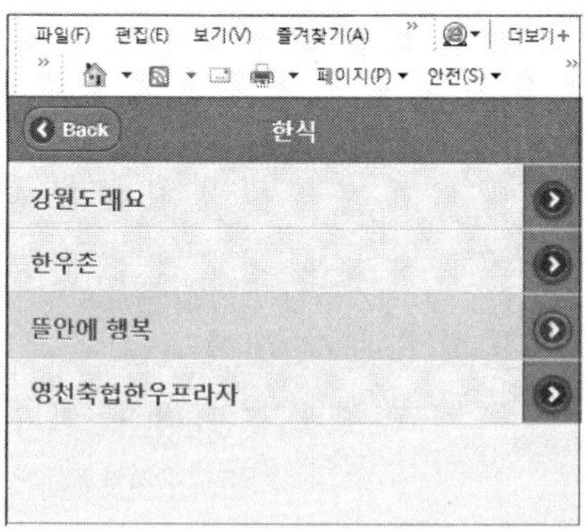

[그림 7-20] 7-9.html의 실행 결과

어떤 리스트 항목 내부에 첫 번째 자식 요소로 <img> 요소를 추가할 수 있다. **썸네일**은 리스트 항목의 왼쪽에 디스플레이 되어 질 예정인 이미지이다. jQuery 모바일은 썸네일 이미지를 80×80 픽셀로 자동적으로 축소할 것이다. 그림 7-21는 그림 7-19의 7-9.html로부터 '한식' 리스트 항목 부분에 이미지를 추가한 썸네일 리스트 뷰의 코드를 보여준다.

7-10.html

```
...
<li>한식
 <ul>
   <li>
     <a href="#"><img src="gamjaongsimi.jpg">강원도래요</a>
     <a href="#">예약하기</a>
   </li>
   <li>
     <a href="#"><img src="hanwoo.jpg">한우촌</a>
     <a href="#">예약하기</a>
   </li>
   <li>
     <a href="#"><img src="dolsotbab.jpg">뜰안에 행복</a>
     <a href="#">예약하기</a>
   </li>
   <li>
     <a href="#"><img src="yukhoe.jpg">영천축협한우프라자</a>
     <a href="#">예약하기</a>
   </li>
  </ul>
</li>
...
```

[그림 7-21] 썸네일 리스트 뷰의 예

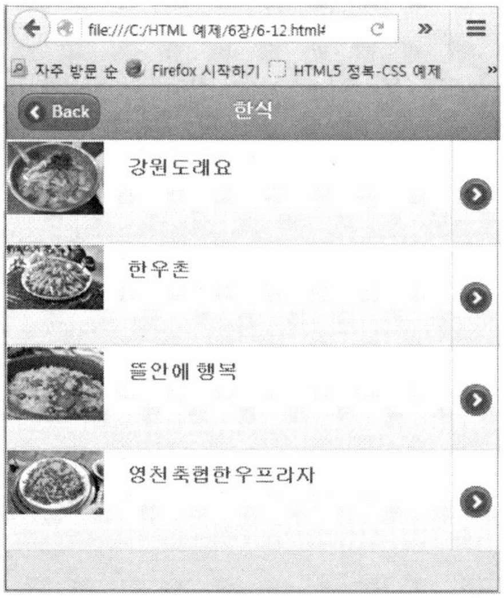

[그림 7-22] 7-10.html의 실행 결과

카운트 버블은 해당 항목의 카운트 정보를 보여주는 리스트내의 아이콘이다. jQuery 모바일로 카운트 버블을 추가하기 위하여 그림 7-23에서 보여 진 것처럼 마크업과 클래스 ui-li-count를 추가한다.

7-11.html

```
<!DOCTYPE html>
<html lang="ko">
  <head>
    <meta charset="utf-8">
    <title>jQuery 모바일 응용</title>
        <link rel="stylesheet" href="http://code.jquery.com/mobile/1.0a4.1/
jquery.mobile-1.0a4.1.min.css" />
        <script src="http://code.jquery.com/jquery-1.5.2.min.js"></script>
        <script src="http://code.jquery.com/mobile/1.0a4.1/jquery.mobile-
1.0a4.1.min.js"></script>
  </head>
  <body>
```

```
        <section id="page1" data-role="page">
          <header data-role="header"><h1>jQuery 모바일</h1></header>
          <div class="content" data-role="content">
                <ul data-role="listview">
                 <li data-role="divider">항목<span class="ui-li-count">5
</span></li>
                 <li><a href="#">식당</a><span class="ui-li-count">3</span>
                    <ul>
                      <li>
                        <a href="#">
                          <img src="KoreanFood.jpg" alt="Korean foods">
                                    한식<span class="ui-li-count">3</span>
                        </a>
                        <ul>
                        <li>
                         <a href="#">
                          <img src="gamjaongsimi.jpg">강원노래요</a>
                                <span class="ui-li-count">7</span>
                                <a href="#">예약하기</a>
                        </li>
                        <li>
                          <a href="#"><img src="hanwoo.jpg">한우촌</a>
                                <a href="#">예약하기</a>
                        </li>
                        <li>
                         <a href="#"><img src="dolsotbab.jpg">
                                   뜰안에 행복</a>
                                <a href="#">예약하기</a>
                        </li>
                        </ul>
                      </li>
                      <li>
                        <a href="#">
                          <img src="JapaneseFood.jpg" alt="Japanese foods">
                          일식<span class="ui-li-count">3</span>
                        </a>
                        <ul>
                          <li>대어</li>
                          <li>금강회초밥</li>
                          <li>제2대번회초밥</li>
```

```
                        </ul>
                      </li>
                      <li>
                        <a href="#">
                          <img src="ChineseFood.jpg" alt="Chinese foods">
                          중식<span class="ui-li-count">3</span>
                        </a>
                        <ul>
                          <li>왕가네 손짜장</li>
                          <li>만리장성</li>
                          <li>아서원</li>
                        </ul>
                      </li>
                    </ul>
                  </li>
                </ul>
          </div>
          <footer data-role="footer"><h1>ISA Lab.</h1></footer>
        </section>
  </body>
</html>
```

[그림 7-23] 카운트 버블의 예

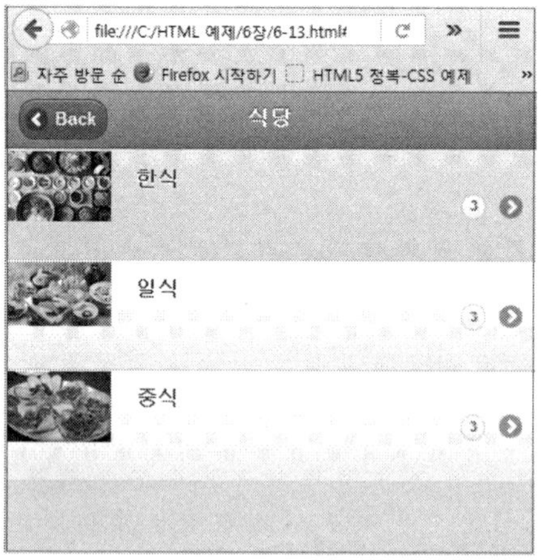

[그림 7-24] 7-11.html의 실행 결과

(2) 버튼

아이콘에 버튼을 추가하기 위하여 ui-icon 클래스를 사용하고, 그리고 아이콘 위치 클래스 (ui-btn-icon-pos)로 그 아이콘을 배치한다. 한 버튼에서 아이콘이 배치되어야 하는 곳에 대한 4가지 값: top, right, bottom, left 중에 하나를 명시할 수 있다. 표 7-2는 jQuery 모바일에서 제공하는 가용 **아이콘**들의 목록을 보여준다.

[표 7-2] jQuery 모바일 아이콘 목록

data-icon 속성 값	의미	아이콘
alert	경고	
audio	오디오/사운드/스피커	
arrow-l	왼쪽 화살표	
arrow-r	오른쪽 화살표	
arrow-u	위쪽 화살표	
arrow-d	아래쪽 화살표	
back	뒤로 이동	
carat-d	아래쪽을 가리키는 캐럿기호	
carat-l	왼쪽을 가리키는 캐럿기호	
carat-r	오른쪽을 가리키는 캐럿기호	
carat-u	위쪽을 가리키는 캐럿기호	
check	확인	
delete	취소	
forward	앞으로 이동	
grid	격자 모양	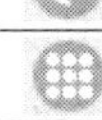
home	홈	
info	정보	
location	위치/GPS	
minus	빼기	

plus	더하기	
power	전원(켜기/끄기)	
refresh	새로고침	
search	검색	

그림 7-25는 jQuery 모바일에서 <a>, <button>, <input> 그리고 <li> 요소들에 data-icon 속성, icon 클래스, 아이콘 위치를 사용하여 아이콘을 추가한 예제이다.

7-12.html

```
<!DOCTYPE html>
<html lang="ko">
<head>
<meta charset="utf-8">
<meta name="viewport" content="width=device-width, initial-scale=1">
<link rel="stylesheet" href="http://code.jquery.com/mobile/1.4.5/jquery.mobile-1.4.5.min.css">
<script src="http://code.jquery.com/jquery-1.11.3.min.js"></script>
<script src="http://code.jquery.com/mobile/1.4.5/jquery.mobile-1.4.5.min.js"></script>
</head>
<body>
<div data-role="page" id="pageone">
  <div data-role="main" class="ui-content">
    <p>기타 아이콘들</p>
    <a href="#" class="ui-btn ui-icon-action ui-btn-icon-left">액션</a>
        <a href="#" class="ui-btn ui-icon-cloud ui-btn-icon-left">구름 모양</a>
        <a href="#" class="ui-btn ui-icon-forbidden ui-btn-icon-left">금지신
```

```
호</a>
    <button class="ui-btn ui-icon-audio ui-btn-icon-left">오디오</button>
        <button    class="ui-btn    ui-icon-camera    ui-btn-icon-left">카메라
</button>
        <button    class="ui-btn    ui-icon-gear    ui-btn-icon-left">톱니바퀴
</button>
        <input type="button" value="바 모양" data-icon="bars">
        <input type="button" value="불릿 모양" data-icon="bullets">
        <input type="button" value="하트 모양" data-icon="heart">
        <ul data-role="listview" data-inset="true">
      <li data-icon="calendar"><a href="#">달력</a></li>
      <li data-icon="clock"><a href="#">시계</a></li>
          <li data-icon="comment"><a href="#">설명</a></li>
          <li data-icon="edit"><a href="#">편집</a></li>
          <li data-icon="eye"><a href="#">눈모양</a></li>
          <li data-icon="lock"><a href="#">자물쇠</a></li>
          <li data-icon="mail"><a href="#">우편</a></li>
          <li data-icon="navigation"><a href="#">네비게이션</a></li>
          <li data-icon="phone"><a href="#">전화</a></li>
          <li data-icon="refresh"><a href="#">재생</a></li>
          <li data-icon="shop"><a href="#">쇼핑</a></li>
          <li data-icon="star"><a href="#">별모양</a></li>
          <li data-icon="tag"><a href="#">꼬리표</a></li>
          <li data-icon="user"><a href="#">사용자</a></li>
          <li data-icon="video"><a href="#">비디오</a></li>
    </ul>
  </div>
</div>
</body>
</html>
```

[그림 7-25] 아이콘 버튼의 생성

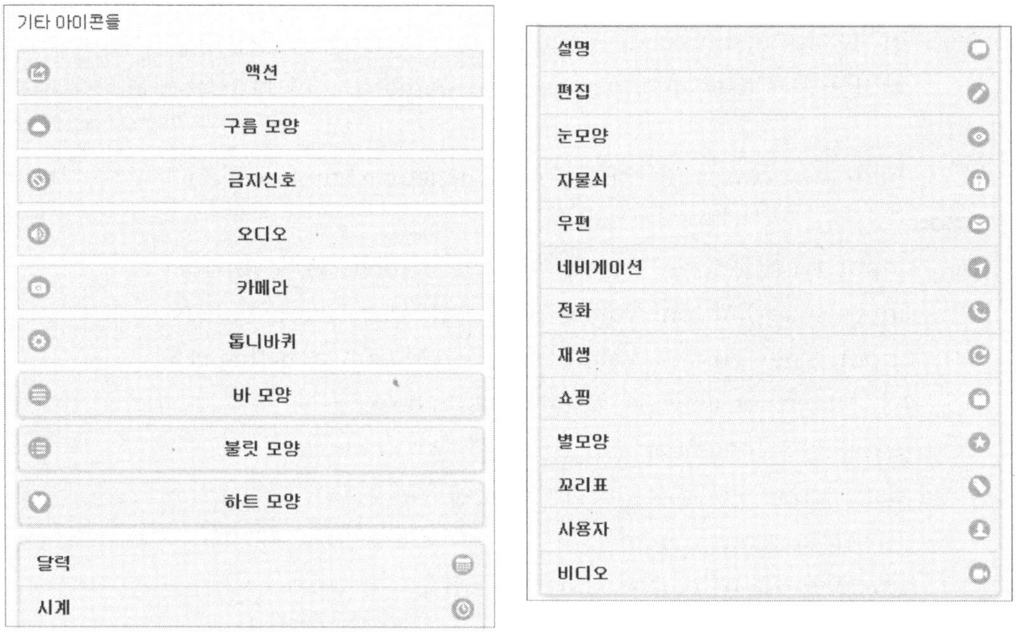

[그림 7-26] 7-12.html의 실행 결과

(3) 툴바

jQuery 모바일은 다수의 다른 툴바를 생성할 수 있다. **툴바**란 응용 프로그램 작업 시 자주 사용하는 링크, 버튼, 명령어 등을 아이콘 모양으로 바 형태로 정렬하여 작업을 쉽게 할 수 있도록 한 기능이다. jQuery 모바일은 3가지 종류의 툴바: 머리말, 꼬리말, 네비게이션를 제공한다.

① 머리말바

머리말은 페이지의 상단에 위치하고, 페이지 제목과 로고 또는 1개 또는 2개의 버튼을 일반적으로 포함한다. 머리말의 좌측 또는 우측에 버튼을 추가할 수 있다. 그림 7-27은 홈과 검색 버튼을 포함하는 머리말의 코드를 보여준다.

7-13.html

```
<!DOCTYPE html>
<html lang="ko">
<head>
<meta charset="utf-8">
<meta name="viewport" content="width=device-width, initial-scale=1">
<link rel="stylesheet" href="http://code.jquery.com/mobile/1.4.5/
jquery.mobile-1.4.5.min.css">
<script src="http://code.jquery.com/jquery-1.11.3.min.js"></script>
<script src="http://code.jquery.com/mobile/1.4.5/jquery.mobile
-1.4.5.min.js"></script>
</head>
<body>
<div data-role="page">
  <div data-role="header">
    <a href="#" class="ui-btn ui-corner-all ui-shadow ui-icon-home
ui-btn-icon-left">홈</a>
    <h1>페이지 제목</h1>
    <a href="#" class="ui-btn ui-corner-all ui-shadow ui-icon-search
ui-btn-icon-left">검색</a>
  </div>
  <div data-role="main" class="ui-content">
    <p>첫 번째 페이지 내용</p>
  </div>
  <div data-role="footer">
    <h4>페이지 꼬리말</h4>
  </div>
</div>
</body>
</html>
```

[그림 7-27] 머리말바 생성의 예

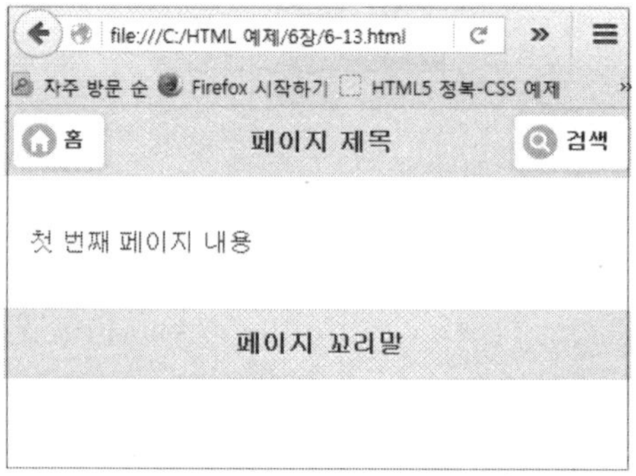

[그림 7-28] 7-13.html의 실행 결과

② 꼬리말바

꼬리말은 페이지의 밑바닥에 위치한다. 꼬리말은 머리말 보다 더 유연하다. 그것은 더 많은 기능을 가지고 페이지에 따라 바뀔 수도 있으며, 필요에 따라 많은 버튼을 포함할 수도 있다. 그림 7-29는 3개의 버튼을 포함하는 꼬리말의 코드를 보여준다.

7-14.html

```
<!DOCTYPE html>
<html lang="ko">
<head>
<meta charset="utf-8">
<meta name="viewport" content="width=device-width, initial-scale=1">
<link rel="stylesheet" href="http://code.jquery.com/mobile/1.4.5/
jquery.mobile-1.4.5.min.css">
<script src="http://code.jquery.com/jquery-1.11.3.min.js"></script>
<script src="http://code.jquery.com/mobile/1.4.5/jquery.mobile
-1.4.5.min.js"></script>
</head>
<body>
```

```
<div data-role="page">
  <div data-role="header">
    <a href="#" class="ui-btn ui-corner-all ui-shadow ui-icon-home ui-btn-icon-left ">홈</a>
    <h1>페이지 제목</h1>
    <a href="#" class="ui-btn ui-corner-all ui-shadow ui-icon-search ui-btn-icon-left ">검색</a>
  </div>
  <div data-role="main" class="ui-content">
    <p>페이지 내용...</p>
  </div>
  <div data-role="footer">
    <a href="#" class="ui-btn ui-corner-all ui-shadow ui-icon-plus ui-btn-icon-left">페이스북에 추가</a>
    <a href="#" class="ui-btn ui-corner-all ui-shadow ui-icon-bars ui-btn-icon-left">바버튼</a>
    <a href="#" class="ui-btn ui-corner-all ui-shadow ui-icon-arrow-r ui-btn-icon-left">페이지1</a>
  </div>
</div>
</body>
</html>
```

[7-29] 꼬리말바 생성의 예

[7-30] 7-14.html의 실행 결과

③ 머리말과 꼬리말의 배치

jQuery 모바일은 3가지 방법으로 머리말 툴바와 꼬리말 툴바를 동적으로 배치할 수 있다.

- 인라인: 툴바들은 문서 흐름, 사용자 스크롤에 따라 표현되어진다(기본).
- 고정: 머리말과 꼬리말은 페이지의 상단과 하단에 위치될 것이다.
- 전체화면: 머리말과 꼬리말은 문서 흐름으로부터 제외되고, 뷰포트의 상단과 하단에 항상 동적으로 위치되어진다. 그것은 화면 터치에 의해 나타남과 숨김을 반복한다.

머리말과 꼬리말을 배치하기 위하여 data-position 속성을 사용한다. 그림 7-31은 data-fullscreen 속성과 data-position 속성을 사용하여 화면을 터치하면 머리말과 꼬리말이 페이지 상단과 하단에 각각 나타나고 없어지는 것을 반복하는 코드이다.

7-15.html

```
<!DOCTYPE html>
<html lang="ko">
  <head>
    <meta charset="utf-8">
    <title>jQuery 모바일 응용</title>
        <link rel="stylesheet" href="http://code.jquery.com/mobile/1.0a4.1/
jquery.mobile-1.0a4.1.min.css" />
        <script src="http://code.jquery.com/jquery-1.5.2.min.js"></script>
        <script src="http://code.jquery.com/mobile/1.0a4.1/jquery.mobile
-1.0a4.1.min.js"></script>
  </head>
  <body>
   <section id="page1" data-role="page" data-fullscreen="true">
```

```
    <header data-role="header" data-position="fixed">
        <h1>jQuery 모바일</h1>
    </header>
    <div class="content" data-role="content">
        <h3>페이지 내용...</h3>
    </div>
    <footer data-role="footer" data-position="fixed">
        <h3>ISA Lab.</h3>
    </footer>
   </section>
  </body>
</html>
```

[그림 7-31] 머리말과 꼬리말 배치의 예

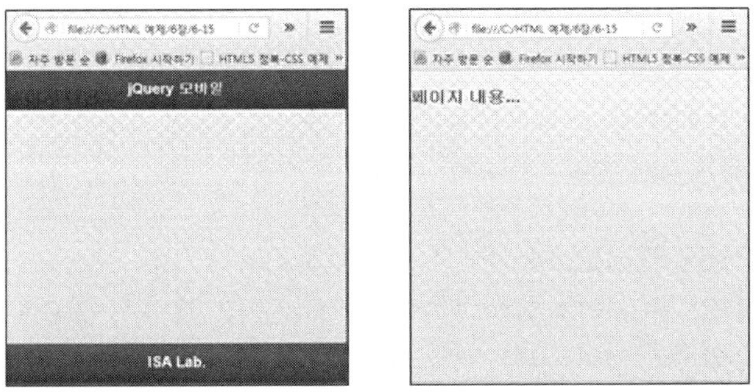

[그림 7-32] 7-15.html의 실행 예제

④ 네비게이션 바

네비게이션 바는 일반적으로 머리말과 꼬리말 내에 수평으로 정렬된 링크들의 그룹으로 구성되어진다. 기본적으로, 네비게이션 바 내부의 링크들은 자동적으로 버튼으로 바뀐다.

네비게이션 바는 머리말이나 꼬리말 내에 data-role="navbar" 속성을 갖는 <div> 요소 내부에 링크들의 순서 없는 리스트를 추가하면 생성되어진다. 네비게이션에 아이콘을 추가하기 위하여 data-icon 속성을 사용한다. 그림 7-33은

3개의 버튼을 갖는 네비게이션 바의 예를 보여준다.

7-17.html

```
<!DOCTYPE html>
<html lang="ko">
<head>
<meta charset="utf-8">
<meta name="viewport" content="width=device-width, initial-scale=1">
<link rel="stylesheet" href="http://code.jquery.com/mobile/1.4.5/jquery.
mobile-1.4.5.min.css">
<script src="http://code.jquery.com/jquery-1.11.3.min.js"></script>
<script src="http://code.jquery.com/mobile/1.4.5/jquery.mobile-1.4.5.min.
js"></script>
</head>
<body>
<div data-role="page" id="pageone">
  <div data-role="header">
    <h1>환영합니다!</h1>
    <div data-role="navbar">
      <ul>
        <li><a href="#" data-icon="home">홈</a></li>
        <li><a href="#" data-icon="arrow-r">다음 페이지</a></li>
        <li><a href="#" data-icon="search">검색</a></li>
      </ul>
    </div>
  </div>
  <div data-role="main" class="ui-content">
    <p>홈피 내용</p>
  </div>
  <div data-role="footer">
    <h1>꼬리말</h1>
  </div>
</div>
</body>
</html>
```

[그림 7-33] 네비게이션 바 생성

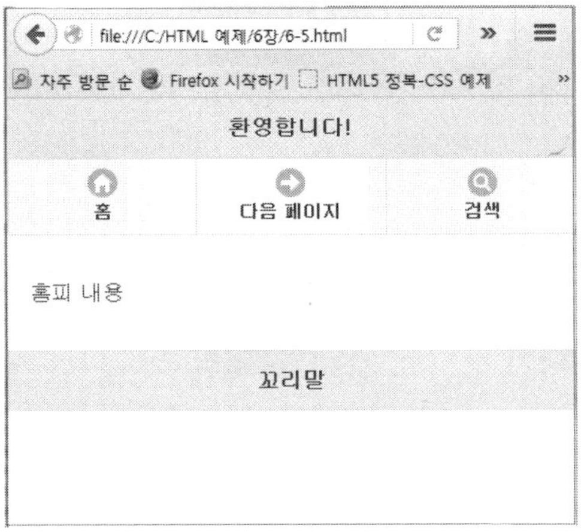

[그림 7-34] 7-13.html의 실행 결과

(4) 폼 요소

jQuery 모바일은 폼들을 매력적이고 사용하기 쉽게 만들기 위하여 HTML 폼 요소들에 CSS를 사용한다. jQuery 모바일에서 다른 폼 컨트롤들을 사용할 수 있다.

- 텍스트 입력
- 검색 입력
- 라디오 버튼
- 체크박스
- 선택 메뉴
- 슬라이드
- 플립 토글 스위치

jQuery 모바일 폼으로 작업할 때 다음 사항들을 알아야 한다.

- <form> 요소는 method와 action 속성을 가져야 한다.
- 각 폼 요소는 유일한 "id" 속성을 가져야 한다.

- 각 폼 요소는 레이블을 가져야 한다. 요소의 id와 일치시키기 위하여 레이블의 for 속성을 설정한다.

① 체크박스와 라디오 버튼

체크박스는 제한된 개수의 선택 항목들 중에 하나 이상을 선택할 때 사용된다. 라디오 버튼은 제한된 개수의 선택 항목들 중에 단 하나만 선택할 때 사용한다.

라디오 버튼을 생성하기 위하여, type="radio"와 대응하는 레이블을 갖는 input을 추가한다. 라디오 버튼들을 <fieldset> 요소로 둘러싼다. <fieldset>을 위한 캡션을 정의하기 위하여 <legend> 요소를 역시 추가할 수 있다. 버튼들을 함께 그룹화하기 위하여 <fieldset> 요소에 data-role="controlgroup" 속성을 사용한다.

7-17.html

```
<!DOCTYPE html>
<html lang="ko">
  <head>
    <meta charset="utf-8">
    <title>jQuery 모바일 응용</title>
        <link rel="stylesheet" href="http://code.jquery.com/mobile/1.0a4.1/
jquery.mobile-1.0a4.1.min.css" />
        <script src="http://code.jquery.com/jquery-1.5.2.min.js"></script>
        <script src="http://code.jquery.com/mobile/1.0a4.1/jquery.mobile
-1.0a4.1.min.js"></script>
  </head>
  <body>
        <section id="page1" data-role="page">
          <header data-role="header"><h1>jQuery 모바일</h1></header>
```

```
            <div class="content" data-role="content">
                    <h3>체크박스와 라디오 버튼</h3>
                    <form          id="myform"          action="formprocessor.php"
method="post">
                      <div data-role="fieldcontain">
                    <fieldset data-role="controlgroup">
                      <legend>언어 선택:</legend>
                               <input  type="checkbox"  name="checkbox-french"
id="checkbox-french">
                              <label for="checkbox-french">프랑스어</label>
                               <input  type="checkbox"  name="checkbox-italian"
id="checkbox-italian">
                              <label for="checkbox-italian">이태리어</label>
                               <input  type="checkbox"  name="checkbox-greek"
id="checkbox-greek">
                              <label for="checkbox-greek">그리스어</label>
                    </fieldset>
                      <div data-role="fieldcontain">
                    <fieldset data-role="controlgroup" data-type="horizontal">
                      <legend>학년 선택::</legend>
                                     <input     type="radio"     name="radio-grade"
id="radio-freshman"checked="checked" >
                              <label for="radio-freshman">1학년</label>
                                     <input     type="radio"     name="radio-grade"
id="radio-sophomore">
                              <label for="radio-sophomore">2학년</label>
                                     <input     type="radio"     name="radio-grade"
id="radio-junior">
                              <label for="radio-junior">3학년</label>
                                     <input     type="radio"     name="radio-grade"
id="radio-senior">
                              <label for="radio-senior">4학년</label>
                    </fieldset>
```

```
                    </div>
                </form>
            </div>
            <footer data-role="footer"><h1>ISA Lab.</h1></footer>
        </section>
  </body>
</html>
```

[그림 7-35] 체크박스와 라디오 버튼 생성의 예

[그림 7-36] 7-17.html의 실행 결과

② 입력 필드와 텍스트 영역

jQuery 모바일은 입력 필드와 텍스트 영역을 잘 처리한다. 기본으로 그 요소들은 둥근 모서리와 그림자 처리로 인해 시각적으로 개선되었다. 입력 필드는 type 속성을 적용할 수 있고, HTML5에서 정의된 다수의 새로운 값을 사용할 수 있다. <textarea> 요소를 사용하여 여러 줄의 문자열을 입력할 수도 있다.

7-18.html

```
<!DOCTYPE html>
<html lang="ko">
<head>
<meta charset="utf-8">
<meta name="viewport" content="width=device-width, initial-scale=1">
<link        rel="stylesheet"        href="http://code.jquery.com/mobile/1.4.5/
jquery.mobile-1.4.5.min.css">
<script src="http://code.jquery.com/jquery-1.11.3.min.js"></script>
<script                    src="http://code.jquery.com/mobile/1.4.5/jquery.mobile
-1.4.5.min.js"></script>
</head>
<body>
<div data-role="page">
  <div data-role="header">
  <h1>입력 필드/텍스트 영역</h1>
  </div>
  <div data-role="main" class="ui-content">
    <form method="post" action="demoform.asp">
      <div class="ui-field-contain">
        <label for="fullname">이 름:</label>
        <input type="text" name="fullname" id="fullname">
        <label for="bday">생년월일:</label>
        <input type="date" name="bday" id="bday">
        <label for="email">이메일:</label>
        <input  type="email"  name="email"  id="email"  placeholder="이메일  주
소...">
        <label for="info">추가정보:</label>
        <textarea name="addinfo" id="info"></textarea>
      </div>
      <input type="submit" data-inline="true" value="제출">
    </form>
  </div>
</div>
```

[그림 7-37] 입력 필드와 텍스트 영역 생성의 예

[그림 7-38] 7-18.html의 실행 결과

③ 검색 필드

type="search"는 HTML5에서 새롭게 정의된 입력 속성이고, 검색어 입력을 위한 텍스트 필드를 정의한다. 입력 필드의 왼쪽에 검색 아이콘이 나타나고, 입력을 시작하면 입력 필드의 오른쪽에 지우기 아이콘( )이 나타난다. 지우기 아이콘을 터치하면 필드의 사용자 입력은 지워질 것이다.

7-19.html

```
<!DOCTYPE html>
<html lang="ko">
<head>
<meta charset="utf-8">
<meta name="viewport" content="width=device-width, initial-scale=1">
<link rel="stylesheet" href="http://code.jquery.com/mobile/1.4.5/jquery.mobile-1.4.5.min.css">
<script src="http://code.jquery.com/jquery-1.11.3.min.js"></script>
<script src="http://code.jquery.com/mobile/1.4.5/jquery.mobile-1.4.5.min.js"></script>
</head>
<body>
```

```
<div data-role="page">
  <div data-role="header">
  <h1>검색 입력</h1>
  </div>
  <div data-role="main" class="ui-content">
    <form method="post" action="demoform.asp">
      <div class="ui-field-contain">
        <label for="search">검색:</label>
        <input type="search" name="search" id="search" placeholder="검색어
입력...">
      </div>
      <input type="submit" data-inline="true" value="제출">
    </form>
  </div>
</div>
</body>
</html>
```

[그림 7-39] 입력 필드 생성의 예

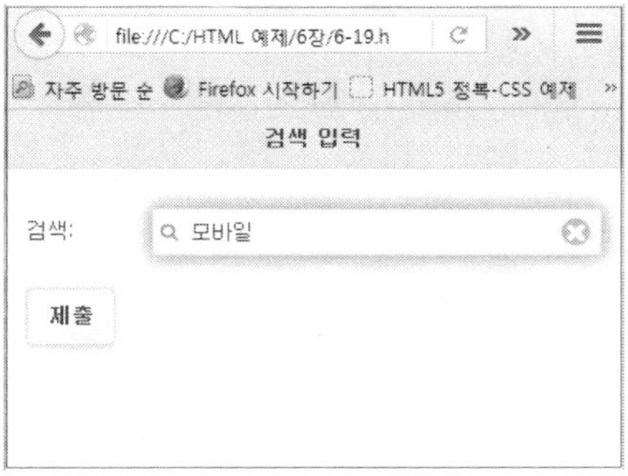

[그림 7-40] 7-19.html의 실행 결과

④ 선택 메뉴

선택 메뉴는 jQuery 모바일 라이브러리에서 더 크게 점차적으로 향상된 요소들 중의 하나이다. jQuery 모바일은 플랫폼의 네이티브 선택 위젯을 사용하거나 사용자 정의 스타일 선택 메뉴를 생성할 수 있다. 만일 선택 메뉴가 모든 모바일 장치들 상에서 동일하게 디스플레이 되기를 원한다면, <select> 요소 안에 data-native-menu="false" 속성을 지정하여 선택 메뉴가 대화 상자와 비슷한 모양의 사용자 정의 선택 메뉴를 사용할 수 있다.

<select> 요소는 다수의 선택 항목들을 갖는 드롭다운 리스트를 생성한다. <select> 요소 내부의 <option> 요소들은 그 리스트의 가용 옵션을 정의한다.

7-20.html

```
<!DOCTYPE html>
<html lang="ko">
  <head>
    <meta charset="utf-8">
    <title>jQuery 모바일 응용</title>
        <meta name="viewport" content="width=device-width,
initial-scale=1">
        <link rel="stylesheet" href="http://code.jquery.com/mobile/1.4.5/
jquery.mobile-1.4.5.min.css">
        <script src="http://code.jquery.com/jquery-1.11.3.min.js"></script>
        <script src="http://code.jquery.com/mobile/1.4.5/jquery.mobile
-1.4.5.min.js"></script>
  </head>
  <body>
        <section id="page1" data-role="page">
          <header data-role="header"><h1>jQuery 모바일</h1></header>
          <div class="content" data-role="content">
            <h3>선택 메뉴 데모</h3>
            <form id="myform" action="formprocessor.php" method ="post">
              <div data-role="fieldcontain">
                <label for="select-restaurants">식당 선택:</label>
```

```
                <select id="select-restaurants" name="select-restaurants" data-native-menu="false" multiple="multiple">
                  <option value="choose" data-placeholder="true">선택하세요</option>
                  <optgroup label="한식">
                    <option value="k-rest1">강원도래요</option>
                    <option value="k-rest2">한우촌</option>
                    <option value="k-rest3">뜰안의 행복</option>
                  </optgroup>
                  <optgroup label="중식">
                    <option value="c-rest1">왕가네 손짜장</option>
                    <option value="c-rest2">만리장성</option>
                    <option value="c-rest3">아서원</option>
                  </optgroup>
                </select>
          </div>
        </form>
      </div>
      <footer data-role="footer"><h1>ISA Lab.</h1></footer>
    </section>
  </body>
</html>
```

[그림 7-41] 선택 메뉴 생성의 예

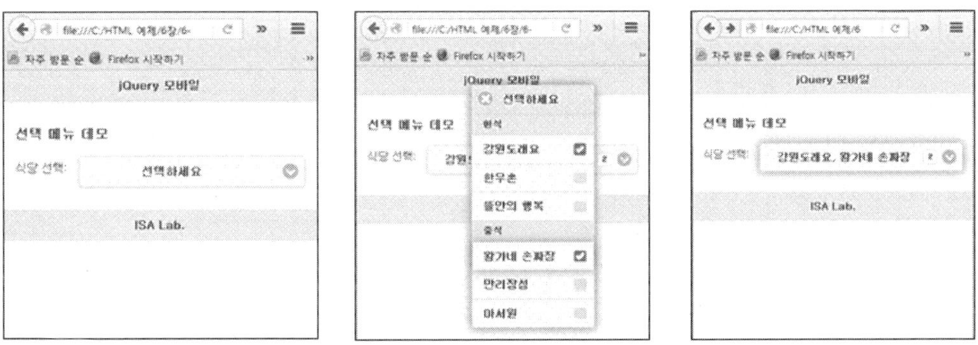

[그림 7-42] 7-20.html의 실행 결과

⑤ 플립 토글과 슬라이드

플립 스위치는 켜기/끄기 또는 참/거짓 버튼을 위하여 자주 사용되어진다. 플립 스위치를 생성하기 위하여 <input type="checkbox">를 사용하고, data-role="flipswitch"를 명시한다.

슬라이드는 숫자의 범위로부터 어떤 값을 선택할 수 있다. 슬라이드를 생성하기 위하여 <input type="range">를 사용한다.

7-21.html

```
<!DOCTYPE html>
<html lang="ko">
<head>
<meta charset="utf-8">
<meta name="viewport" content="width=device-width, initial-scale=1">
<link          rel="stylesheet"          href="http://code.jquery.com/mobile/1.4.5/
jquery.mobile-1.4.5.min.css">
<script src="http://code.jquery.com/jquery-1.11.3.min.js"></script>
<script                   src="http://code.jquery.com/mobile/1.4.5/jquery.mobile
-1.4.5.min.js"></script>
</head>
<body>
<section id="page1" data-role="page">
  <header data-role="header"><h1>플립토글/슬라이드</h1></header>
  <div data-role="main" class="ui-content">
    <form method="post" action="demoform.asp">
    <label for="switch">성별:</label>
    <input type="checkbox" data-role="flipswitch" name="switch" id="switch"
data-on-text="남성" data-off-text="여성">
    </form>
    <form method="post" action="demoform.asp">
      <label for="points">점수:</label>
```

```
        <input type="range" name="points" id="points" value="50" min="0"
max="100" data-popup-enabled="true">
      </form>
  </div>
</section>
</body>
</html>
```

[그림 7-43] 플립 토글과 슬라이드의 생성 예

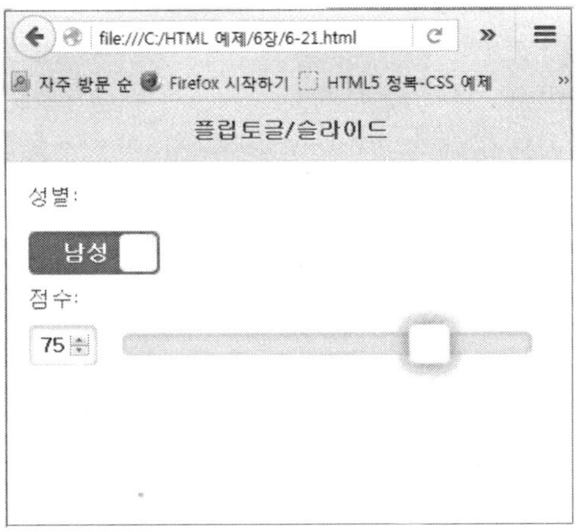

[그림 7-44] 7-21.html의 실행 결과

(5) 레이아웃 그리드

jQuery 모바일은 범위가 2열부터 5열에 이르는 내장 레이아웃 그리드 집합을 가지고 있다. 레이아웃 그리드는 버튼 또는 더 정밀한 레이아웃이 필요한 폼 필드와 같은 더 작은 요소들을 배치시키는데 유용하다.

레이아웃 그리드는 grid를 포함시키기 위하여 div를 생성하고, div 내부에 cell을 추가하는 div 구조에 기초한다. 포함되는 div는 열 번호에 따라 클래스 ui-grid-a|b|c|d|e가 주어진다. 그리고 열 컨테이너 내의 자식 요소들은 열 번

호에 따라 클래스 ui-block-a|b|c|d|e를 가질 수 있다. 그 열들은 나란히 플로트할 것이다. 하나의 그리드내의 열들의 폭은 동일하다.

7-22.html

```
<!DOCTYPE html>
<html lang="ko">
  <head>
    <meta charset="utf-8">
    <title>jQuery 모바일 응용</title>
        <link rel="stylesheet" href="http://code.jquery.com/mobile/1.0a4.1/
jquery.mobile-1.0a4.1.min.css" />
        <script src="http://code.jquery.com/jquery-1.5.2.min.js"></script>
        <script src="http://code.jquery.com/mobile/1.0a4.1/jquery.mobile
-1.0a4.1.min.js"></script>
        <style>
.content div div p {
        background-color: #ccc;
        height: 50px;
        border: 1px solid #333;
        margin: 0px;
}
p {
}
        </style>
  </head>
  <body>
        <section id="page1" data-role="page">
          <header data-role="header"><h1>jQuery 모바일</h1></header>
          <div class="content" data-role="content">
                <h4>3열</h4>
                <div class="ui-grid-b ui-responsive">
                  <div class="ui-block-a">
```

```
<a href="#" class="ui-btn ui-corner-all ui-shadow">첫 번째 열 버튼</a><br>
<span>이것은 첫 번째 열의 텍스트입니다. 이것은 첫 번째 열의 텍스트입니다.</span>
</div>
<div class="ui-block-b">
<a href="#" class="ui-btn ui-corner-all ui-shadow">두 번째 열 버튼</a><br>
<span>이것은 두 번째 열의 텍스트입니다. 이것은 두 번째 열의 텍스트입니다.</span>
</div>
<div class="ui-block-c">
<a href="#" class="ui-btn ui-corner-all ui-shadow">세 번째 열 버튼</a><br>
<span>이것은 세 번째 열의 텍스트입니다. 이것은 세 번째 열의 텍스트입니다.</span>
</div>
</div>
<h4>2행 3열</h4>
<div class="ui-grid-b">
<div class="ui-block-a"><img src="panda.png" width="95%" height="95%"></div>
<div class="ui-block-b"><img src="panda.png" width="95%" height="95%"></div>
<div class="ui-block-c"><img src="panda.png" width="95%" height="95%"></div>
<div class="ui-block-a"><img src="panda.png" width="95%" height="95%"></div>
<div class="ui-block-b"><img src="panda.png" width="95%" height="95%"></div>
<div class="ui-block-c"><img src="panda.png" width="95%" height="95%"></div>
</div>
```

```
            </div>
            <footer data-role="footer"><h1>ISA Lab.</h1></footer>
        </section>
    </body>
</html>
```

[그림 7-45] 레이아웃 그리드 생성의 예

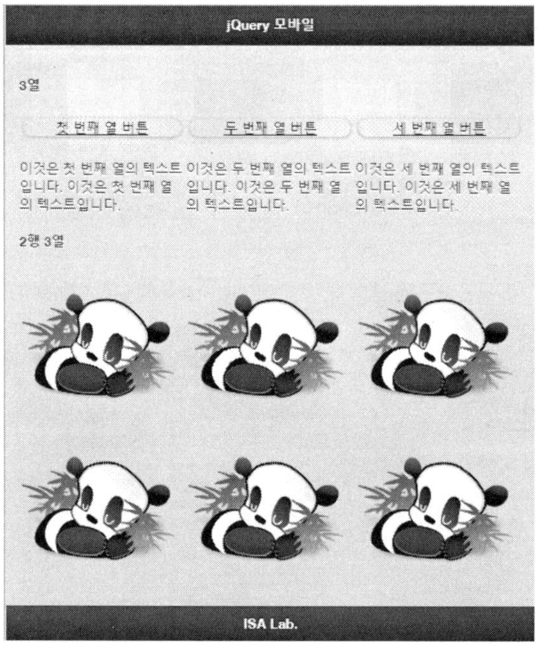

[그림 7-46] 7-22.html의 실행 결과

7.4 테마

jQuery 모바일은 정교한 테마 시스템을 포함한다. 테마 프레임워크는 여백과 차원의 표준 레이아웃 개념으로부터 컬러와 구조(texture)의 개념들을 분리한다. 그것은 구조의 변경 없이 컬러를 바꾸는 것이 가능하다.

jQuery 모바일은 버튼, 바, 콘텐츠 블록들 등에 대해 다른 컬러를 갖는 2가지 다른 스타일 테마, "a"와 "b"를 제공한다. 앱의 스타일을 사용자가 정의하려면,

data-theme 속성을 사용하고, 그리고 그 속성에 어떤 문자를 할당한다.

```
<div data-role="page" data-theme="a|b">
```

class="ui-btn"를 갖는 버튼에 대해, 그 버튼을 회색 또는 검은색으로 스타일하기 위하여 "ui-btn-a|b" 클래스를 사용한다. "a" 테마는 대부분 요소들을 위해 사용되고, 그리고 자식들은 그것의 부모 (또는 페이지)의 테마를 상속한다.

```
<a href="#" class="ui-btn ui-btn-a|b">Button</a>
```

그림 7-47은 data-theme 속성을 사용하여 다수의 뷰 스와치를 명시하는 코드이다. 여기서 **스와치**(swatch)는 배경, 텍스트, 그림자 등의 컬러를 관리하는 통합된 컬러 개념이다.

7-23.html

```
<!DOCTYPE html>
<html lang="ko">
  <head>
    <meta charset="utf-8">
    <title>jQuery 모바일 앱</title>
        <link rel="stylesheet" href="http://code.jquery.com/mobile/1.0a4.1/
jquery.mobile-1.0a4.1.min.css" />
        <script src="http://code.jquery.com/jquery-1.5.2.min.js"></script>
        <script src="http://code.jquery.com/mobile/1.0a4.1/jquery.mobile-
1.0a4.1.min.js"></script>
  </head>
  <body>
        <section id="swatch-default" data-role="page">
          <header data-role="header"><h1>jQuery 모바일</h1></header>
          <div class="content" data-role="content">
                <h3>기본 스와치</h3>
                <ul data-role="listview">
```

```
                    <li><a href="#swatch-a">뷰 스와치 a</a></li>
                    <li><a href="#swatch-b">뷰 스와치 b</a></li>
                    <li><a href="#swatch-c">뷰 스와치 c</a></li>
                    <li><a href="#swatch-d">뷰 스와치 d</a></li>
                    <li><a href="#swatch-e">뷰 스와치 e</a></li>
                </ul>
            </div>
            <footer data-role="footer"><h1>ISA Lab.</h1></footer>
        </section>
        <section id="swatch-a" data-role="page" data-theme="a">
            <header data-role="header"><h1>jQuery 모바일</h1></header>
            <div class="content" data-role="content">
                <h3>스와치 A</h3>
                <ul data-role="listview">
                    <li><a    href="#swatch-default">뷰    기본    스와치
</a></li>
                    <li><a href="#swatch-b">뷰 스와치 b</a></li>
                    <li><a href="#swatch-c">뷰 스와치 c</a></li>
                    <li><a href="#swatch-d">뷰 스와치 d</a></li>
                    <li><a href="#swatch-e">뷰 스와치 e</a></li>
                </ul>
            </div>
            <footer data-role="footer"><h1>ISA Lab.</h1></footer>
        </section>
        <section id="swatch-b" data-role="page" data-theme="b">
            <header data-role="header"><h1>jQuery 모바일</h1></header>
            <div class="content" data-role="content">
                <h3>스와치 B</h3>
                <ul data-role="listview">
                    <li><a    href="#swatch-default">뷰    기본    스와치
</a></li>
                    <li><a href="#swatch-a">뷰 스와치 a</a></li>
                    <li><a href="#swatch-c">뷰 스와치 c</a></li>
```

```
                <li><a href="#swatch-d">뷰 스와치 d</a></li>
                <li><a href="#swatch-e">뷰 스와치 e</a></li>
            </ul>
        </div>
        <footer data-role="footer"><h1>ISA Lab.</h1></footer>
    </section>
    <section id="swatch-c" data-role="page" data-theme="c">
        <header data-role="header"><h1>jQuery 모바일</h1></header>
        <div class="content" data-role="content">
            <h3>스와치 C</h3>
            <ul data-role="listview">
                <li><a     href="#swatch-default">뷰     기본     스와치
</a></li>
                <li><a href="#swatch-a">뷰 스와치 a</a></li>
                <li><a href="#swatch-b">뷰 스와치 b</a></li>
                <li><a href="#swatch-d">뷰 스와치 d</a></li>
                <li><a href="#swatch-e">뷰 스와치 e</a></li>
            </ul>
        </div>
        <footer data-role="footer"><h1>ISA Lab.</h1></footer>
    </section>
    <section id="swatch-d" data-role="page" data-theme="d">
        <header data-role="header"><h1>jQuery 모바일</h1></header>
        <div class="content" data-role="content">
            <h3>스와치 D</h3>
            <ul data-role="listview">
                <li><a     href="#swatch-default">뷰     기본     스와치
</a></li>
                <li><a href="#swatch-a">뷰 스와치 a</a></li>
                <li><a href="#swatch-b">뷰 스와치 b</a></li>
                <li><a href="#swatch-c">뷰 스와치 c</a></li>
                <li><a href="#swatch-e">뷰 스와치 e</a></li>
            </ul>
```

```
            </div>
            <footer data-role="footer"><h1>ISA Lab.</h1></footer>
        </section>
        <section id="swatch-e" data-role="page" data-theme="e">
            <header data-role="header"><h1>jQuery 모바일</h1></header>
            <div class="content" data-role="content">
                <h3>스와치 E</h3>
                <ul data-role="listview">
                    <li><a href="#swatch-default">뷰 기본 스와치</a></li>
                    <li><a href="#swatch-a">뷰 스와치 a</a></li>
                    <li><a href="#swatch-b">뷰 스와치 b</a></li>
                    <li><a href="#swatch-c">뷰 스와치 c</a></li>
                    <li><a href="#swatch-d">뷰 스와치 d</a></li>
                </ul>
            </div>
            <footer data-role="footer"><h1>ISA Lab.</h1></footer>
        </section>
    </body>
</html>
```

[그림 7-47] data-theme 속성 적용의 예

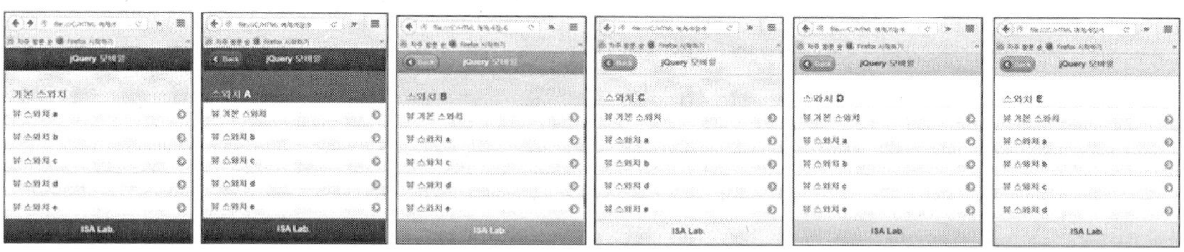

[그림 7-48] 7-23.html의 실행 결과

7.5 요약

jQuery 모바일은 jQuery의 기능에 모바일 플랫폼 기능이 추가된 프레임워크입니다. jQuery 모바일은 HTML, CSS, JavaScript로 구성되어 있다. 기존의 HTML5 태그에 data-* 속성을 지정하는 것만으로 모바일 기반의 UI를 표현할 수 있다.

본 장에서는 jQuery 모바일의 개요와 페이지와 전환 등과 같은 앱 구조, 리스트 뷰와 버튼 등과 같은 페이지 요소, 레이아웃 그리드, 테마 등의 기본적인 jQuery 모바일 속성에 대하여 살펴보았다.

▣ 연습문제 ▣

1. 빈 칸에 알맞은 단어를 적으시오.

jQuery 모바일은 기존의 (　　　) 태그에 (　　　) 속성을 지정하는 것만으로 (　　　) 기반의 (　　　)를 표현할 수 있다.

2. 다음은 링크 버튼에 대한 jQuery 모바일의 CSS 클래스들이다. 빈 칸을 채우시오.

클래스	설 명
ui-btn-b	
ui-corner-all	
ui-mini	
ui-shadow	

3. 다음은 jQuery 모바일에서 사용될 수 있는 5가지 레이아웃 그리드들이다. 그리드 클래스의 열의 폭 (%)을 각각 구하시오.

그리드 클래스	열의 개수	열의 폭
ui-grid-solo	1	
ui-grid-a	2	
ui-grid-b	3	
ui-grid-c	4	
ui-grid-d	5	

4. jQuery 모바일 슬라이드 컨트롤에서 제한을 명시하는 4가지 속성에 대하여 설명하시오.

5. 아래 그림과 같이 둥근모서리가 있고/없는 버튼과 인라인 버튼을 갖는 페이지를 작성하시오.

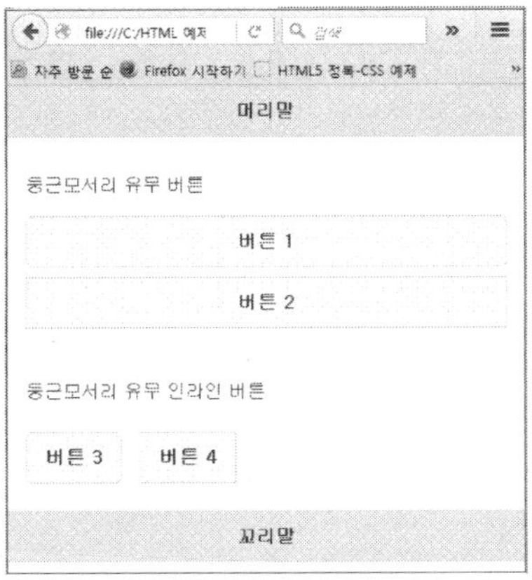

7. jQuery 모바일의 썸네일 리스트뷰를 사용하여 아래와 같은 페이지를 작성하시오.

제 8 장 jQuery 모바일 고급

본 장에서는 jQuery 모바일이 제공하는 모바일 브라우징 동안에 웹 페이지가 응답할 수 있는 사용자 행위인 이벤트 처리와 고급 페이지 요소인 팝업과 패널에 대하여 설명한다.

8.1 팝업

팝업과 **대화상자**는 페이지의 어떤 부분과 겹친다는 점에서 유사하다. 팝업상자는 짧은 텍스트, 사진, 지도 또는 다른 콘텐츠 들을 디스플레이 할 때 유용하다.

팝업을 생성하기 위하여, <a>에 data-rel="popup" 속성을, <div>에 date-role="popup"을 추가한다. 그리고 <div>를 위한 id를 명시하고, 특정 id와 일치시키기 위하여 <a>의 href를 설정한다. <div> 내부 내용은 사용자가 그 링크를 클릭하면 팝업될 실제 내용이다. 팝업 <div>은 그 링크와 동일한 페이지 안에 있어야 한다. 팝업상자에 여분의 안쪽여백과 바깥여백을 원한다면, <div>에 "ui-content를 추가한다. 그림 8-1은 팝업, 대화상자 팝업, 그리고 팝업포토를 갖는 페이지의 코드이다.

8-1.html

```
<!DOCTYPE html>
<html lang="ko">
<head>
<meta charset="utf-8">
<meta name="viewport" content="width=device-width, initial-scale=1">
<link rel="stylesheet" href="http://code.jquery.com/mobile/1.4.5/
jquery.mobile-1.4.5.min.css">
```

```
<script src="http://code.jquery.com/jquery-1.11.3.min.js"></script>
<script src="http://code.jquery.com/mobile/1.4.5/jquery.mobile-1.4.5.min.js
"></script>
</head>
<body>
<div data-role="page">
  <div data-role="header">
    <h1>팝업상자 데모</h1>
  </div>
  <div data-role="main" class="ui-content">
    <a href="#myPopup1" data-rel="popup" class="ui-btn ui-btn-inline
ui-corner-all">팝업</a>
    <div data-role="popup" id="myPopup1">
      <p>이것은 간단한 팝업상자입니다.</p>
    </div>
    <a href="#myPopupDialog" data-rel="popup" data-position-to="window"
data-transition="fade" class="ui-btn ui-corner-all ui-shadow ui-btn-inline">
대화상자 팝업 열기</a>
    <div data-role="popup" id="myPopupDialog">
      <div data-role="header">
        <h1>대화상자 머리말</h1>
      </div>
      <div data-role="main" class="ui-content">
        <a href="#myPopupDialog" data-rel="popup"
data-position-to="window" data-transition="fade" class="ui-btn ui-corner-all
ui-shadow ui-btn-inline">대화상자 팝업</a>
        <div data-role="main" class="ui-content">
          <h2>마라톤</h2>
          <a href="#" data-rel="back" class="ui-btn ui-corner-all ui-shadow
ui-btn ui-icon-delete ui-btn-icon-notext ui-btn-right">닫기</a>
          <p>달리기 초보자가 지켜야 할 3대 원칙: 생각하는 속도보다 더 천천히
달려라. 생각하는 거리보다 더 짧게 달려라. 생각하는 회수보다 더 자주 달려
라.</p>
        </div>
          </div>
      <div data-role="footer">
        <h1>대화상자 꼬리말</h1>
      </div>
    </div>
```

```
    <a href="#myPopup2" data-rel="popup" data-position-to="window">
    <img src="grandmas_0.jpg" alt="마라톤 사진" style="width:70px; height:50px"></a>
    <div data-role="popup" id="myPopup2" data-overlay-theme="b">
      <p>마라톤 대회 사진</p>
      <a href="#pageone" data-rel="back" class="ui-btn ui-corner-all ui-shadow ui-btn-a ui-icon-delete ui-btn-icon-notext ui-btn-right">닫기</a>
          <img src="grandmas_0.jpg" style="width:90%;height:60%;" alt="마라톤 사진">
    </div>
  </div>
  <div data-role="footer">
    <h1>ISA Lab.</h1>
  </div>
</div>
</body>
</html>
```

[그림 8-1] 팝업 생성의 예

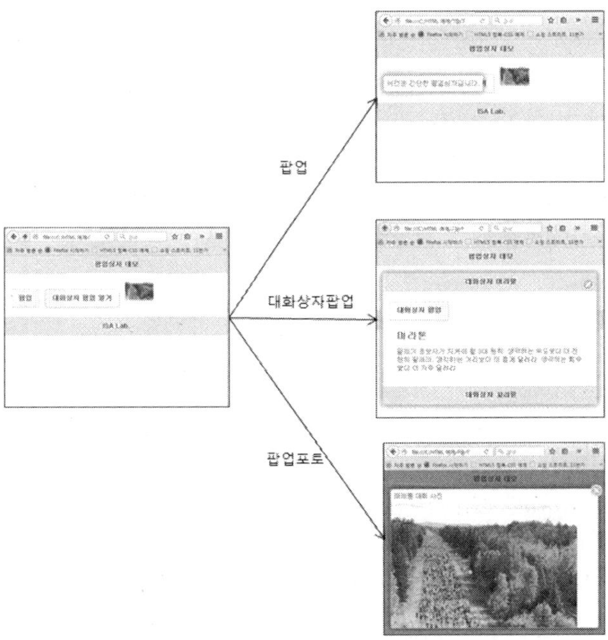

[그림 8-2] 8-1.html의 실행 결과

기본적으로 팝업은 팝업박스 바깥을 클릭하거나 "Esc" 키를 누르면 닫을 수 있다. 만일 그 박스의 바깥을 클릭하여 닫을 수 있는 팝업박스를 원하지 않으면, 그 팝업에 data-dismissible="false" 속성을 추가할 수 있다. 또한 그 팝업의 닫기 버튼은 오른쪽 또는 왼쪽에 배치할 수도 있다. 그리고 팝업 컨테이너에 data-rel="back" 속성을 갖는 링크 버튼을 추가할 수 있고, CSS 클래스로 그 버튼을 배치시킨다.

자동적으로 팝업은 클릭된 요소 위에 직접 나타날 것이다. 팝업상자의 위치를 제어하기 위하여, 그 팝업을 열기 위하여 사용되는 링크에 data-position-to 속성을 사용한다.

8-2.html

```
<!DOCTYPE html>
<html lang="ko">
<head>
<meta charset="utf-8">
<meta name="viewport" content="width=device-width, initial-scale=1">
<link rel="stylesheet" href="http://code.jquery.com/mobile/1.4.5/jquery.mobile-1.4.5.min.css">
<script src="http://code.jquery.com/jquery-1.11.3.min.js"></script>
<script src="http://code.jquery.com/mobile/1.4.5/jquery.mobile-1.4.5.min.js"></script>
</head>
<body>
<div data-role="page">
  <div data-role="header">
    <h1>팝업상자 배치</h1>
  </div>
  <div data-role="main" class="ui-content">
    <a href="#myPopup1" data-rel="popup" class="ui-btn ui-btn-inline ui-corner-all" data-position-to="window">팝업을 윈도우에 배치</a>
    <a href="#myPopup2" data-rel="popup" class="ui-btn ui-btn-inline
```

```
ui-corner-all" data-position-to="#demo">팝업을 id="demo"를 갖는 요소애 배치
</a>
    <a href="#myPopup3" data-rel="popup" class="ui-btn ui-btn-inline
ui-corner-all" data-position-to="origin">팝업을 원래 위치에 배치(기본)</a>
    <div data-role="popup" id="myPopup1" class="ui-content">
      <p>팝업상자는 윈도우 내의 중앙에 나타날 것이다.</p>
    </div>
    <div data-role="popup" id="myPopup2" class="ui-content">
      <p>팝업상자는 id="demo"를 갖는 요소 위에 직접 나타날 것이다.</p>
    </div>
    <div data-role="popup" id="myPopup3" class="ui-content">
      <p>팝업상자는 클릭되는 링크 위에 직접 나타날 것이다.</p>
    </div>
    <p>이것은 단락이다.</p>
    <p>이것은 다른 단락이나.</p>
    <p>이것도 단락이다.</p>
    <p>이것도 단락이다. 이것은 단락 내부에 id="demo"를 갖는 <span id="demo"
style="color:red;">span</span> 자식요소이다.</p>
  </div>
  <div data-role="footer">
    <h1>ISA Lab.</h1>
  </div>
</div>
</body>
</html>
```

[그림 8-3] 팝업상자 배치의 예

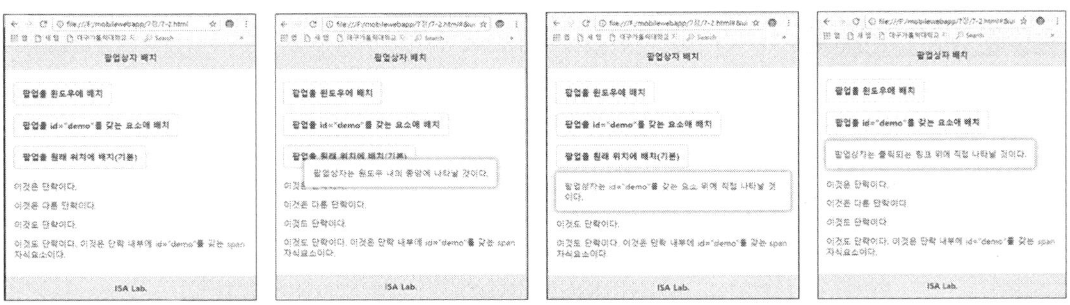

[그림 8-4] 8-2.html의 실행 결과

8.2 패널과 접이식 패널

(1) 패널

jQuery 모바일에서 패널은 추가 콘텐츠를 갖는 스크린이 왼쪽으로부터 오른쪽으로 미끄러져 나갈 것이다. 패널을 생성하기 위하여 <div> 요소에 data-role="panel"을 추가하고, id를 명시한다.

패널 마크업은 jQuery 모바일 페이지 내의 머리말, 콘텐츠 그리고 꼬리말 이전 또는 이후에 위치되어야 한다. 그 패널을 액세스하기 위하여 그 패널 <div>의 id를 가리키는 링크를 생성한다. 사용자가 그 링크를 클릭하면 그 패널은 오픈될 것이다.

```
<a href="#myPanel" class="ui-btn ui-btn-inline">패널 열기</a>
```

패널의 바깥을 클릭하여, Esc 키를 누르거나 터치하여 그 패널을 닫을 수 있다. 또한 패널 <div> 내부에 data-rel="close" 속성을 갖는 링크를 추가한 버튼을 사용하여 그 패널을 닫을 수도 있다. 자동적으로 패널은 화면의 좌측에 나타날 것이다. 패널을 화면의 우측에 나타내기 위하여 data-position="right"를 명시한다. 그림 8-5는 패널을 열고, 패널을 닫고, 그리고 패널이 나타나는 위치를 지정하는 예이다.

8-3.html

```
<!DOCTYPE html>
<html lang="ko">
<head>
<meta charset="utf-8">
<meta name="viewport" content="width=device-width, initial-scale=1">
<link    rel="stylesheet"    href="http://code.jquery.com/mobile/1.4.4/
```

```
jquery.mobile-1.4.4.min.css">
<script src="http://code.jquery.com/jquery-1.11.1.min.js"></script>
<script                    src="http://code.jquery.com/mobile/1.4.4/jquery.mobile
-1.4.4.min.js"></script>
</head>
<body>
<div data-role="page" id="pageone">
  <div data-role="panel" id="myPanel1">
    <h2>패널 머리말</h2>
    <p>패널 바깥을 클릭하여 패널을 닫을 수 있다.</p>
  </div>
  <div data-role="panel" id="myPanel2" data-position="right">
    <h2>패널 머리말</h2>
    <p>패널이 화면의 우측에 나타난다. 패널의 바깥을 클릭하거나 Esc 키를 누르
거나 아래 버튼을 클릭하여 닫을 수 있다.</p>
    <a    href="#pageone"    data-rel="close"    class="ui-btn    ui-btn-inline
ui-shadow ui-corner-all ui-btn-a ui-icon-delete ui-btn-icon-left">패널 닫기
</a>
  </div>
  <div data-role="header">
    <h1>페이지 머리말</h1>
  </div>
  <div data-role="main" class="ui-content">
    <p>패널을 열기 위하여 아래 버튼을 클릭하시오.</p>
    <a    href="#myPanel1"    class="ui-btn    ui-btn-inline    ui-corner-all
ui-shadow">패널1</a>
    <a    href="#myPanel2"    class="ui-btn    ui-btn-inline    ui-corner-all
ui-shadow">패널2</a>
  </div>
  <div data-role="footer">
    <h1>페이지 꼬리말</h1>
  </div>
</div>
```

```
</body>
</html>
```

[그림 8-5] 패널 생성/닫기와 패널 위치의 예

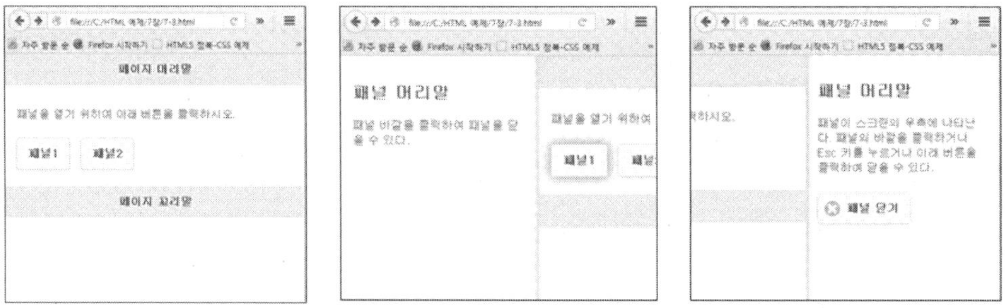

[그림 8-6] 8-3.html의 실행 결과

data-display 속성으로 패널의 디스플레이 모드를 제어할 수 있다. jQuery 모바일에서 패널의 data-display 속성은 표 8-1과 같이 3가지 속성 값을 가질 수 있다.

[표 8-1] 패널 디스플레이 방식의 종류

속성 값	설 명
data-display="overlay"	패널을 콘텐츠 위에 디스플레이 한다.
data-display="push"	패널과 페이지 둘 다를 동시에 애니메이트 한다.
data-display="reveal"	패널은 그 페이지 아래에 위치할 것이고, 그 페이지가 미끄러지면 나타난다.

그림 8-7은 패널 디스플레이 방식의 예를 보여주는 페이지의 코드이다.

8-4.html

```
<!DOCTYPE html>
<html lang="ko">
<head>
<meta charset="utf-8">
<meta name="viewport" content="width=device-width, initial-scale=1">
<link rel="stylesheet" href="http://code.jquery.com/mobile/1.4.5/
jquery.mobile-1.4.5.min.css">
<script src="http://code.jquery.com/jquery-1.11.3.min.js"></script>
<script src="http://code.jquery.com/mobile/1.4.5/jquery.mobile
-1.4.5.min.js"></script>
</head>
<body>
<div data-role="page" id="pageone">
  <div data-role="panel" id="overlayPanel" data-display="overlay">
    <h2>오버레이 패널</h2>
    <p>패널의 바깥을 클릭하거나 Esc 키를 누르거나 아래 버튼을 클릭하여 닫을
수 있다.</p>
    <a href="#pageone" data-rel="close" class="ui-btn ui-btn-inline
ui-shadow ui-corner-all ui-btn-a ui-icon-delete ui-btn-icon-left">패널 닫기
</a>
  </div>
  <div data-role="panel" id="revealPanel" data-display="reveal">
    <h2>노출 패널</h2>
    <p>패널의 바깥을 클릭하거나 Esc 키를 누르거나 아래 버튼을 클릭하여 닫을
수 있다.</p>
    <a href="#pageone" data-rel="close" class="ui-btn ui-btn-inline
ui-shadow ui-corner-all ui-btn-a ui-icon-delete ui-btn-icon-left">패널 닫기
</a>
  </div>
   <div data-role="panel" id="pushPanel" data-display="push">
    <h2>푸시 패널</h2>
    <p>패널의 바깥을 클릭하거나 Esc 키를 누르거나 아래 버튼을 클릭하여 닫을
수 있다.</p>
```

```
    <a href="#pageone" data-rel="close" class="ui-btn ui-btn-inline ui-shadow ui-corner-all ui-btn-a ui-icon-delete ui-btn-icon-left">패널 닫기</a>
  </div>
  <div data-role="header">
    <h1>페이지 머리말</h1>
  </div>
  <div data-role="main" class="ui-content">
    <p>다른 디스플레이 방식으로 패널을 열기 위하여 버튼들 중의 하나를 클릭하시오.</p>
    <a href="#overlayPanel" class="ui-btn ui-btn-inline ui-corner-all ui-shadow">오버레이 패널</a>
    <a href="#revealPanel" class="ui-btn ui-btn-inline ui-corner-all ui-shadow">노출 패널</a>
    <a href="#pushPanel" class="ui-btn ui-btn-inline ui-corner-all ui-shadow">푸시 패널</a>
  </div>
  <div data-role="footer">
    <h1>페이지 꼬리말</h1>
  </div>
</div>
</body>
</html>
```

[그림 8-7] 패널 디스플레이 방식의 적용 예

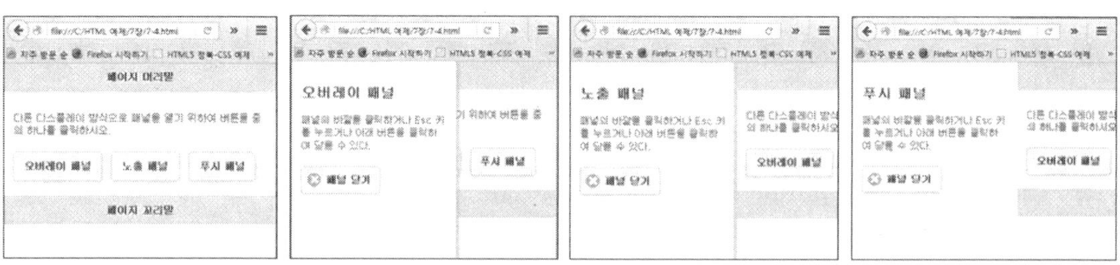

[그림 8-8] 8-4.html의 실행 결과

(2) 접이식 패널

접이식 패널은 터치하면 콘텐츠를 전개하고 접는 것을 허용하는 간단한 위젯이고, 모바일에 콘텐츠의 간결한 표현을 제공하는데 유용하다. 콘텐츠의 접이식 블록을 생성하기 위하여 컨테이너를 생성하고, data-role="collapsible" 속성을 추가한다. 컨테이너 (div) 내부에 헤더 (h1-h6) 또는 legend 요소를 추가하고, 전개되기를 원하는 HTML이 뒤따라온다. 기본적으로 콘텐츠는 닫혀있고, 페이지가 적재되면 콘텐츠를 자동으로 전개하기 위하여 data-collapsed="false"를 사용한다.

8-5.html

```
<!DOCTYPE html>
<html lang="ko">
<head>
<meta charset="utf-8">
<meta name="viewport" content="width=device-width, initial-scale=1">
<link rel="stylesheet" href="http://code.jquery.com/mobile/1.4.4/jquery.mobile-1.4.4.min.css">
<script src="http://code.jquery.com/jquery-1.11.1.min.js"></script>
<script src="http://code.jquery.com/mobile/1.4.4/jquery.mobile-1.4.4.min.js"></script>
</head>
<body>
<div data-role="page" id="pageone">
  <div data-role="header">
    <h1>접이식 패널</h1>
  </div>
  <div data-role="collapsible">
    <h4>제목</h4>
    <p>접이식 콘텐츠: 기본적으로 닫혀있고, 열기 위하여 제목을 클릭한다.</p>
```

```
  </div>
  <div data-role="collapsible" data-collapsed="false">
    <h4>제목</h4>
    <ul data-role="listview">
        <li><a href="#">리스트 항목 1</a></li>
        <li><a href="#">리스트 항목 2</a></li>
        <li><a href="#">리스트 항목 3</a></li>
    </ul>
  </div>
  <div data-role="footer">
    <h1>꼬리말</h1>
  </div>
</div>
</body>
</html>
```

[그림 8-9] 접이식 패널 생성의 예

[그림 8-10] 8-5.html의 실행 결과

접이식 패널 셋은 함께 그룹화 된 접이식 채널 블록이다. 이것은 **아코디언 패널**이라 부르기도 한다. 새로운 블록이 열리면, 모든 다른 블록들은 닫힌다.

다수의 접이식 콘텐츠 블록들을 생성하고, 그리고 그 접이식 블록들 주변을 data-role="collapsibleset"를 갖는 새로운 컨테이너로 둘러싼다. 그림 8-11은 접이식 패널 셋을 갖는 팝업을 생성하는 코드이다.

8-6.html

```
<!DOCTYPE html>
<head>
<meta name="viewport" content="width=device-width, initial-scale=1">
<link rel="stylesheet" href="http://code.jquery.com/mobile/1.4.5/
jquery.mobile-1.4.5.min.css">
<script src="http://code.jquery.com/jquery-1.11.3.min.js"></script>
<script src="http://code.jquery.com/mobile/1.4.5/jquery.mobile
-1.4.5.min.js"></script>
</head>
<body>
<div data-role="page">
  <div data-role="header">
    <h1>접이식 패널 셋</h1>
  </div>
  <div data-role="main" class="ui-content">
    <a href="#myPopup" data-rel="popup" class="ui-btn ui-btn-inline
ui-corner-all ui-icon-gear ui-btn-icon-left">접이식 팝업 보기</a>
    <div data-role="popup" id="myPopup" class="ui-content">
      <h2>접이식 패널 선택</h2>
      <div data-role="collapsibleset">
        <div data-role="collapsible">
          <h3>접이식 패널a</h3>
          <p>패널a의 전개된 내용...</p>
        </div>
        <div data-role="collapsible">
          <h3>접이식 패널b</h3>
```

```
          <p>패널b의 전개된 내용...</p>
        </div>
        <div data-role="collapsible">
          <h3>접이식 패널c</h3>
          <p>패널c의 전개된 내용...</p>
        </div>
        <div data-role="collapsible">
          <h3>접이식 패널d</h3>
          <p>패널d의 전개된 내용...</p>
        </div>
      </div>
    </div>
  </div>
  <div data-role="footer">
    <h1>ISA Lab.</h1>
  </div>
</div>
</body>
</html>
```

[그림 8-11] 접이식 패널 셋 팝업 생성의 예

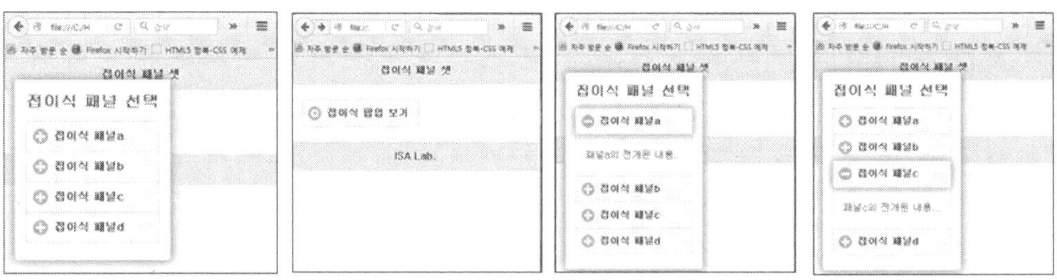

[그림 8-12] 8-6.html의 실행 결과

8.3 이벤트

jQuery 모바일에서는 표준 jQuery 이벤트들을 사용할 수 있다. 게다가 jQuery 모바일은 모바일 브라우징에 맞게 만든 다수의 이벤트들을 역시 제공한다.

- 터치 이벤트: 화면을 터치하면 발생한다.
- 스크롤 이벤트: 스크롤 업 다운할 때 발생한다.
- 방향 이벤트: 모바일 장치를 수직으로 또는 수평으로 회전할 때 발생한다.
- 페이지 이벤트: 페이지가 보여지고, 감추어지고, 생성되고, 로드/언로드될 때 발생한다.

(1) 터치 이벤트

화면을 터치하면 터치 이벤트들: **tap**, **taphold**, **swipe**, **swipeleft** 그리고 **swiperight**가 발생한다.

8-8.html

```
<!DOCTYPE html>
<html lang="ko">
<head>
 <meta charset="utf-8">
 <title>jQuery 모바일</title>
 <meta name="viewport" content="width=device-width, initial-scale=1">
 <link rel="stylesheet" href="http://code.jquery.com/mobile/1.3.2/
jquery.mobile-1.3.2.min.css" />
 <script src="http://code.jquery.com/jquery-1.10.2.min.js"></script>
 <script src="http://code.jquery.com/mobile/1.3.2/jquery.mobile
-1.3.2.min.js"></script>
 <script>
  $(document).ready(function () {
   $("p").on("tap", function () {
    alert("Tap 이벤트 탐지");
   });
   $("p").on("taphold", function () {
```

```
      alert("Tap hold 이벤트 탐지");
    });
    $("p").on("swipe", function () {
      alert("Swipe 이벤트 탐지");
    });
    $("p").on("swipeleft", function () {
      alert("Swipe left 이벤트 탐지");
    });
    $("p").on("swiperight", function () {
      alert("Swipe right 이벤트 탐지");
    });
  });
 </script>
</head>
<body>
 <div data-role="page">
  <div data-role="header">
   <div align="center">jQuery 모바일 이벤트</div>
  </div>
  <div data-role="content">
   <p>jQuery 모바일 터치 이벤트...</p>
  </div>
 </div>
</body>
</html
```

[그림 8-13] 터치 이벤트 탐지의 예

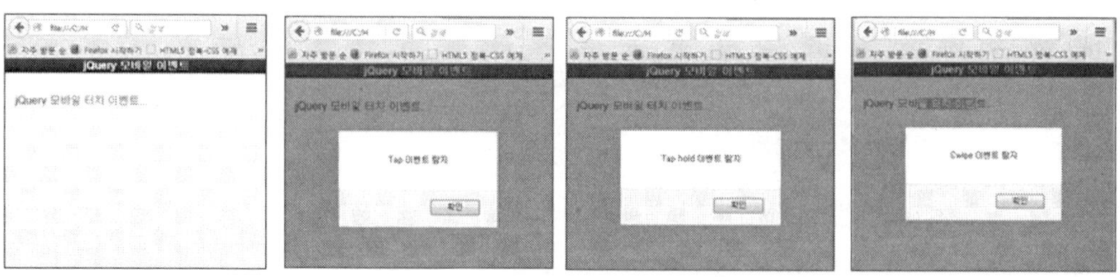

[그림 8-14] 8-8.html의 실행 결과

(2) 스크롤 이벤트

스크롤 이벤트는 화면을 스크롤 업하고 다운할 때 발생한다. 스크롤 이벤트에는 스크롤을 시작할 때 발생하는 **scrollstart**와 스크롤을 중지할 때 발생하는 **scrollstop**이 있다.

8-8.html

```
<!DOCTYPE html>
<html lang="ko">
<head>
 <meta charset="utf-8">
 <title>jQuery 모바일</title>
 <meta name="viewport" content="width=device-width, initial-scale=1">
 <link        rel="stylesheet"        href="http://code.jquery.com/mobile/1.3.2/
jquery.mobile-1.3.2.min.css" />
 <script src="http://code.jquery.com/jquery-1.10.2.min.js"></script>
 <script                src="http://code.jquery.com/mobile/1.3.2/jquery.mobile
-1.3.2.min.js"></script>
 <script>
  $(document).on("pagecreate","#pageone",function(){
   $(document).on("scrollstart",function(){
    alert("Scrolling start 이벤트 탐지");
   });
   $(document).on("scrollstop",function(){
    alert("Scrolling stop 이벤트 탐지");;
  });
  });
 </script>
</head>
<body>
 <div data-role="page" id="pageone">
  <div data-role="header">
```

```
    <div align="center">jQuery 모바일 이벤트</div>
  </div>
  <div data-role="content">
   <p>
    jQuery 모바일 스크롤 이벤트...
    <br /><br />jQuery 모바일 스크롤 이벤트...
    <br /><br />jQuery 모바일 스크롤 이벤트...
    <br /><br />jQuery 모바일 스크롤 이벤트...
    <br /><br />jQuery 모바일 스크롤 이벤트...
    <br /><br />jQuery 모바일 스크롤 이벤트...
    <br /><br />jQuery 모바일 스크롤 이벤트...
    <br /><br />jQuery 모바일 스크롤 이벤트...
    <br /><br />jQuery 모바일 스크롤 이벤트...
    <br /><br />jQuery 모바일 스크롤 이벤트...
    <br /><br />jQuery 모바일 스크롤 이벤트...
    <br /><br />jQuery 모바일 스크롤 이벤트...
   </p>
  </div>
 </div>
</body>
</html>
```

[그림 8-15] 스크롤 이벤트 탐지의 예

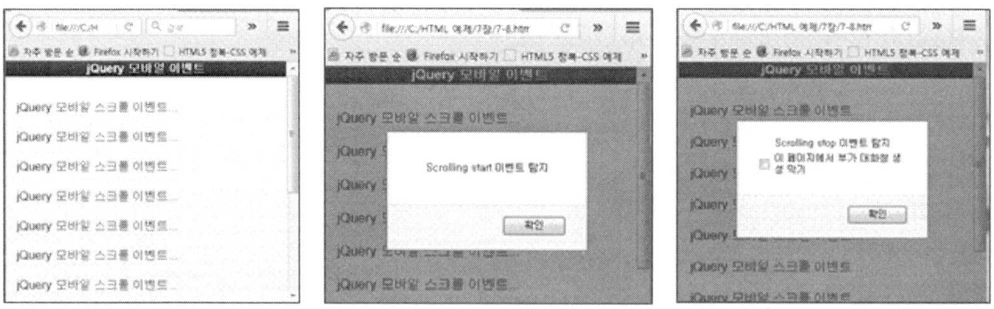

[그림 8-16] 8-8.html의 실행 결과

(3) 페이지 이벤트

페이지가 로드 또는 언로드 되고, 보여 지고 또는 감추어지고 그리고 생성될 때 페이지 이벤트가 발생한다. 이러한 페이지 이벤트들에는 **pagecreate**, **pageinit**, **pageload**, **pageshow**, **pagehide** 등이 있다.

8-9.html

```
<!DOCTYPE html>
<html lang="ko">
<head>
 <meta charset="utf-8">
 <title>jQuery Mobile</title>
 <meta name="viewport" content="width=device-width, initial-scale=1">
 <link rel="stylesheet" href="http://code.jquery.com/mobile/1.3.2/
jquery.mobile-1.3.2.min.css" />
 <script src="http://code.jquery.com/jquery-1.10.2.min.js"></script>
 <script src="http://code.jquery.com/mobile/1.3.2/jquery.mobile
-1.3.2.min.js"></script>
 <script>
 $(document).on("pagecreate", function (event) {
 alert("Page create 이벤트 탐지");
 });
 $(document).on("pageinit", function (event) {
 alert("Page init 이벤트 탐지")
 });
 $(document).on("pageshow", "#page2", function () {
 alert("페이지 2가 지금 보여짐");
 });
 $(document).on("pagehide", "#page2", function () {
 alert("페이지 2가 지금 감추어짐");
 });
 </script>
</head>
<body>
```

```
  <div data-role="page" id="page1">
  <div data-role="header">
  <div align="center">jQuery 모바일 이벤트</div>
  </div>
  <div data-role="content">
  <h1>페이지 1</h1>
  <p>
  jQuery 모바일 페이지 이벤트...
  </p>
  <a href="#page2">다음 페이지로...</a>
  </div>
  </div>
  <div data-role="page" id="page2">
  <div data-role="header">
  <div align="center">jQuery 모바일 이벤트</div>
  </div>
  <div data-role="content">
  <h1>페이지 2</h1>
  <p>
  jQuery 모바일 페이지 이벤트...
  </p>
  <a href="#page1">이전 페이지로...</a>
  </div>
  </div>
</body>
</html>
```

[그림 8-17] 페이지 이벤트 탐지의 예

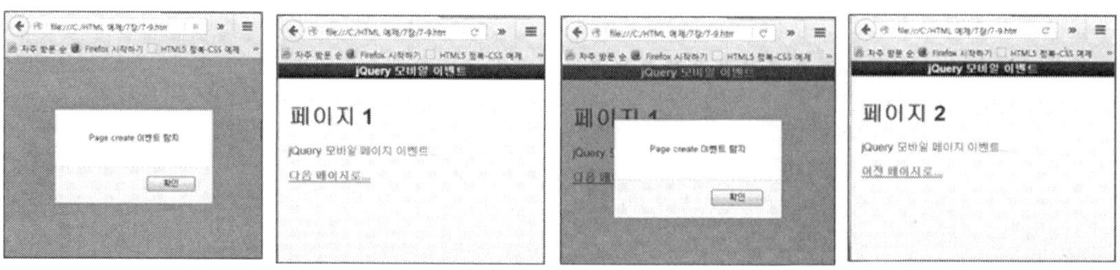

[그림 8-18] 8-9.html의 실행 결과

(4) 방향 이벤트

모바일 장치를 수직으로 또는 수평으로 회전할 때 즉, 모바일 장치의 방향을 바꿀 때 방향 이벤트가 발생한다. 방향 이벤트에는 **orientationchange**가 있다.

8-10.html

```
<meta charset="utf-8">
<title>jQuery 모바일</title>
<meta name="viewport" content="width=device-width, initial-scale=1">
<link rel="stylesheet" href="http://code.jquery.com/mobile/1.3.2/
jquery.mobile-1.3.2.min.css" />
<script src="http://code.jquery.com/jquery-1.10.2.min.js"></script>
<script src="http://code.jquery.com/mobile/1.3.2/jquery.mobile
-1.3.2.min.js"></script>
<script>
$(document).ready(function () {
$(window).on("orientationchange", function (event) {
alert("모바일 장치의 방향: " + event.orientation);
});
});
</script>
</head>
<body>
<div data-role="page">
<div data-role="header">
<div align="center">jQuery 모바일 이벤트</div>
</div>
<div data-role="content">
<span></span>
<p>
jQuery 모바일 방향 이벤트
</p>
```

```
  </div>
  </div>
</body>
</html>
```

[그림 8-19] 방향 이벤트 탐지의 예

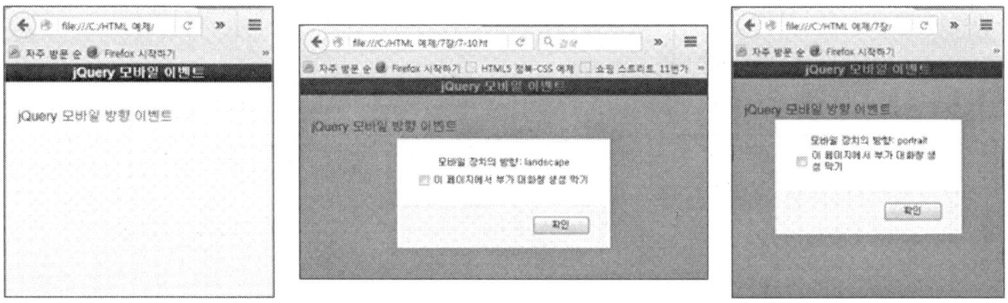

[그림 8-20] 8-10.html의 실행 결과

8.4 요약

jQuery 모바일은 모바일 브라우징에 맞게 만든 다수의 이벤트: 터치 이벤트, 스크롤 이벤트, 방향 이벤트, 페이지 이벤트 등에 대하여 설명하였다. 그리고 짧은 텍스트, 사진, 지도 또는 다른 콘텐츠 들을 디스플레이 할 때 유용한 팝업 상자와 특정 영역을 접혔다 펼치기를 반복하여 내용을 숨기거나 표시할 수 있는 패널에 대하여 알아보았다.

▣ 연습문제 ▣

1. 다음 빈 칸을 채우시오.

jQuery 모바일은 (   )에 맞게 만든 다수의 이벤트: (   ), (   ), (   ), (   ) 등을 제공한다.

2. 아래 사항들에 답하시오.

① JavaScript와 JQuery의 차이

② JQuery와 JQuery Mobile의 차이

3. 다음과 같은 접이식 리스트로 구성된 모바일 페이지를 작성하시오.

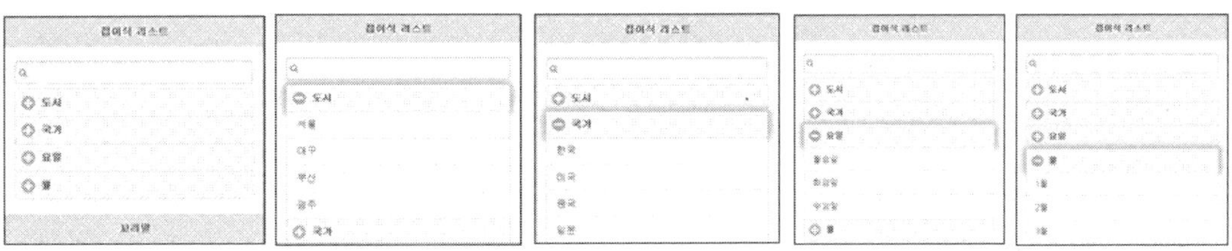

4. 다음과 같이 팝업, 중첩팝업, 그리고 접이식 리스트로 구성된 모바일 페이지를 작성하시오.

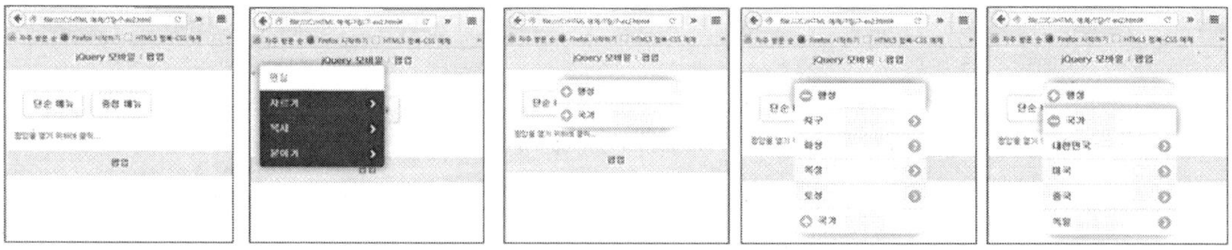

제 9 장 지리적 위치 API

모바일 폰을 위한 웹 앱 개발은 반응형 웹 디자인과 관련된 기술을 활용하고 사용자가 화면 해상도에 관계없이 가능한 최고의 경험을 받도록 보장하는 것을 단순히 의미한다.

모바일 폰을 위한 웹 앱 개발은 모바일 장치들에게만 특별히 있는 특징과 서비스를 이용하여 가능성의 모든 세계를 개척할 수 있다. 예를 들어, 모바일 장치들은 응용에서 사용될 수 있는 다양한 서비스들을 일반적으로 제공한다.

- 장치의 위치를 탐지하는 기능
- 사용자가 장치를 좌우로 이동하는 것과 같은 움직임을 탐지하는 기능
- 장치가 마주보고 있는 방향을 아는 기능
- 사진과 비디오를 찍는 기능
- 블루투스와 같은 무선기술을 사용하여 주변기기들과 연결하는 기능
- 통지를 받고 생성하는 기능

자바스크립트에서 사용가능한 하나의 API는 지리적 위치 API이다. 이 장에서는 사용자의 이동을 추적하는 웹 앱을 생성하기 위하여 HTML5 지리적 위치 API와 구글 맵 API를 어떻게 사용할 수 있는지 살펴본다.

9.1 HTML5 지리적 위치 API

HTML5 **지리적 위치 API**는 사용자의 지리적 위치를 얻기 위하여 사용되어진다. 사용자 위치는 사생활을 침해할 수 있기 때문에, 사용자 동의 없이는 사용할 수 없다.

지리적 위치 API와 관련된 함수는 모두 **window.navigator 객체**에 정의되어 있다. 현재 위치를 한번만 얻기 위한 함수는 다음과 같다.

```
navigator.geolocation.getCurrentPosition(Onsuccess, Onerror, posOptions);
```

clearWatch()를 호출하여 위치 추적을 취소할 때 까지 위치정보를 주기적으로 확인하는 함수는 다음과 같다.

```
var watchId = navigator.geolocation.watchPosition(Onsuccess, Onerror,
posOptions);
```

여기서 첫 번째 매개변수에는 사용자 위치를 아는데 성공하면 실행되어질 콜백 함수인 Onsuccess를 지정한다. 이때 position 변수를 통해 위치 객체가 전달된다. 그 위치 객체의 속성들은 표 9-1과 같다.

[표 9-1] 위치 객체의 속성

위치객체 속성	설 명
coords.latitude	위도, 소수점을 포함하는 숫자
coords.longitude	경도, 소수점을 포함하는 숫자
coords.accuracy	미터로 위도, 경도의 오차
coords.altitude	고도, 해수면을 기준으로 미터 단위
coords.altitudeAccuracy	미터로 고도의 오차
coords.heading	장치의 진행방향. 북쪽기준 시계방향 각도
coords.speed	장치의 진행속도 (미터/초)
timestamp	위치정보를 얻은 시각

getCurrentPosition() 메서드의 두 번째 매개변수는 에러를 처리하기 위하여 사용되어진다. 사용자의 위치를 얻는데 실패하면 실행될 함수를 지정한다. 이러한 에러 콜백 함수에는 PositionError 객체가 첫 번째 매개변수로 전달된다. PositionError 개체는 에러 유형을 나타내는 code 속성과 오류 메시지를 포함할 수 있는 message 속성을 제공한다.

[표 9-2] 에러 code 속성

에러 code 속성	설 명
PositionError.PERMISSION_DENIED (1)	지리적 위치 API를 사용할 수 있는 권한이 없음
PositionError.POSITION_UNAVAILABLE (2)	현재 위치를 확인할 수 없음
PositionError.TIMEOUT (3)	지정된 제한 시간 내에 현재 위치를 확인할 수 없음

9.2 사용자 위치

사용자의 **위치 정보**를 얻기 위하여 **getCurrentPosition()** 메서드를 사용한다. 그림 9-1은 사용자 지리적 위치의 위도와 경도를 반환하는 예이다. 여기서는 먼저 지리적 위치 API가 지원되는지 검사한다. 만일 그 API가 지원되면, getCurrentPosition() 메서드를 실행한다. 아니면, 사용자에게 에러 메시지를 디스플레이 한다. 만일 성공적으로 getCurrentPosition()이 호출 된다면, 좌표 객체를 showPosition 콜백 함수를 호출하여 position을 매개변수로 넘겨준다. 그리고 그 showPosition() 콜백 함수는 위도와 경도를 출력한다.

9-1.html

```
<!DOCTYPE html>
<html lang="ko">
<head>
 <meta charset="utf-8">
</head>
<body>
<p>현재 위치의 좌표를 얻기 위하여 버튼을 클릭하시오.</p>
<button onclick="getLocation()">위치정보</button>
<p id="demo"></p>
<script>
```

```
var x = document.getElementById("demo");

function getLocation() {
    if (navigator.geolocation) {
        navigator.geolocation.getCurrentPosition(showPosition, showError);
    } else {
        x.innerHTML = "이 브라우저는 지리적 위치를 지원하지 않습니다.";
    }
}
function showPosition(position) {
    x.innerHTML = "위도: " + position.coords.latitude +
    "<br>경도: " + position.coords.longitude;
}
function showError(error) {
    switch(error.code) {
        case error.PERMISSION_DENIED:
            x.innerHTML = "사용자가 지리적 위치에 대한 요청을 거부하였습니
다."
            break;
        case error.POSITION_UNAVAILABLE:
            x.innerHTML = "위치 정보를 이용할 수 없습니다."
            break;
        case error.TIMEOUT:
            x.innerHTML = "위치 요청이 시간 초과되었습니다."
            break;
        case error.UNKNOWN_ERROR:
            x.innerHTML = "알 수 없는 오류가 발생했습니다."
            break;
    }
}
</script>
</body>
</html>
```

[그림 9-1] 에러 콜백함수를 갖는 getCurrentPosition() 메서드의 예

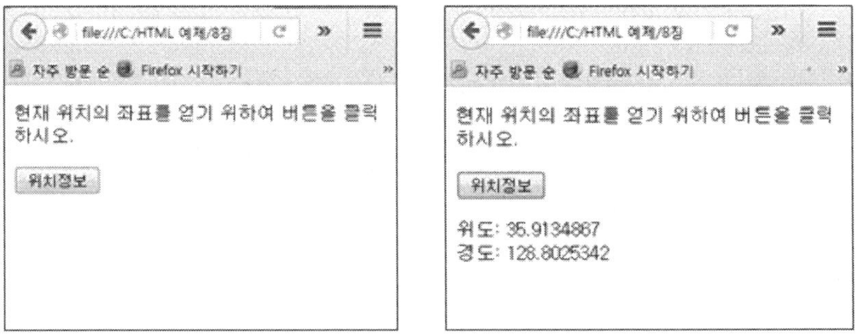

[그림 9-2] 9-1.html의 실행 결과

9.3 지리적 위치 맵

구글 맵을 시용하여 웹 사이트에 지도를 표시할 수 있다. **구글 맵 API**는 지도와 지도상의 정보를 사용자가 지정할 수 있다. 구글 맵 API는 자바스크립트 라이브러리이다. 그것을 적재하기 위하여 다음과 같은 <script> 태그를 웹 페이지에 추가한다.

```
<script src="http://maps.googleapis.com/maps/api/js"></script>
```

맵의 속성을 설정하기 위하여 초기화 함수를 생성한다.

```
function initialize() {
}
```

다음 초기화 함수에서, 맵을 위한 속성을 정의하기 위하여 객체 (mapProp)를 생성한다.

```
var mapProp = {
  center:new google.maps.LatLng(51.508742, -0.120850),
 zoom: 7,
 mapTypeId: google.maps.MapTypeId.ROADMAP
};
```

여기서 center 속성은 그 맵이 어디에 초점을 둘지를 지정한다. 그 맵의 특정 지점에 초점을 두기 위하여 LatLng 객체를 생성한다. 위도, 경도 순서로 좌표를 전달한다. zoom 속성은 그 맵에 대한 줌 단계를 지정한다. mapTypeId 속성은 표시될 맵 종류를 명시한다. 다음과 같은 **맵 종류**들이 지원되어진다.

- ROADMAP (기본 2D 맵)
- SATELLITE (위성사진 맵)
- HYBRID (위성사진 맵 + 도로명과 도시명)
- TERRAIN (산과 강 등의 표시를 갖는 맵)

맵의 컨테이너를 생성하기 위하여 <div> 요소를 생성한다. 그 요소 크기를 맞추기 위하여 CSS를 사용한다.

```
<div id="daegadaeMap" style="width:500px;height:380px;"></div>
```

전달되는 매개변수 (mapProp)를 사용하여 id="daegade"를 갖는 <div> 요소 내에 맵 객체를 생성한다.

```
var map=new google.maps.Map(document.getElementById("googleMap"),
mapProp);
```

웹 페이지 (window)가 로드될 때 맵을 로드하는 initialize() 함수를 실행할 DOM 리스너를 추가한다.

```
google.maps.event.addDomListener(window, 'load', initialize);
```

그림 9-3은 구글 맵 서비스를 사용하여 대구가톨릭대학교에 초점을 두고 생성한 맵을 보여주는 예이다.

9-2.html

```
<!DOCTYPE html>
<html>
<head>
<script
```

```
src="http://maps.googleapis.com/maps/api/js">
</script>
<script>
function initialize() {
  var mapProp = {
    center:new google.maps.LatLng(35.913477, 129.80255979999998),
    zoom:15,
    mapTypeId:google.maps.MapTypeId.TERRAIN
  };
  var  map=new  google.maps.Map(document.getElementById("daegadaeMap"),
mapProp);
}
google.maps.event.addDomListener(window, 'load', initialize);
</script>
</head>
<body>
<div id="daegadaeMap" style="width:500px;height:380px;"></div>
</body>
</html>
```

[그림 9-3] 대구가톨릭대학교에 초점을 둔 구글 맵

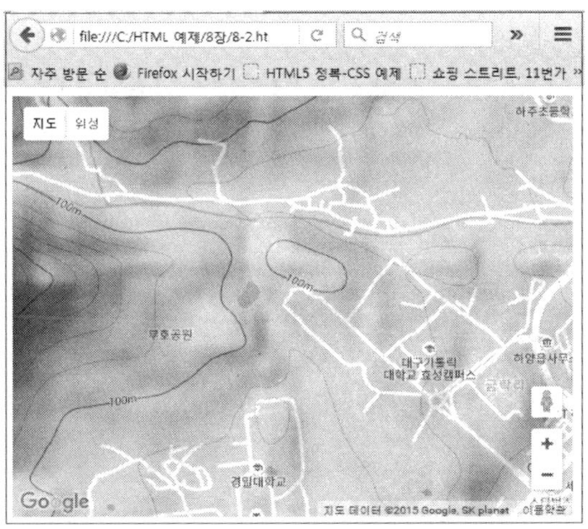

[그림 9-4] 9-2.html의 실행 결과

그림 9-5는 구글 맵에서 현재 지리적 위치를 보이기 위하여 getCurrentPosition() 메서드에 의해 반환되는 위도와 경도가 사용되는 예이다.

9-3.html

```
<!DOCTYPE html>
<body>
<p id="demo">현재 위치정보를 얻기 위하여 버튼을 클릭...</p>
<button onclick="getLocation()">위치정보</button>
<div id="mapholder"></div>
<script src="http://maps.google.com/maps/api/js?sensor=false"></script>
<script>
var x = document.getElementById("demo");
function getLocation() {
    if (navigator.geolocation) {
        navigator.geolocation.getCurrentPosition(showPosition, showError);
    } else {
        x.innerHTML = "이 브라우저는 지리적 위치를 지원하지 않습니다.";
    }
}
function showPosition(position) {
    lat = position.coords.latitude;
    lon = position.coords.longitude;
    latlon = new google.maps.LatLng(lat, lon)
    mapholder = document.getElementById('mapholder')
    mapholder.style.height = '250px';
    mapholder.style.width = '500px';
    var myOptions = {
    center:latlon,zoom:15,
    mapTypeId:google.maps.MapTypeId.ROADMAP,
    mapTypeControl:false,
    navigationControlOptions:{style:google.maps.NavigationControlStyle.
SMALL}
    }
```

```
    var    map    =    new    google.maps.Map(document.getElementById
("mapholder"), myOptions);
    var marker = new google.maps.Marker({position:latlon,map:map,title:"당
신의 현 위치..."});
}
function showError(error) {
    switch(error.code) {
        case error.PERMISSION_DENIED:
            x.innerHTML = "사용자가 지리적 위치에 대한 요청을 거부하였습니
다."
            break;
        case error.POSITION_UNAVAILABLE:
            x.innerHTML = "위치 정보를 이용할 수 없습니다."
            break;
        case error.TIMEOUT:
            x.innerHTML = "위치 요청이 시간 초과되었습니다."
            break;
        case error.UNKNOWN_ERROR:
            x.innerHTML = "알 수 없는 오류가 발생했습니다."
            break;
    }
}
</script>
</body>
</html>
```

[그림 9-5] 현재 지리적 위치를 나타내는 구글 맵

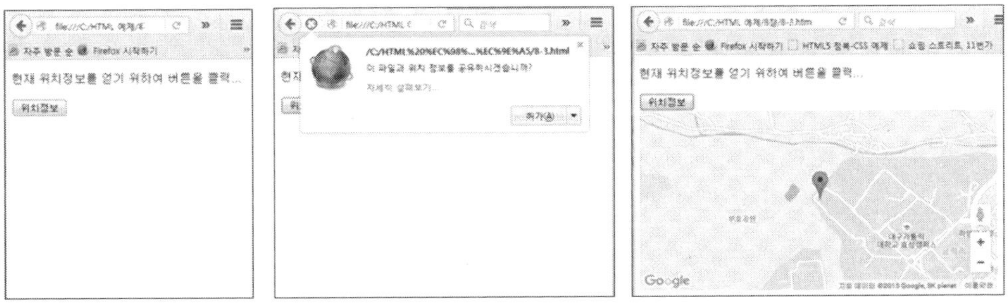

[그림 9-5] 9-3.html의 실행 결과

9.4 요약

지리적 위치를 판별하고 공유하기 위해 지리적 위치 API를 사용한다. 해당 API는 위도와 경도 좌표를 반환한다. 이러한 위치정보는 고객의 위치를 기반으로 상품 정보뿐만 아니라 교통정보, 위치추적 정보 등 생활 전반에 걸쳐 다양한 정보를 제공하는 **위치기반 서비스**(LBS, Location Based System)에 활용될 수 있다. 이 장에서는 웹 앱에서 지리적 위치정보 서비스 개발을 위하여 필요한 HTML 지리적 위치 API에 대하여 살펴보았다.

▣ 연습문제 ▣

1. 오버레이 (마커)는 위도/경도 좌표로 지도상의 위치 표시하는 맵 상의 아이콘 객체들이다. 구글 맵이 갖는 오버레이의 종류를 설명하시오.

2. 위치 기반 서비스의 종류와 유망한 서비스를 제안하시오.

3. 다음 그림과 같이 맵 위치에 사용자 마커가 나타나고, 그리고 그 마커를 클릭했을 때, 그 위치를 설명하는 텍스트를 갖는 윈도우가 나타나는 웹 앱을 작성하시오.

제 10 장 모바일 웹 앱 개발

이 장에서는 모바일 웹 앱 개발 실습으로 마라톤 운동을 시작한 입문자에게 달리기에 대한 가이드와 꿀팁을 제공하는 모바일 웹 앱 '달리세 (달리기 세상)'을 개발한다. '달리세'는 마라톤 역사, 훈련법, 갤러리, 동영상 러닝 팁, 대회기록 데이터베이스 등의 마라톤 초보자에게 도움이 되는 서비스들을 제공한다. 여기서는 '달리세'를 2가지 버전: 반응형 웹 버전과 jQuery 모바일 버전으로 각각 개발한다.

10.1 HTML5/CSS 활용 반응형 웹 앱

'**반응형 웹**'이란 디바이스 종류에 따라 웹페이지의 크기가 자동적으로 재조정되는 것을 말한다. 즉, 어떠한 환경에서도 모바일 장치에 맞게 사이즈가 변화되어 사용자가 보기 편리하게 만든 웹이다. 오직 하나의 HTML 소스만으로 특정 장치에 최적화된 환경을 사용자에게 제공한다. 지금까지 배운 HTML5, CSS3, 미디어 쿼리, 자바스크립트 등을 사용하여 '달리세'의 반응형 웹 버전을 개발한다.

(1) '달리세' 반응형 웹 앱 버전의 구성

반응형 웹 앱 '달리세'의 전체 웹 페이지는 표 10-1과 같이 14개의 HTML5 파일과 4개의 CSS3 파일로 구성된다. 반응형 웹 앱 '달리세'[1]의 화면 구성은 그림 10-1과 같다.

---

1) 반응형 웹 앱 '달리세'의 사이트 주소: http://dalrise.dothome.co.kr

[표 10-1] 반응형 웹 앱 '달리세'의 파일 구성

HTML5 파일		CSS3 파일	
파일명	기능	파일	기능
index.html history.html training.html marathon_gallery.html running_tips.html myrecord.html training1.html~ training8.html	초기화면 마라톤 역사 훈련 메뉴 마라톤 갤러리 러닝 팁 (동영상) 대회 기록 DB 관리 훈련 페이지1~8	common.css desktop.css mobile.css training.css	공통 스타일시트 데스크톱 스타일시트 모바일 스타일시트 훈련 페이지 스타일시트

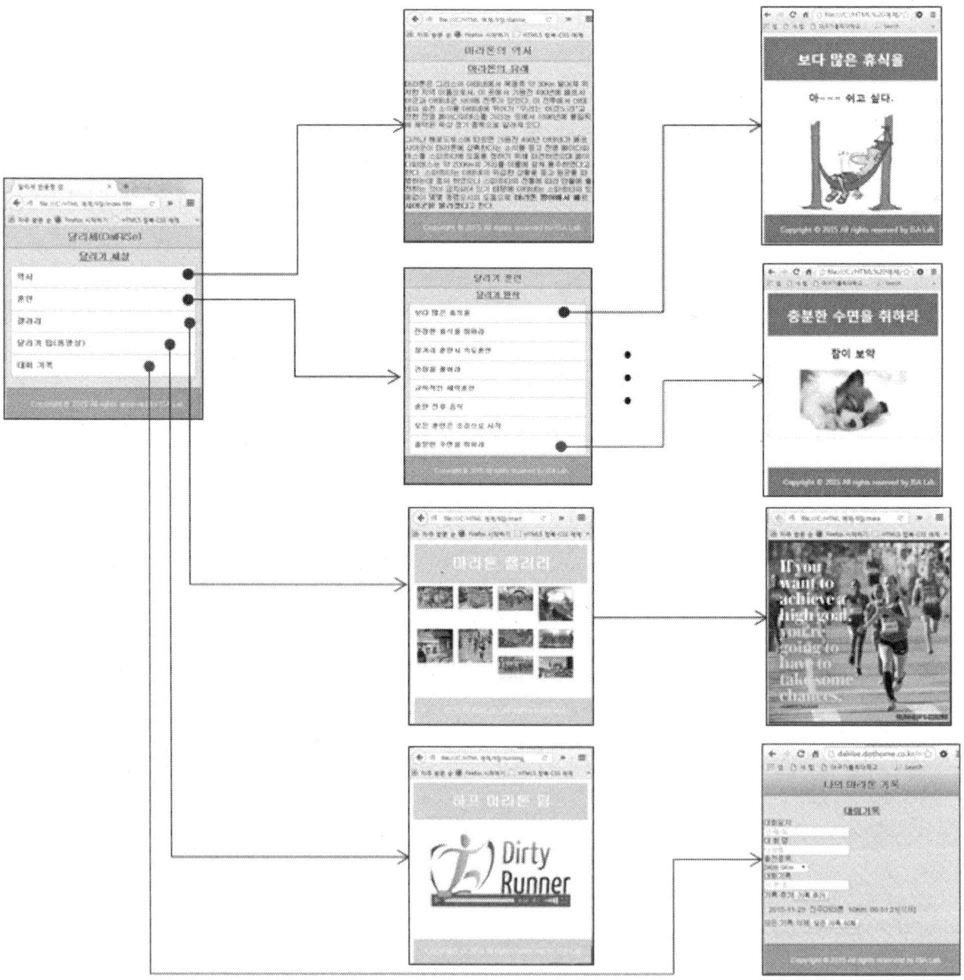

[그림 10-1] 반응형 웹 앱 '달리세'의 화면 구성

(2) '달리세' 반응형 웹 앱 버전의 코드

common.css	데스크톱과 모바일에 공통으로 사용되는 CSS

```
@charset "utf-8";
h1 {
      font-size: 25px;
      color: #FFF;
}

h2 {
      font-size: 20px;
      color: #333;
      margin-top: 5px;
      margin-bottom: 5px;
      text-decoration:underline;
}

#content ul li label {
      font-size: 16px;
      font-weight: bold;
}

p{
      margin-bottom:10px;
}

header, footer {
     display: block;
}
```

desktop.css 데스크톱 스타일에 사용되는 CSS

```
@charset "utf-8";

#head {
	background-image: url(dalrise.jpg);
	height: 200px;
}

#head h1 {
	display : none;
}

#content h2 {
	background-color: #ddd;
	color: blue;
	display: block;
	font-size: 18px;
	font-weight: bold;
	text-align: center;
	text-decoration: underline;
}

.foot {
	width: 100%;
	background-color: #999;
	border-top-width: 1px;
	border-top-style: solid;
	border-top-color: #333;
	padding: 10px;
	color: #FFF;
	margin-top: 10px;
	clear: left;
	text-align: center;
	position: fixed;
```

```
        bottom: 0px;
}
```

mobile.css 모바일 스타일에 사용되는 CSS

```
@charset "utf-8";

body {
    background-color: #ddd;
    font-size: 14px;
    margin: 0;
    padding: 0;
}

#head h1 {
    margin: 0;
    padding: 0;
    background-color: #ccc;
    border-bottom: 1px solid #666;
    color: #222;
    display: block;
    font-size: 20px;
    font-weight: bold;
    padding: 10px 0;
    text-align: center;
    text-decoration: none;
}

#content h2 {
    background-color: #ddd;
    color: blue;
    display: block;
    font-size: 18px;
    font-weight: bold;
```

```
    text-align: center;
    text-decoration: underline;
}

#content ul {
    list-style: none;
    margin: 10px;
    padding: 0;
}

#content ul li a {
    background-color: #FFFFFF;
    border: 1px solid #999999;
    color: #222222;
    display: block;
    font-size: 16px;
    font-weight: bold;
    margin-bottom: -1px;
    padding: 12px 10px;
    text-decoration: none;
}

#head h1 {
    text-shadow: 1px 2px 1px #fff;
    background-image: -webkit-gradient(linear, left top, left bottom,
from(#ccc), to(#999));
}

p.desktop {
        display: none;
}

aside {
        display: none;
```

```
}

#content ul li:first-child a {
    -webkit-border-top-left-radius: 8px;
    -webkit-border-top-right-radius: 8px;
}

#content ul li:last-child a {
    -webkit-border-bottom-left-radius: 8px;
    -webkit-border-bottom-right-radius: 8px;
}

.foot {
        background-color: #999;
        border-top-width: 1px;
        border-top-style: solid;
        border-top-color: #333;
        border-bottom: 1px solid #333;
        padding: 10px;
        color: #fff;
        margin-top: 10px;
        text-align: center;
}



footer {
        width:100%;
        text-align:center;
        clear:both;
        position: fixed;
        bottom: 0px;
}
```

training.css 마라톤 훈련 페이지들의 스타일에 사용되는 CSS

```
@charset "utf-8";
/* CSS Document */

@media only screen and (max-width: 800px)
{
  #unseen {display: none;}
}

.container
{
    width: 100%;
    border: 1px solid #C0C0C0;
}

.header
{
    background-color: #777777;
    color: #FFFFFF;
    text-align: center;
    padding: .5em;
}

.footer
{
        width: 100%;
        background-color: #777777;
        color: #FFFFFF;
        text-align: center;
        padding: .5em;
        position: fixed;
        bottom: 0px;
}
```

```
.red_text {
        color:#F00;
        text-align: center;
}

.clear_style {
        clear: both;
}

.blue_text {
        color:#00F;
        text-align: center;
}

.pic1 {
        display: block;
        width: 60%;
        height: 60%;
        margin: 0 auto;
}
```

index.html '달리세' 반응형 웹 앱 버전의 초기 화면

실행 결과

코 드

```
<!DOCTYPE HTML>
<html>
```

```
<head>
<meta http-equiv="Content-Type" content="text/html; charset=utf-8">
<meta name="viewport" content="user-scalable=no, width=device-width">
<title>달리세 반응형 앱</title>
<link href="common.css" rel="stylesheet" type="text/css">
<link href="desktop.css" rel="stylesheet" type="text/css" media="screen and
(min-width: 721px)">
<link href="mobile.css" rel="stylesheet" type="text/css" media="screen and
(max-width: 720px)">
</head>
<body>
  <div id="container">
    <div id="head">
      <h1>달리세(DalRiSe)</h1>
    </div>
    <div id="content">
      <h2>달리기 세상</h2>
      <p class="desktop">달리세는 '달리는 세상'의 약자로 마라톤 운동에 대한 정
보를 제공하는 모바일 웹 앱입니다. 러너들은 마라톤 훈련 방법, 위치 기반 동호회
추천, 대회 정보, 그리고 훈련 기록 등을 이용하거나 효율적으로 관리할 수 있
다.</p>
      <aside style="float:right;">
        <img src="https://sites.google.com/site/intelsmartapps/webapps-1/
runners5.jpg" alt="Runners" width=70 height=50>
      </aside>
      <ul>
        <li><a href="history.html">역사</a></li>
        <li><a href="training.html">훈련</a></li>
        <li><a href="marathon_gallery.html">갤러리</a></li>
        <li><a href="running_tips.html">달리기 팁</a></li>
        <li><a href="crecord.html">대회 기록</a></li>
      </ul>
    </div>
    <footer class="foot">
```

```
      <p>Copyright &copy; 2015 All rights reserved by ISA Lab.</p>
    </footer>
  </div>
</body>
</html>
```

history.html 마라톤 역사 소개 화면

실행 결과

코 드

```
<!DOCTYPE HTML>
<html>
<head>
<meta http-equiv="Content-Type" content="text/html; charset=utf-8">
<meta name="viewport" content="user-scalable=no, width=device-width">
<link href="common.css" rel="stylesheet" type="text/css">
<link  href="mobile.css"  rel="stylesheet"  type="text/css"  media="screen  and
(max-width: 720px)">
<title>마라톤의 역사</title>
</head>
<boby>
  <div id="container">
    <div id="head" >
      <h1>마라톤의 역사</h1>
    </div>
    <div id="content">
```

```
        <h2  class="blue_text">마라톤의 유래</h2>
        <p>마라톤은 그리스의 아테네에서 북동쪽 약 30Km 떨어져 위치한 지역 이
름으로서, 이 곳에서 기원전 490년에 페르시아군과 아테네군 사이에 전투가 있었다.
이 전투에서 아테네의 승전 소식을 아테네에 뛰어가 <span
style="color:#F00;font-weight:bold">"우리는 이겼노라"</span>고 전한 전령 페이
디피데스를 기리는 뜻에서 1896년에 올림픽에 채택된 육상 경기 종목으로 알려져
있다.</p>
        <p>그러나 헤로도토스에 따르면 기원전 490년 아테네가 페르시아군이  마라
톤에 상륙한다는 소식을 듣고 전령 페이디피데스를 스파르타에 도움을 청하기 위해
파견하였으며 페이디피데스는 약 200Km의 거리를 이틀에 걸쳐 돌주하였다고 한다.
스파르타는 아테네의 위급한 상황을 듣고 원군을 파병하는데 동의 하였으나 스파르
타의 전통에 따라 만월에 출전하는 것이 금지되어 있기 때문에 아테네는 스파르타의
도움없이 몇몇 동맹도시의 도움으로<span style="color:#00F;font-weight:bold">
마라톤 평야에서 페르시아군을 물리쳤다</span>고 한다.</p> <p class="desktop">
여기서 헤로도토스는 페이디피데스가 마라톤 승전 소식을 아테네에 전했다는 사실을
언급하고 있지 않기 때문에 오늘날 마치 전설처럼 퍼져 있는 마라톤의 유래에 관한
이야기는 후대에 지어낸 것으로 여겨진다.</p> <p>물론 마라톤 전투와 관련된 일화
로 페이디피데스가 스파르타로 질주하던 중 팬신이 나타나 아테네의 건투를 약속했
다고 하며, 이를 기리기 위해 아테네에서는 횃불 들고 달리기를 해마다 열었다고 한
다.</p>
        <p class="desktop">여하튼, 마라톤 전투에서 패전한 페르시아의 후예국인
이란은 마라톤을 금기하고 있다. 때문에 올림픽과 아시아 경기대회 등 세계대회에서
마라톤 종목에 출전한 선수는 단 1명도 없었으며 자국의 도시인 테헤란에서 열린
1974년 아시안 게임에서는 마라톤이 아예 제외되었다.</p>
      </div>
    </div>
    <footer class="foot">
      <p>Copyright &copy; 2015 All rights reserved by ISA Lab.</p>
    </footer>
</body>
</html>
```

training.html	마라톤 훈련 규칙 메뉴 화면

실행 결과

코 드

```
<!DOCTYPE HTML>
<html>
<head>
<meta http-equiv="Content-Type" content="text/html; charset=utf-8">
<meta name="viewport" content="user-scalable=no, width=device-width">
<title></title>
<link href="common.css" rel="stylesheet" type="text/css">
<link href="desktop.css" rel="stylesheet" type="text/css" media="screen and
(min-width: 721px)">
<link href="mobile.css" rel="stylesheet" type="text/css" media="screen and
(max-width: 720px)">
</head>
<body>
  <div id="container">
    <div id="head">
      <h1>달리기 훈련</h1>
    </div>
    <div id="content">
      <h2>달리기 원칙</h2>
      <p class="desktop">단시간에 주행거리를 늘일 수 있는 왕도는 없지만 그래
도 몇 가지 원칙을 따르면 최대한의 효과를 거둘 수 있다. 이 원칙을 고수하라.</p>
      <ul>
        <li><a href="training1.html">보다 많은 휴식을</a></li>
```

```
        <li><a href="training2.html">진정한 휴식을 취하라</a></li>
        <li><a href="training3.html">장거리 훈련시 속도훈련</a></li>
        <li><a href="training4.html">긴장을 풀어라</a></li>
        <li><a href="training5.html">규칙적인 체력훈련</a></li>
        <li><a href="training6.html">훈련 전후 음식</a></li>
        <li><a href="training7.html">모든 훈련은 조깅으로 시작</a>
        <li><a href="training8.html">충분한 수면을 취하라</a></li>
      </ul>
     </div>
     <footer class="foot">
       <p>Copyright &copy; 2015 All rights reserved by ISA Lab.</p>
     </footer>
   </div>
</body>
</html>
```

training1.html~training8.html은 동일한 구조를 갖기 때문에 training1.html과 training8.html의 소스와 실행 결과만을 보인다.

training1.html	마라톤 훈련 페이지-1 화면

실행 결과

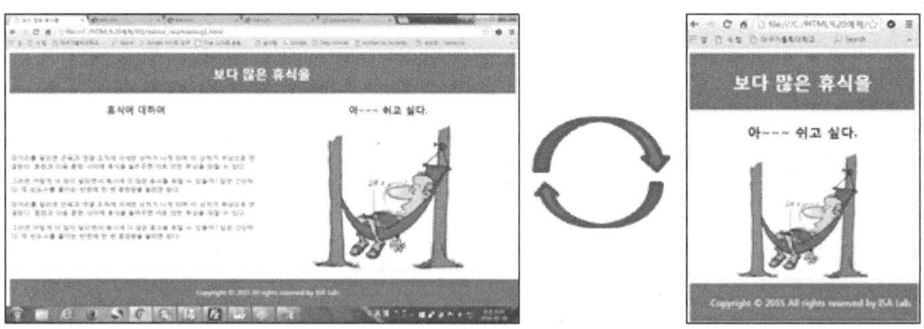

코 드

```
<!DOCTYPE HTML>
<html>
```

```
<head>
<meta http-equiv="Content-Type" content="text/html; charset=utf-8">
<meta name="viewport" content="user-scalable=no, width=device-width">
<link href="training.css" rel="stylesheet" type="text/css">
<title>보다 많은 휴식을</title>
</head>

<body>
 <div class="container">
  <div class="header">
     <h1>보다 많은 휴식을</h1>
  </div>
  <table height="70%">
    <tr height="15%">
      <td id="unseen">
        <h2 class="red_text">휴식에 대하여</h2>
      </td>
      <td>
        <h2  class="blue_text">아~~~ 쉬고 싶다.</h2>
     </td>
    </tr>
    <tr>
      <td id="unseen">
        <p>장거리를 달리면 근육과 연결 조직에 미세한 상처가 나게 되며 이 상처
가 부상으로 연결된다. 훈련과 다음 훈련 사이에 휴식을 늘려주면 이로 인한 부상을
피할 수 있다.</p>
        <p>그러면 어떻게 더 많이 달리면서 동시에 더 많은 휴식을 취할 수 있을
까? 답은 간단하다. 즉 빈도수를 줄이는 반면에 한 번 훈련량을 늘리면 된다.</p>
        <p>장거리를 달리면 근육과 연결 조직에 미세한 상처가 나게 되며 이 상처
가 부상으로 연결된다. 훈련과 다음 훈련 사이에 휴식을 늘려주면 이로 인한 부상을
피할 수 있다.</p>
        <p>그러면 어떻게 더 많이 달리면서 동시에 더 많은 휴식을 취할 수 있을
까? 답은 간단하다. 즉 빈도수를 줄이는 반면에 한 번 훈련량을 늘리면 된다.</p>
     </td>
```

```
          <td width="50%" height="50%">
            <center>
              <img class="pic1" src="relax1.jpg" alt="휴식"/>
            </center>
          </td>
      </tr>
    </table>
    <div class="footer clear_style">
      <p>Copyright &copy; 2015 All rights reserved by ISA Lab.</p>
    </div>
  </div>
</body>
</html>
```

training8.html 마라톤 훈련 페이지-8 화면

실행 결과

코 드

```
<!DOCTYPE HTML>
<html>
<head>
<meta http-equiv="Content-Type" content="text/html; charset=utf-8">
<meta name="viewport" content="user-scalable=no, width=device-width">
<link href="training.css" rel="stylesheet" type="text/css">
<title>충분한 수면을 취하라</title>
</head>
```

```
<body>
 <div class="container">
  <div class="header">
     <h1>충분한 수면을 취하라</h1>
  </div>
  <table height="70%">
    <tr height="15%">
      <td id="unseen">
        <h2 class="red_text">충분한 수면</h2>
      </td>
      <td>
        <h2 class="blue_text">잠이 보약</h2>
     </td>
    </tr>
    <tr>
      <td id="unseen">
        <p>수면은 훈련 프로그램에서 가장 소홀히 하기 쉬운 부분이다. 지난 십수
년 동안 우리는 복잡하고 바쁜 일상을 보내고 있다. 우리는 다른 일을 성사시키기
위하여 수면을 희생해 왔다.</p>
        <p>마라톤 훈련도 마찬가지이다. 주행거리를 늘리려 한다면, 충분한 수면을
취하는 것이 매우 중요하다.</p>
          </td>
          <td width="50%" height="50%">
            <center>
              <img src="sleeping.jpg" alt="숙면"/>
            </center>
          </td>
    </tr>
  </table>
  <div class="footer clear_style">
    <p>Copyright &copy; 2015 All rights reserved by ISA Lab.</p>
  </div>
 </div>
</body>
</html>
```

running_tips.html 하프 마라톤 러닝 팁을 제공하는 동영상 화면

실행 결과

코 드

```
<!DOCTYPE html>
<html lang="ko">
<head>
 <meta charset="utf-8">
 <meta name="viewport" content="width=device-width, initial-scale=1.0"/>
 <style>
    header {
     background-color:#ccc;
     color:white;
         padding: 1px;
   }
    footer {
         width:100%;
         text-align:center;
         clear:both;
         position: fixed;
         bottom: 0px;
     background-color:#ccc;
     color:white;
         padding: 1px;
   }
 </style>
 <title>하프 마라톤 팁</title>
</head>
```

```
<body>
 <header>
   <h1 align="center">하프 마라톤 팁</h1>
 </header>
 <br/>
 <center>
  <video width="80%" height="80%" src="Half_marathon_Tips.mp4" controls preload="metadata">
     비디오를 재생할 수 없습니다.
  </video>
 </center>
 <footer>
  <p>Copyright &copy; 2015 All rights reserved by ISA Lab.</p>
 </footer>
</body>
</html>
```

marathon_gallery.html 마라톤 대회 갤러리 화면

실행 결과

코 드

```
<!DOCTYPE html>
<html lang="ko">
<head>
<meta charset="utf-8">
<meta name="viewport" content="width=device-width, initial-scale=1.0"/>
```

```
<style>
div.img {
    margin: 5px;
    border: 1px solid #ccc;
    float: left;
    width: 20%;
}

div.img:hover {
    border: 1px solid #777;
}

div.img img {
    width: 100%;
    height: auto;
}
header {
    background-color:#ccc;
    color:white;
        padding: 1px;
}
footer {
        width:100%;
        text-align:center;
        clear:both;
        position: fixed;
        bottom: 0px;
        background-color:#ccc;
        color:white;
        padding: 1px;
}
</style>
</head>
```

```
<body>
<header>
<h1 align="center">마라톤 캘러리</h1>
</header>

<div id="container">
<div class="img">
  <a target="_blank" href="mara1.jpg">
    <img src="mara1.jpg" alt="마라톤 사진1" width="90%" height="90%">
  </a>
</div>
<div class="img">
  <a target="_blank" href="mara10.jpg">
   <img src="mara10.jpg" alt="마라톤 사진9" width="9%" height="90%">
  </a>
</div>
<div class="img">
  <a target="_blank" href="mara3.jpeg">
   <img src="mara3.jpeg" alt="마라톤 사진3" width="90%" height="90%">
  </a>
</div>
<div class="img">
  <a target="_blank" href="mara4.jpg">
   <img src="mara4.jpg" alt="달리기 사진" width="90%" height="90%">
  </a>
</div>
<div class="img">
  <a target="_blank" href="mara5.jpg">
   <img src="mara5.jpg" alt="마라톤 사진5" width="90%" height="90%">
  </a>
</div>
<div class="img">
```

```
  <a target="_blank" href="mara6.jpg">
   <img src="mara6.jpg" alt="마라톤 사진6" width="90%" height="90%">
  </a>
</div>
<div class="img">
  <a target="_blank" href="mara2.jpg">
   <img src="mara2.jpg" alt="마라톤 사진2" width="90%" height="90%">
  </a>
</div>
<div class="img">
  <a target="_blank" href="mara7.jpg">
   <img src="mara7.jpg" alt="마라톤 완주 메달" width="90%" height="90%">
  </a>
</div>
<div class="img">
  <a target="_blank" href="mara8.jpg">
   <img src="mara8.jpg" alt="마라톤 사진8" width="90%" height="90%">
  </a>
</div>
<div class="img">
  <a target="_blank" href="mara10.jpg">
   <img src="mara10.jpg" alt="마라톤 사진10" width="90%" height="90%">
  </a>
</div>
</div>
<footer>
 <div>
  <p>&copy; 2015 ISA Lab. All rights reserved.</p>
 </div>
</footer>
</body>
</html>
```

myrecord.html	SQLite DB 기반 마라톤 대회 기록 관리

실행 결과

코 드

```
<!DOCTYPE html>
<html lang="ko">
  <head>
    <meta http-equiv="Content-Type" content="text/html; charset=utf-8">
    <meta name="viewport" content="user-scalable=no, width=device-width">
    <link href="common.css" rel="stylesheet" type="text/css">
    <link href="desktop.css" rel="stylesheet" type="text/css" media="screen and (min-width: 721px)">
    <link href="mobile1.css" rel="stylesheet" type="text/css" media="screen and (max-width: 720px)">
    <title>나의 마라톤 기록</title>
    <script src="http://code.jquery.com/jquery-1.11.3.min.js"></script>
    <script src="http://code.jquery.com/mobile/1.4.5/jquery.mobile-1.4.5.min.js"></script>
    <style>
      body {
        color: #222;
        font: 14px Arial;
      }
      body a {
        color: #3D5C9D;
```

```
        text-decoration: none;
      }
    </style>
    <script>
      var html5rocks = {};
      html5rocks.webdb = {};
      html5rocks.webdb.db = null;

      html5rocks.webdb.open = function() {
        var dbSize = 5 * 1024 * 1024; // 5MB
        html5rocks.webdb.db = openDatabase("myrecords", "1.0", "my
marathon records", dbSize);
      }

      html5rocks.webdb.createTable = function() {
        var db = html5rocks.webdb.db;
        db.transaction(function(tx) {
          tx.executeSql("CREATE TABLE IF NOT EXISTS myrecords(ID
INTEGER PRIMARY KEY ASC, mdate TEXT, mname TEXT, mgame TEXT,
mrecord TEXT)", []);
        });
      }

      html5rocks.webdb.add = function(mdate, mname, mgame, mrecord) {
        var db = html5rocks.webdb.db;
        db.transaction(function(tx){
          var addedOn = new Date();
          tx.executeSql("INSERT INTO myrecords(mdate, mname, mgame,
mrecord) VALUES (?,?,?,?)",
              [mdate, mname, mgame, mrecord],
```

```
            html5rocks.webdb.onSuccess,
            html5rocks.webdb.onError);
      });

}

html5rocks.webdb.onError = function(tx, e) {
  alert("에러 발생: " + e.message);
}

html5rocks.webdb.onSuccess = function(tx, r) {
  html5rocks.webdb.getAllWebsiteItems(loadItems);
}

html5rocks.webdb.getAllWebsiteItems = function(renderFunc) {
  var db = html5rocks.webdb.db;
  db.transaction(function(tx) {
    tx.executeSql("SELECT * FROM myrecords", [], renderFunc,
        html5rocks.webdb.onError);
  });
}

html5rocks.webdb.delete = function(id) {
  var db = html5rocks.webdb.db;
  db.transaction(function(tx){
    tx.executeSql("DELETE FROM myrecords WHERE ID=?", [id],
        html5rocks.webdb.onSuccess,
        html5rocks.webdb.onError);
    });
}
```

```
        function loadItems(tx, rs) {
          var rowOutput = "";
          var todoItems = document.getElementById("MyRecordItems");
          for (var i=0; i < rs.rows.length; i++) {
            rowOutput += renderWebSite(rs.rows.item(i));
          }
          todoItems.innerHTML = rowOutput;
        }

        function renderWebSite(row) {
          return  "<li>"  +  row.mdate   +  "  "+  row.mname
+"  "+  row.mgame  +"  "+  row.mrecord  +"[<a
href='javascript:void(0);'  onclick='deleteRow("+ row.ID +");'>삭제</a>]";
        }

            function deleteRow(rowId) {
                    html5rocks.webdb.delete(rowId);
            }

        function init() {
          html5rocks.webdb.open();
          html5rocks.webdb.createTable();
          html5rocks.webdb.getAllWebsiteItems(loadItems);
        }

        function add() {
          var mdate = document.getElementById("mdate");
          var mname = document.getElementById("mname");
          var mgame = document.getElementById("mgame");
```

```
        var mrecord = document.getElementById("mrecord");
        html5rocks.webdb.add(mdate.value,    mname.value,    mgame.value,
mrecord.value);
        mdate.value = "";
        mname.value = "";
        mgame.value = "";
        mrecord.value = "";
      }

      function deleteALL() {
        html5rocks.webdb.deleteALL();
        init();
      }
      html5rocks.webdb.deleteALL = function() {
        var db = html5rocks.webdb.db;
        db.transaction(function(tx){
          tx.executeSql("drop table myrecords", [],
              html5rocks.webdb.onSuccess,
              html5rocks.webdb.onError);
          });
      }
    </script>
  </head>
  <body onload="init();">
    <div id="container">
          <div id="head">
            <h1>나의 마라톤 기록</h1>
      </div><br/>
      <div id="content">
              <h2  class="blue_text">대회기록</h2>
```

```
        <form type="post" onsubmit="add(); return false;">
                    대회일자:<input type="text" id="mdate" name="mdate"
placeholder="년-월-일" /><br/>
            대  회  명:<input type="text" id="mname" name="mname"
placeholder="대회명" /><br/>
            출전종목:<select id="mgame" name="mgame">
                    <option value="5Km">5Km</option>
                        <option value="10Km">10Km</option>
                        <option value="하프">하프</option>
                        <option value="풀">풀</option>
                  </select><br/>
                  대회기록:<input type="text" id="mrecord" name="mrecord"
placeholder="시:분:초" /><br/>
            <input type="submit" value="항목 추가"/>
        </form>
        <ul id="MyRecordItems">
        </ul>
            <form type="post" onsubmit="deleteALL(); return false;">
                  <input type="submit" value="모든 항목 삭제"/>
            </form>
          </div>
      <footer class="foot">
        <p>Copyright &copy; 2015 All rights reserved by ISA Lab.</p>
      </footer>
        </div>
  </body>
</html>
```

10.2 jQuery 모바일 활용 앱

jQuery 모바일을 이용하여 '달리세'의 모바일 웹 앱 버전을 구축한다. 구축된 jQuery 모바일 웹 앱 '달리세'2)의 전체적인 구성은 그림 10-2와 같다.

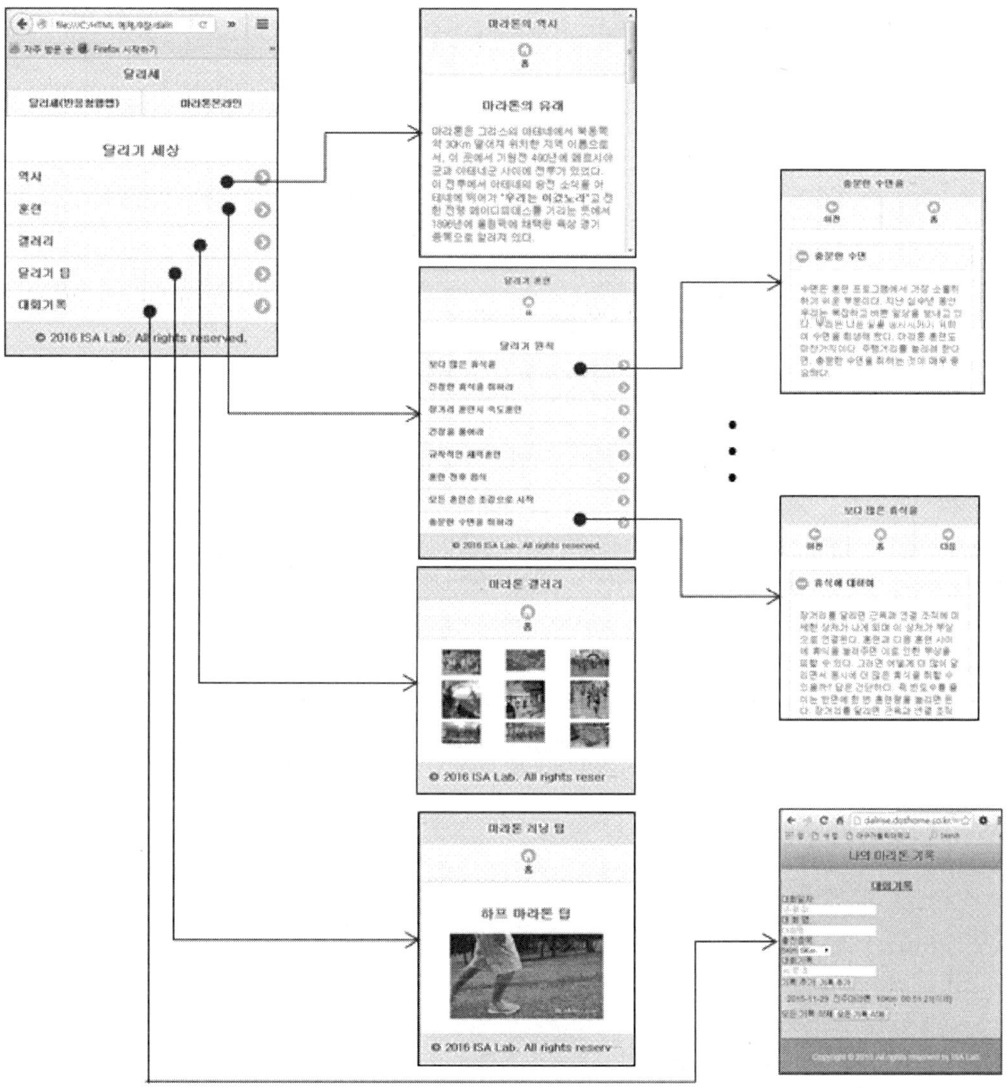

[그림 10-2] 모바일 웹 앱 '달리세'의 화면 구성

2) 모바일 웹 앱 '달리세'의 사이트 주소: http://isapp.dothome.co.kr

jQuery 모바일 웹 앱 '달리세'를 구성하는 html 파일들의 소스 코드와 실행 결과는 다음과 같다.

index.html	달리세 모바일 웹 앱 버번의 초기화면
실행 결과	

코드

```
<!DOCTYPE html>
<html lang="ko">
<head>
<meta charset="utf-8">
<meta name="viewport" content="width=device-width, initial-scale=1">
<link rel="stylesheet" href="http://code.jquery.com/mobile/1.4.5/jquery.mobile-1.4.5.min.css">
<script src="http://code.jquery.com/jquery-1.11.3.min.js"></script>
<script src="http://code.jquery.com/mobile/1.4.5/jquery.mobile-1.4.5.min.js"></script>
</head>
<body>

<div data-role="page">
  <div data-role="header">
    <h1 align="center" color="blue">달리세</h1>
    <div data-role="navbar">
      <ul>
        <li><a href="http://dalrise.dothome.co.kr">달리세(반응형웹앱)</a></li>
```

```
        <li><a href="http://www.marathon.pe.kr">마라톤온라인</a></li>
      </ul>
    </div>
  </div>

  <div data-role="main" class="ui-content">
    <h3 style="text-align:center"><font color="blue">달리기 세상</h3>
        <ul data-role="listview">
     <li><a href="history.html">역사</a></li>
         <li><a href="training.html">훈련</a></li>
         <li><a href="gallery.html">갤러리</a></li>
         <li><a href="running_tips.html">달리기 팁</a></li>
         <li><a href="http://dalrise.dothome.co.kr/myrecord.html">대회기록
</a></i>
    </ul>
  </div>

  <div data-role="footer">
    <h2>&copy; 2016 ISA Lab. All rights reserved.</h2>
  </div>
</div>
</body>
</html>
```

history.html	마라톤 역사 소개 화면
실행 결과	

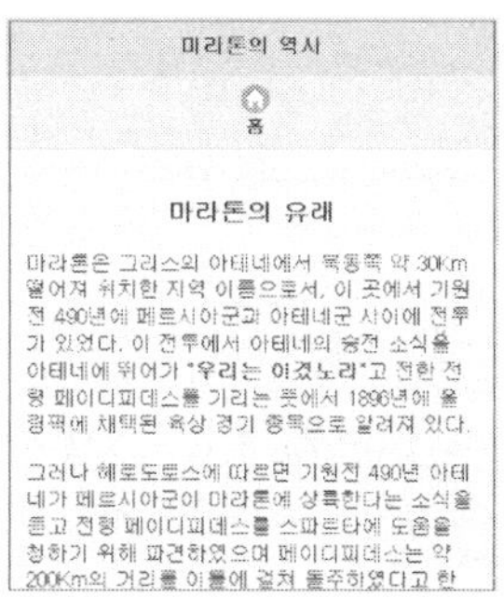

코 드

```
<!DOCTYPE html>
<html lang="ko">
<head>
<meta charset="utf-8">
<meta name="viewport" content="width=device-width, initial-scale=1">
<link rel="stylesheet" href="http://code.jquery.com/mobile/1.4.5/
jquery.mobile-1.4.5.min.css">
<script src="http://code.jquery.com/jquery-1.11.3.min.js"></script>
<script src="http://code.jquery.com/mobile/1.4.5/jquery.mobile
-1.4.5.min.js"></script>
</head>
<body>

<div data-role="page">
  <div data-role="header">
    <h1 align="center" color="blue">마라톤의 역사</h1>
    <div data-role="navbar">
      <ul>
        <li><a href="index.html" data-icon="home">홈</a></li>
      </ul>
    </div>
  </div>

  <div data-role="main" class="ui-content">
      <h3 style="text-align:center"><font color="blue">마라톤의 유래
</font></h3>
      <p>마라톤은 그리스의 아테네에서 북동쪽 약 30Km 떨어져 위치한 지역 이
름으로서, 이 곳에서 기원전 490년에 페르시아군과 아테네군 사이에 전투가 있었다.
이 전투에서 아테네의 승전 소식을 아테네에 뛰어가 <span
style="color:#F00;font-weight:bold">"우리는 이겼노라"</span>고 전한 전령 페이
```

```
디피데스를 기리는 뜻에서 1896년에 올림픽에 채택된 육상 경기 종목으로 알려져 있다.</p>
        <p>그러나 헤로도토스에 따르면 기원전 490년 아테네가 페르시아군이 마라톤에 상륙한다는 소식을 듣고 전령 페이디피데스를 스파르타에 도움을 청하기 위해 파견하였으며 페이디피데스는 약 200Km의 거리를 이틀에 걸쳐 돌주하였다고 한다. 스파르타는 아테네의 위급한 상황을 듣고 원군을 파병하는데 동의 하였으나 스파르타의 전통에 따라 만월에 출전하는 것이 금지되어 있기 때문에 아테네는 스파르타의 도움없이 몇몇 동맹도시의 도움으로<span style="color:#00F;font-weight:bold">마라톤 평야에서 페르시아군을 물리쳤다</span>고 한다.</p> 여기서 헤로도토스는 페이디피데스가 마라톤 승전 소식을 아테네에 전했다는 사실을 언급하고 있지 않기 때문에 오늘날 마치 전설처럼 퍼져 있는 마라톤의 유래에 관한 이야기는 후대에 지이낸 것으로 여겨진다. <p>물론 마라톤 전투와 관련된 일화로 페이디피데스가 스파르타로 질주하던 중 팬신이 나타나 아테네의 건투를 약속했다고 하며, 이를 기리기 위해 아테네에서는 횃불 들고 달리기를 해마다 열었다고 한다.</p>
        <p>여하튼, 마라톤 전투에서 패전한 페르시아의 후예국인 이란은 마라톤을 금기하고 있다. 때문에 올림픽과 아시아 경기대회 등 세계대회에서 마라톤 종목에 출전한 선수는 단 1명도 없었으며 자국의 도시인 테헤란에서 열린 1974년 아시안 게임에서는 마라톤이 아예 제외되었다.</p>
  </div>

  <div data-role="footer">
    <h2>&copy; 2016 ISA Lab. All rights reserved.</h2>
  </div>
</div>

</body>
</html>
```

training.html	마라톤 훈련 메뉴 화면

실행 결과

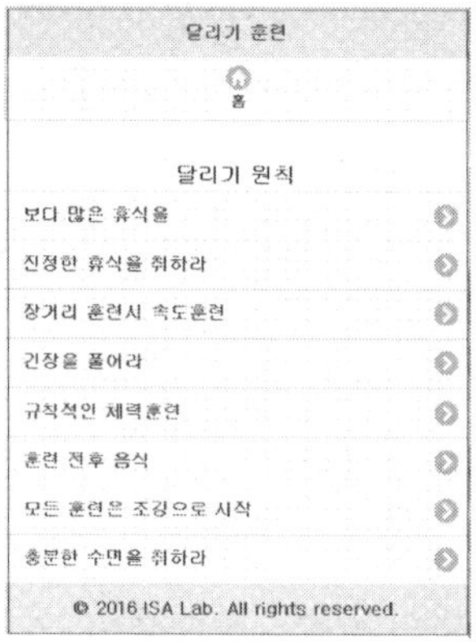

코 드

```
<!DOCTYPE html>
<html lang="ko">
<head>
<meta charset="utf-8">
<meta name="viewport" content="width=device-width, initial-scale=1">
<link rel="stylesheet" href="http://code.jquery.com/mobile/1.4.5/
jquery.mobile-1.4.5.min.css">
<script src="http://code.jquery.com/jquery-1.11.3.min.js"></script>
<script src="http://code.jquery.com/mobile/1.4.5/jquery.mobile
-1.4.5.min.js"></script>
</head>
<body>

<div data-role="page">
  <div data-role="header">
    <h1 align="center" color="blue">달리기 훈련</h1>
    <div data-role="navbar">
      <ul>
        <li><a href="index.html" data-icon="home">홈</a></li>
```

```
      </ul>
    </div>
  </div>

  <div data-role="main" class="ui-content">
    <h3 style="text-align:center"><font color="blue">달리기 원칙</h3>
    <ul data-role="listview">
      <li><a href="training1.html">보다 많은 휴식을</a></li>
      <li><a href="training2.html">진정한 휴식을 취하라</a></li>
      <li><a href="training3.html">장거리 훈련시 속도훈련</a></li>
          <li><a href="training4.html">긴장을 풀어라</a></li>
          <li><a href="training5.html">규칙적인 체력훈련</a></li>
          <li><a href="training6.html">훈련 전후 음식</a></li>
          <li><a href="training7.html">모든 훈련은 조깅으로 시작</a></li>
          <li><a href="training8.html">충분한 수면을 취하라</a></li>
    </ul>
  </div>

  <div data-role="footer">
    <h2>&copy; 2016 ISA Lab. All rights reserved.</h2>
  </div>
</div>
</body>
</html>
```

training1.html 마라톤 훈련 페이지-1 화면

실행결과

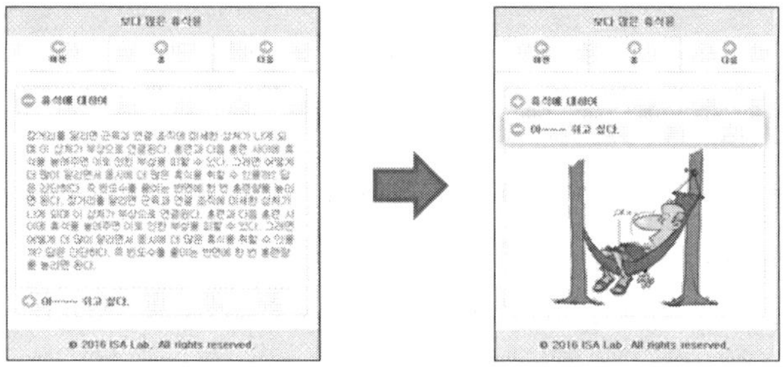

코 드

```
<!DOCTYPE html>
<html lang="ko">
<head>
<meta charset="utf-8">
<meta name="viewport" content="width=device-width, initial-scale=1">
<link rel="stylesheet" href="http://code.jquery.com/mobile/1.4.5/jquery.mobile-1.4.5.min.css">
<script src="http://code.jquery.com/jquery-1.11.3.min.js"></script>
<script src="http://code.jquery.com/mobile/1.4.5/jquery.mobile-1.4.5.min.js"></script>
</head>
<body>

<div data-role="page">
  <div data-role="header">
    <h1>보다 많은 휴식을</h1>
     <div data-role="navbar">
    <div data-role="navbar">
      <ul>
        <li><a href="training.html" data-icon="arrow-l">이전</a></li>
        <li><a href="index.html" data-icon="home">홈</a></li>
        <li><a href="training2.html" data-icon="arrow-r">다음</a></li>
      </ul>
```

```
    </div>
    </div>
  </div>

  <div data-role="main" class="ui-content">
    <div data-role="collapsibleset">
      <div data-role="collapsible" data-collapsed="false">
        <h3>휴식에 대하여</h3>
        <p>장거리를 달리면 근육과 연결 조직에 미세한 상처가 나게 되며 이 상처
가 부상으로 연결된다. 훈련과 다음 훈련 사이에 휴식을 늘려주면 이로 인한 부상을
피할 수 있다. 그러면 어떻게 더 많이 달리면서 동시에 더 많은 휴식을 취할 수 있
을까? 답은 간단하다. 즉 빈도수를 줄이는 반면에 한 번 훈련량을 늘리면 된다. 장
거리를 달리면 근육과 연결 조직에 미세한 상처가 나게 되며 이 상처가 부상으로 연
결된다. 훈련과 다음 훈련 사이에 휴식을 늘려주면 이로 인한 부상을 피할 수 있다.
그러면 어떻게 더 많이 달리면서 동시에 더 많은 휴식을 취할 수 있을까? 답은 간
단하다. 즉 빈도수를 줄이는 반면에 한 번 훈련량을 늘리면 된다.</p>
      </div>
      <div data-role="collapsible">
        <h3>아~~~ 쉬고 싶다.</h3>
                <div align="center">
          <img width="70%" height="70%" src="relax1.jpg" alt="휴식"/>
                </div>
      </div>
    </div>
  </div>

  <div data-role="footer">
    <h2>&copy; 2016 ISA Lab. All rights reserved.</h2>
  </div>
</div>

</body>
</html>
```

training8.html	마라톤 훈련 페이지-8 화면

실행 결과

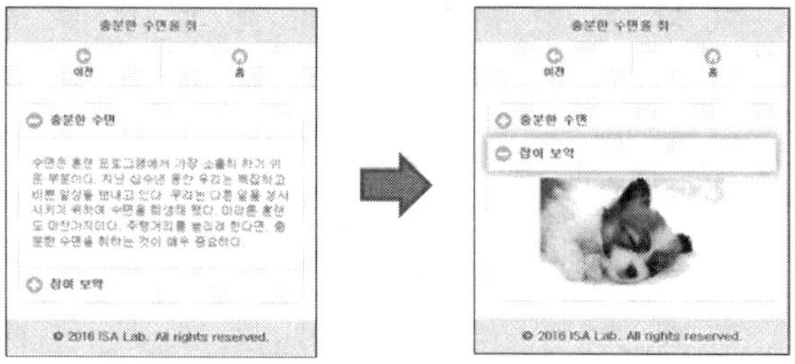

코 드

```
<!DOCTYPE html>
<html lang="ko">
<head>
<meta charset="utf-8">
<meta name="viewport" content="width=device-width, initial-scale=1">
<link          rel="stylesheet"          href="http://code.jquery.com/mobile/1.4.5
/jquery.mobile-1.4.5.min.css">
<script src="http://code.jquery.com/jquery-1.11.3.min.js"></script>
<script                    src="http://code.jquery.com/mobile/1.4.5/jquery.mobile
-1.4.5.min.js"></script>
</head>
<body>

<div data-role="page">
  <div data-role="header">
    <h1>충분한 수면을 취하라</h1>
     <div data-role="navbar">
    <div data-role="navbar">
      <ul>
        <li><a href="training7.html" data-icon="arrow-l">이전</a></li>
        <li><a href="index.html" data-icon="home">홈</a></li>
      </ul>
```

```
      </div>
    </div>
  </div>

  <div data-role="main" class="ui-content">
    <div data-role="collapsibleset">
      <div data-role="collapsible" data-collapsed="false">
        <h3>충분한 수면</h3>
                <p>수면은 훈련 프로그램에서 가장 소홀히 하기 쉬운 부분이다.
지난 십수년 동안 우리는 복잡하고 바쁜 일상을 보내고 있다. 우리는 다른 일을 성
사시키기 위하여 수면을 희생해 왔다. 마라톤 훈련도 마찬가지이다. 주행거리를 늘
리려 한다면, 충분한 수면을 취하는 것이 매우 중요하다.</p>
      </div>
      <div data-role="collapsible">
        <h3>잠이 보약</h3>
                <div align="center">
          <img width="70%" height="70%" src="sleeping.jpg" alt="숙면"/>
                </div>
      </div>
    </div>
  </div>

  <div data-role="footer">
    <h2>&copy; 2016 ISA Lab. All rights reserved.</h2>
  </div>
</div>

</body>
</html>
```

gallery.html	마라톤 사진 갤러리 화면

실행 결과

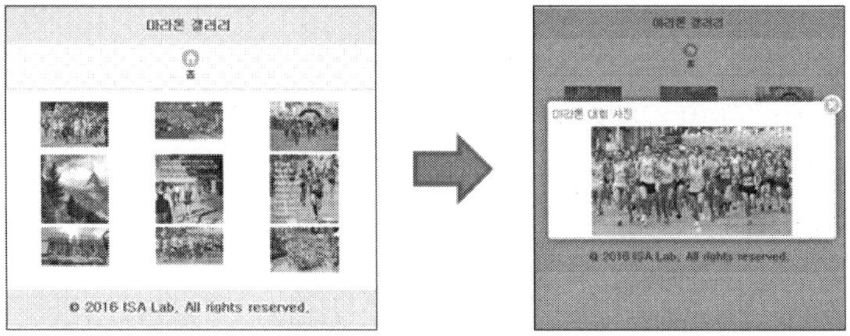

코 드

```
<!DOCTYPE html>
<html lang="ko">
<head>
<meta charset="utf-8">
<meta name="viewport" content="width=device-width, initial-scale=1">
<link rel="stylesheet" href="http://code.jquery.com/mobile/1.4.5/
jquery.mobile-1.4.5.min.css">
<script src="http://code.jquery.com/jquery-1.11.3.min.js"></script>
<script src="http://code.jquery.com/mobile/1.4.5/jquery.mobile
-1.4.5.min.js"></script>
</head>
<body>

<div data-role="page" id="pageone">
  <div data-role="header">
    <h1>마라톤 갤러리</h1>
    <div data-role="navbar">
      <ul>
        <li><a href="index.html" data-icon="home">홈</a></li>
      </ul>
    </div>
  </div>
```

```
  <div data-role="main" class="ui-content">
    <div class="ui-grid-b">
      <div class="ui-block-a">
        <a href="#myPopup1" data-rel="popup" data-position-to="window">
                <center>
          <img    src="mara1.jpg"    alt="마라톤    사진1"    style="width:60%;
height:60%"></a>
                </center>
          </div>
      <div class="ui-block-b">
        <a href="#myPopup2" data-rel="popup" data-position-to="window">
                <center>
          <img    src="mara2.jpg"    alt="마라톤    사진2"    style="width:60%;
height:60%"></a>
                </center>
          </div>
      <div class="ui-block-c">
        <a href="#myPopup3" data-rel="popup" data-position-to="window">
                <center>
          <img    src="mara3.jpeg"    alt="마라톤    사진3"    style="width:60%;
height:60%"></a>
                </center>
          </div>
      <div class="ui-block-a">
        <a href="#myPopup4" data-rel="popup" data-position-to="window">
                <center>
          <img    src="mara4.jpg"    alt="달리기    사진"    style="width:60%;
height:60%"></a>
                </center>
          </div>
      <div class="ui-block-b">
        <a href="#myPopup5" data-rel="popup" data-position-to="window">
                <center>
          <img    src="mara5.jpg"    alt="마라톤    사진5"    style="width:60%;
```

```
height:60%"></a>
                    </center>
                </div>
            <div class="ui-block-c">
              <a href="#myPopup6" data-rel="popup" data-position-to="window">
                    <center>
                <img    src="mara6.jpg"    alt="마라톤    사진6"    style="width:60%;
height:60%"></a>
                    </center>
                </div>
            <div class="ui-block-a">
              <a href="#myPopup7" data-rel="popup" data-position-to="window">
                    <center>
                <img   src="mara7.jpg"   alt="마라톤   완주   메달"   style="width:60%;
height:60%"></a>
                    </center>
                </div>
            <div class="ui-block-b">
              <a href="#myPopup8" data-rel="popup" data-position-to="window">
                    <center>
                <img    src="mara8.jpg"    alt="마라톤    사진8"    style="width:60%;
height:60%"></a>
                    </center>
                </div>
            <div class="ui-block-c">
              <a href="#myPopup9" data-rel="popup" data-position-to="window">
                    <center>
                <img    src="mara10.jpg"    alt="마라톤    사진9"    style="width:60%;
height:60%"></a>
                    </center>
                </div>
        </div>
    </div>
```

```
  <div data-role="popup" id="myPopup1" data-overlay-theme="b">
      <p>마라톤 대회 사진</p>
      <a href="#pageone" data-rel="back" class="ui-btn ui-corner-all
ui-shadow ui-btn-a ui-icon-delete ui-btn-icon-notext ui-btn-right">닫기
</a>
          <center>
            <img src="mara1.jpg" style="width:70%;height:70%;" alt="마라톤 사
진1">
          </center>
  </div>
  <div data-role="popup" id="myPopup2" data-overlay-theme="b">
      <p>마라톤 대회 사진</p>
      <a href="#pageone" data-rel="back" class="ui-btn ui-corner-all
ui-shadow ui-btn-a ui-icon-delete ui-btn-icon-notext ui-btn-right">닫기
</a>
          <center>
            <img src="mara2.jpg" style="width:70%;height:70%;" alt="마라톤 사
진2">
          </center>
  </div>
  <div data-role="popup" id="myPopup3" data-overlay-theme="b">
      <p>마라톤 대회 사진</p>
      <a href="#pageone" data-rel="back" class="ui-btn ui-corner-all
ui-shadow ui-btn-a ui-icon-delete ui-btn-icon-notext ui-btn-right">닫기
</a>
          <center>
            <img src="mara3.jpeg" style="width:70%;height:70%;" alt="마라톤
사진3">
          </center>
  </div>
  <div data-role="popup" id="myPopup4" data-overlay-theme="b">
      <p>달리기 사진</p>
      <a href="#pageone" data-rel="back" class="ui-btn ui-corner-all
ui-shadow ui-btn-a ui-icon-delete ui-btn-icon-notext ui-btn-right">닫기
```

```
</a>
          <center>
            <img src="mara4.jpg" style="width:70%;height:70%;" alt="달리기 사
진">
  </div>
  <div data-role="popup" id="myPopup5" data-overlay-theme="b">
      <p>마라톤 대회 사진</p>
      <a    href="#pageone"    data-rel="back"    class="ui-btn    ui-corner-all
ui-shadow  ui-btn-a  ui-icon-delete  ui-btn-icon-notext  ui-btn-right">닫기
</a>
          <center>
            <img src="mara5.jpg" style="width:70%;height:70%;" alt="마라톤 사
진5">
          </center>
  </div>
  <div data-role="popup" id="myPopup6" data-overlay-theme="b">
      <p>마라톤 대회 사진</p>
      <a    href="#pageone"    data-rel="back"    class="ui-btn    ui-corner-all
ui-shadow  ui-btn-a  ui-icon-delete  ui-btn-icon-notext  ui-btn-right">닫기
</a>
          <center>
            <img src="mara6.jpg" style="width:70%;height:70%;" alt="마라톤 사
진6">
          </center>
  </div>
  <div data-role="popup" id="myPopup7" data-overlay-theme="b">
      <p>마라톤 완주 메달</p>
      <a    href="#pageone"    data-rel="back"    class="ui-btn    ui-corner-all
ui-shadow  ui-btn-a  ui-icon-delete  ui-btn-icon-notext  ui-btn-right">닫기
</a>
          <center>
            <img src="mara7.jpg" style="width:70%;height:70%;" alt="마라톤 완
주 메달">
          </center>
```

```
  </div>
  <div data-role="popup" id="myPopup8" data-overlay-theme="b">
      <p>마라톤 대회 사진</p>
      <a href="#pageone" data-rel="back" class="ui-btn ui-corner-all
ui-shadow ui-btn-a ui-icon-delete ui-btn-icon-notext ui-btn-right">닫기
</a>
          <center>
            <img src="mara8.jpg" style="width:70%;height:70%;" alt="마라톤 사
진8">
          </center>
  </div>
  <div data-role="popup" id="myPopup9" data-overlay-theme="b">
      <p>바라돈 대회 사진</p>
      <a href="#pageone" data-rel="back" class="ui-btn ui-corner-all
ui-shadow ui-btn-a ui-icon-delete ui-btn-icon-notext ui-btn-right">닫기
</a>
          <center>
            <img src="mara10.jpg" style="width:70%;height:70%;" alt="마라톤
사진9">
          </center>
  </div>

  <div data-role="footer">
    <h2>&copy; 2016 ISA Lab. All rights reserved.</h2>
  </div>
</div>

</body>
</html>
```

running_tips.html	하프 마라톤 러닝 팁을 제공하는 동영상 화면

실행 결과

코 드

```
<!DOCTYPE html>
<html lang="ko">
<head>
<meta charset="utf-8">
<meta name="viewport" content="width=device-width, initial-scale=1">
<link rel="stylesheet" href="http://code.jquery.com/mobile/1.4.5/jquery.mobile-1.4.5.min.css">
<script src="http://code.jquery.com/jquery-1.11.3.min.js"></script>
<script src="http://code.jquery.com/mobile/1.4.5/jquery.mobile-1.4.5.min.js"></script>
</head>
<body>

<div data-role="page">
  <div data-role="header">
    <h1 align="center" color="blue">마라톤 러닝 팁</h1>
    <div data-role="navbar">
      <ul>
        <li><a href="index.html" data-icon="home">홈</a></li>
      </ul>
    </div>
```

```
  </div>

  <div data-role="main" class="ui-content">
    <h3 style="text-align:center"><font color="blue">하프 마라톤 팁</h3>
    <center>
      <video width="80%" height="80%" controls preload="metadata">
        <source src="Half_Marathon_Tips.mp4" type="video/mp4">
        비디오를 재생할 수 없습니다.
      </video>
    </center>
  </div>

  <div data-role="footer">
    <h2>&copy; 2016 ISA Lab. All rights reserved.</h2>
  </div>
</div>
</body>
</html>
```

10.3 요약

본 장에서는 지금까지 배운 모바일 웹 앱 기술을 바탕으로 마라톤에 입문한 러너들에게 도움이 되는 웹 앱을 2가지 버전: 반응형 웹 앱과 모바일 웹 앱을 각각 개발하였다. 반응형 웹 앱 '달리세'를 구축하기 위하여 HTML5, CSS3, JavaScript, 미디어쿼리, 웹 데이터베이스 기술을 사용하였고, 그리고 모바일 웹 앱 '달리세'를 구축하기 위하여 HTML5, jQuery Mobile, CSS3, 웹 데이터베이스 기술을 사용하였다. 특히, '달리세' 모바일 웹 앱 버전의 마라톤 훈련 페이지(training1.html~training8.html)는 접이식 패널을 사용하여 구현하였고, 그리고 마라톤 사진 갤러리 페이지(gallery.html)는 레이아웃 그리드와 팝업 창을 사용하여 구현하였다.

부 록

A. RGB Hex Triplet Color Chart

EEEEEE	FFFFFF	FFCCFF	FF99FF	FF66FF	FF33FF	FF00FF	00FF00
DDDDDD	FFFFCC	FFCCCC	FF99CC	FF66CC	FF33CC	FF00CC	00EE00
CCCCCC	FFFF99	FFCC99	FF9999	FF6699	FF3399	FF0099	00DD00
BBBBBB	FFFF66	FFCC66	FF9966	FF6666	FF3366	FF0066	00CC00
AAAAAA	FFFF33	FFCC33	FF9933	FF6633	FF3333	FF0033	00BB00
999999	FFFF00	FFCC00	FF9900	FF6600	FF3300	FF0000	00AA00
888888	CCFFFF	CCCCFF	CC99FF	CC66FF	CC33FF	CC00FF	009900
777777	CCFFCC	CCCCCC	CC99CC	CC66CC	CC33CC	CC00CC	008800
666666	CCFF99	CCCC99	CC9999	CC6699	CC3399	CC0099	007700
555555	CCFF66	CCCC66	CC9966	CC6666	CC3366	CC0066	006600
444444	CCFF33	CCCC33	CC9933	CC6633	CC3333	CC0033	005500
333333	CCFF00	CCCC00	CC9900	CC6600	CC3300	CC0000	004400
222222	99FFFF	99CCFF	9999FF	9966FF	9933FF	9900FF	003300
111111	99FFCC	99CCCC	9999CC	9966CC	9933CC	9900CC	002200
000000	99FF99	99CC99	999999	996699	993399	990099	001100
FF0000	99FF66	99CC66	999966	996666	993366	990066	0000FF
EE0000	99FF33	99CC33	999933	996633	993333	990033	0000EE
DD0000	99FF00	99CC00	999900	996600	993300	990000	0000DD
CC0000	66FFFF	66CCFF	6699FF	6666FF	6633FF	6600FF	0000CC
BB0000	66FFCC	66CCCC	6699CC	6666CC	6633CC	6600CC	0000BB
AA0000	66FF99	66CC99	669999	666699	663399	660099	0000AA
990000	66FF66	66CC66	669966	666666	663366	660066	000099
880000	66FF33	66CC33	669933	666633	663333	660033	000088
770000	66FF00	66CC00	669900	666600	663300	660000	000077
660000	33FFFF	33CCFF	3399FF	3366FF	3333FF	3300FF	000066
550000	33FFCC	33CCCC	3399CC	3366CC	3333CC	3300CC	000055
440000	33FF99	33CC99	339999	336699	333399	330099	000044
330000	33FF66	33CC66	339966	336666	333366	330066	000033
220000	33FF33	33CC33	339933	336633	333333	330033	000022
110000	33FF00	33CC00	339900	336600	333300	330000	000011
	00FFFF	00CCFF	0099FF	0066FF	0033FF	0000FF	
	00FFCC	00CCCC	0099CC	0066CC	0033CC	0000CC	
	00FF99	00CC99	009999	006699	003399	000099	
	00FF66	00CC66	009966	006666	003366	000066	
	00FF33	00CC33	009933	006633	003333	000033	
	00FF00	00CC00	009900	006600	003300	000000	

찾아보기

【0-9】

2D/3D 애니메이션 90

【A-E】

absolute 79
address 태그 32
AJAX 5
AJAX 애플리케이션 5
article 태그 32
aside 태그 32
audio 태그 50
canvas 요소 45
CDN 153
create table 명령 163
CSS 63
CSS3 83
CSS 결합자 73
CSS 선택자 70
CSS 스타일링 67
data-display 속성 238
data-role 속성 176
database.transaction() 함수 163
datalist 요소 36
disabled 속성 44
DOM 140
DOM 운행 143
DOM 조작 143

【F-J】

fixed 79
footer 태그 30
for 루프 139
getCurrentPosition() 메시드 257
getElementById() 메서드 142
header 태그 30
HTML DOM 141
HTML5 19, 22
HTML5 기본구조 25
HTML5 스타일 지침 56
HTML5 이행 51
IEEE 754 표준 135
if 문 138
insert 명령 163
jQuery 모바일 173

【K-O】

keygen 요소 37
main 태그 31
nav 태그 32
openDatabase 메서드 162
orientationchange 251
output 요소 38

【P-T】

pagecreate 249
pageinit 249
pageload 249
pageshow 249
pagehide 249
push() 메서드 136
relative 78
scrollstart 247
scrollstop 247
select 문 164
section 태그 32
sort() 메서드 136
SQLite 162
svg 요소 45, 47
swipe 245
swipeleft 245
switch 문 138
tap 245
taphold 245
toString() 메서드 135
typeof 연산자 135

【U-Z】

UGC 7
video 요소 49
W3C MWI 4
W3.CSS 111
W3.CSS 데모 126
W3.CSS 모달 클래스들 124
W3.CSS 반응형 클래스들 121
w3-card 클래스 113
w3-row 클래스 121
w3-row-padding 클래스 121
w3-show 클래스 118
w3-third 클래스 121, 126
while 루프 139
window.navigator 객체 255

【가-나】

가용 아이콘 목록 199
검색 필드 214

개발자 도구 27
객체 137
고급형 모바일 앱 개발 11
꼬리말 204
구글 물질적 디자인 111
구글 맵 259
구글 맵 API 259
그림자 효과 87
기반 플랫폼 3
기본 템플릿 구조 176
기업을 위한 모바일 개발 12
내부 CSS 68
내부 링크 방식 180
내부 스타일 67
내부스타일시트 68
내부 페이지 178
네비게이션 바 207
네이티브 앱 8

【다-라】

대화상자 231
대화창 182
데이터베이스 열기 162
라디오 버튼 210
레이아웃 그리드 219
로컬 스토리지 152
리스트뷰 187
리스트뷰 구분자 189
롱테일 3
둥근 모서리 87

【마-바】

마크업 언어 19
매시업 3, 6
머리말 202
모달 123
모달 대화창 183
모바일 OK 4
모바일 게임 14
모바일 지불 앱 개발 14
모바일 앱 7
모바일 웹 개발 프레임워크 15
모바일 웹 1
모바일 웹 2.0 1
모바일 웹 앱 8, 14, 22
미디어 쿼리 97
박스 모델 75
반응형 디자인 10
반응형 웹 앱 267
반응형 웹 설계 100

방향 이벤트 251
배열 136
버튼 88, 199
보안 11
부울 자료형 136
분할 리스트뷰 193
분할 버튼 193
비콘 기술 13
빌트-인 반응형 113, 121

【사-아】

사물 인터넷 12
사용자 생성 콘텐츠 7
선택자 84
선택 메뉴 215
세션 스토리지 157
속성 구문 43
스크롤 이벤트 247
스트링 132
슬라이드 218
슬라이드쇼 119
시맨틱 요소/태그 28, 29
썸네일 195
아이디 선택자 71
아코디언 패널 242
애니메이션 95
완화함수 92
외부 CSS 69
외부 링크 방식 180
외부 스타일 67
외부 스타일시트 69
요소 선택 142
웨어러블 기술 12
웹 1.0 20
웹 2.0 20
웹 3.0 21
웹 SQL 162
웹 스토리지 151
위치 기반 서비스 264
위치 속성 78
위치 정보 257
유비쿼터스 웹 액세스 기술 3
유사 클래스 선택자 74
이벤트 244
이벤트 응답 145
인라인 CSS 67
인라인 스타일 67
입력 타입 39
입력 필드 212

【자-차】

자바스크립트 131
자바스크립트 DOM 140
자바스크립트 콘솔 131
자바스크립트 API 23
자료형 132
전환효과 92, 184
접이식 패널 241
조건문 138
중첩 리스트뷰 190
제어구조 138
지리적 위치 API 255
질의 실행 163
체크박스 210

【카-타】

카드 113
카운트 버블 196
캐시 매니페스트 159
콘텐츠 전송 네트워크 173
클라우드 기반 모바일 개발 11
클래스 선택자 72
터치 이벤트 245
통합적 경험 113
테마 222
테이블 생성 163
텍스트 영역 212
툴바 202

【파-하】

팝업 231
패널 236
페이지 176
페이지 이벤트 249
폼 요소 209
풀 브라우징 3
필터 115
플로트 속성 80
플립 토글 218
하이브리드 앱 9
함수 137
화면 방향 98

참고문헌

[1] Prat, Top 10 Mobile App Development Trends for 2015, http://codecondo.com/top-10-mobile-app-development-trends-for-2015.

[2] Jonghong Jeon, Seungyun Lee, "Technical Trends of Mobile Web 2.0: What Next?", WWW 2008, 2008.

[3] K. Murai and V. Klyuev, "Comparison of Bootstrap and W3.CSS", Preceeding of the 2nd International Conference on Applications in Information Technology, pp. 60-63, 2016.

[4] w3school.com, http://www.w3schools.com/default.asp

[5] D. Cameron, HTML5, JavaScript, and jQuery, John Wiley & Sons, 2015.

[6] O. Campesato, jQuery, CSS3, and HTML5, for Mobile and Desktop Devices, Mecury Learning and Information, 2013.

[7] Jon Reid, jQuery Mobile, O'Reilly, p. 111, 2011.

[8] 채원석 외 5명, "모바일 웹 앱을 위한 HTML5 및 프레임워크 동향", 전자통신동향분석, 제 27권 제 3호, pp. 92-100, 2012.

[9] 전종홍, "모바일 웹 2.0과 모바일 OK 표준화", 한국통신학회지 (정보와통신), 제 24권 제11호, pp. 58-65, 2007.

[10] 박혜진, 권수천, "모바일 웹 2.0 사업의 진화와 향후 전망", 전자통신동향분석, 제 24권 제 2호, pp. 56-66, 2009.

[11] 박성진, 모바일 웹, 웹 앱, 하이브리드 앱 입문, 생능출판사, p. 606, 2015.

저자약력

배 인한

- 중앙대학교 (공학박사,1990)
- Computer Science & Engineering, The Ohio State University (PostDoc, 1996-1997)
- Department of Computer Science, Old Dominion University (Visiting Scholar, 2002-2003)
- Department of Computer Science, Old Dominion University (Visiting Scholar, 2009-2010)
- 대구가톨릭대학교, IT공학부 교수 (1989-현재)
- 관심분야: 지능스마트플랫폼&응용, 차량 통신망/클라우드, 모바일 앱 등

노 흥태

- 경일대학교 컴퓨터공학과(공학사, 1989)
- 대구가톨릭대학교 대학원 컴퓨터공학과 (이학석사, 1996)
- 대구과학대학 정보통신과 교수 (1999-2016)
- 경운대학교 항공소프트웨어학과 (2017-현재)
- 관심분야: 모바일 프로그래밍, 사물인터넷 등

모바일 웹 앱(개정판)

2020년 1월 26일 인쇄
2020년 1월 29일 발행
저 자 배 인 한 · 노 흥 태 공저
펴낸이 오 성 걸
펴낸곳 **오성미디어**
주 소 132-916 서울시 도봉구 창 3동 491-1
전 화 02)997-0136
FAX 02)997-0137
등 록 2000. 5. 12 제 7-212 호

ISBN 978-89-6628-538-9 **값20,000원**